Creative Industry Management

Malte Behrmann

Creative Industry Management

Kultur- und Kreativwirtschaft im digitalen
Wandel: Grundlagen und Definitionen

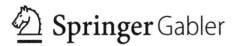

Malte Behrmann
bbw Hochschule
Berlin, Deutschland

ISBN 978-3-662-63920-7   ISBN 978-3-662-63921-4   (eBook)
https://doi.org/10.1007/978-3-662-63921-4

Die Deutsche Nationalbibliothek verzeichnet diese Publikation in der Deutschen Nationalbibliografie;
detaillierte bibliografische Daten sind im Internet über http://dnb.d-nb.de abrufbar.

Planung/Lektorat: Christine Sheppard, Dr. Sylvia Zirden
Springer Gabler ist ein Imprint der eingetragenen Gesellschaft Springer-Verlag GmbH, DE und ist ein Teil von
Springer Nature.
Die Anschrift der Gesellschaft ist: Heidelberger Platz 3, 14197 Berlin, Germany

Für meine Mutter Ulrike Behrmann-von Zerboni

Vorwort

Meine erste Berührung mit der Kultur- und Kreativwirtschaft im ersten Jahrzehnt dieses Jahrtausends hatte ich nicht als Forscher, sondern als Anschauungsobjekt. Seinerzeit war ich als Verbandsgeschäftsführer für Computerspiele-Entwickler unterwegs. Computerspiele waren für die meisten Personen, die sich mit Creative Industries beschäftigten, ein Thema, mit dem sie wenig anfangen konnten. So wurde ich häufig interviewt, als Experte befragt und zu verschiedenen Arten von Workshops und Findungsrunden eingeladen. Sowohl die Bundesregierung als auch verschiedene Länder und die EU-Kommission versuchten sich ein Bild von der Bedeutung und Rolle der Computerspiele innerhalb der Kultur- und Kreativwirtschaft zu machen. Dabei spielten zunehmend wirtschaftliche Aspekte eine Rolle. Ich habe immer bereitwillig Auskunft gegeben und wurde mir zunehmend der besonderen Stellung der Computerspiele in diesem System bewusst: Einige rechneten sie der Kultur zu, andere „nur" der Kreativwirtschaft. Dritte wollten uns ganz ausschließen, weil sie Angst vor angeblich jugendgefährdenden Wirkungen hatten. Für mich als Vertreter der Gamesbranche war es nicht immer leicht, die komplizierten, technisch verankerten und international vernetzten Strukturen zu erklären. Für manche war das einfach zu modern: Eine Bedrohung der abendländischen Welt. Aber ich habe in dieser Zeit gelernt, dass sich die Creative Industries gerade auch unter wirtschaftlichen Gesichtspunkten als wichtiger Faktor beschreiben lassen. Außerdem freute ich mich, viele der Argumente und Überlegungen, die ich damals in diesen verschiedenen Runden von mir gab, in den offiziellen Papieren wiederzufinden. Heute würde niemand mehr bezweifeln, dass Games Kultur sind.

Viele Jahre später, im zweiten Jahrzehnt dieses Jahrtausends, begann ich als Professor ein Masterprogramm zu entwerfen. Diesmal war ich nicht Akteur der Branche, sondern deren Beobachter und Analyst. In der Anfangsphase wurde ich dabei inspirierend von meinen damaligen Kollegen Prof. Dr. Julia Schoessler und Prof. Oliver MacConnell unterstützt, wofür ich bis heute dankbar bin. Ich begann mich mit Strukturen in der Kultur- und Kreativwirtschaft zu beschäftigen und versuchte herauszufinden, welche Auswirkungen diese auf das Management haben – insbesondere nach dem *digital shift*. Es war Andreas Gebhard, der Gründer der re:publica-Konferenz, der mir in mehreren Gesprächen nahelegte, dass das die heutigen Creative Industries nach dem digitalen shift nicht mehr, sondern weniger Spezialisierung erforderten. Es ging – und da hatte er recht – um einen holistischen Ansatz: Das besondere Allgemeinwissen wird zum Spezialwissen. Das wird wahrscheinlich nicht immer so bleiben. An einem Punkt werden sich Spezialisten wieder durchsetzen; aber so kurz nach den wahrscheinlich wichtigsten Umwälzungen in unserer Wirtschaft seit der Erfindung des Buchdrucks kommt es eher darauf an den Überblick zu behalten - zu wissen, was läuft, und als ganz spezifische Erfahrungen einzubringen.

Einen Master darauf aufzubauen, keine besonderen Spezialisierungen zu haben, sondern sich bewusst ergebnisoffen aufzustellen, ist aber ein gewisses Risiko. Ich danke daher der bbw Hochschule, dass sie mich bei der Entwicklung dieses Master-programms unterstützt hat. Ich danke auch dem Land Berlin, das dieses Programm in der Rekordzeit von sechs Wochen genehmigte. Das Programm läuft nun seit 2016; als es ins Leben gerufen wurde, war es in dieser Form das erste. Mittlerweile hat es an anderen Hochschulen Nachahmer gefunden, was dafür spricht, dass der Trend, Creative Industries als gemeinsames Anschauungsobjekt auch zum Thema von Forschung und Lehre zu machen, nunmehr gesetzt ist. Schon früh hat mich der Verlag Springer Gabler angesprochen, meine Überlegungen in einem Buch zusammenzufassen. Dessen Ent-stehung hat allerdings einige Jahre gedauert. Der Verlagsvertrag war schon Anfang 2017 unterschrieben, das Manuskript wird nun Mitte 2021 abgegeben. Insofern muss ich auch dem Verlag, der mir die zum Schreiben benötigte Zeit einräumte, für seine Geduld danken.

In diesem Buch versuche ich die verschiedenen Schichten des Managements in der digitalisierten Kultur- und Kreativwirtschaft – wie beim Häuten einer Zwiebel – aus-einanderzuhalten. Im ersten Kapitel widme ich mich der Frage, was die Kultur- und Kreativwirtschaft überhaupt ist. Es geht also um die Definition, um die Absteckung des Bereiches; der Sektor wird in seiner Vielschichtigkeit erklärt. Das zweite Kapitel versucht seine Merkmale zu bestimmen und auf das Zeitalter des *digital shift* anzu-wenden. Dabei suche ich auch nach Strukturen, die nach der Digitalisierung bleiben werden – auf die Frage, was nach der Digitalisierung kommt, hatte mich frühzeitig Dr. Wolf Siegert aufmerksam gemacht. Im dritten Kapitel versuche ich dann konkrete Aus-wirkungen auf die Managementebene zu identifizieren. Mit diesem Wissen im Gepäck beginnt dann im vierten Kapitel die Reise in die Finanzierung konkreter Projekte. Denn in unserem Sektor ist jedes neue Projekt wie eine Unternehmensgründung zu sehen. Im Kern der Zwiebel stehen die Rechtsfragen. Als ursprünglich gelernter Anwalt sehe ich das vielleicht etwas durch meine Brille, aber zu Verträgen geronnene wirtschaftliche Überlegungen stehen nun einmal im Zentrum. Dazu kommt sicher, dass viele Werte der Kultur- und Kreativwirtschaft heute in Lizenzform im Sinne des geistigen Eigentums existieren, und das macht die Verträge noch wichtiger, weil sie nicht nur die geschäft-lichen Strukturen abbilden, sondern auch Tresor für die entstandenen Werte sind. Das Buch versucht trotzdem kompakt zu sein und nicht zu lang auszufallen. Den Vorwurf der Oberflächlichkeit möchte ich mir trotzdem nicht machen lassen. Natürlich gibt es für jedes dieser Kapitel eine ganze Reihe von wichtigen Büchern und Abhandlungen. Aber darum geht es hier nicht. Es geht um den Überblick, um den holistischen Ansatz.

Die Entstehung dieses Buches ist nur mit der Unterstützung anderer möglich gewesen, die ich hier gerne namentlich nennen möchte. Mein Dank für die Überarbeitung der Kapitel gilt insbesondere Michael Söndermann, Tanja Mühlhans, Ulrike Müller und Dr. Christian Rauda. Ich danke auch meinem langjährigen Mitarbeiter Ralf Grebenstein, der mir in vielerlei Hinsicht den Rücken freigehalten hat. Ich danke meinen studentischen Mitarbeiterinnen Leah Ott, Judith v. Hoerschelmann und insbesondere Saskia Conte, ohne deren unermüdlichen Einsatz und wachen Geist dieses Buch nie fertig geworden wäre.

Für die Erstellung der zahlreichen originalen Abbildungen nach meinen Ideen danke ich von Herzen Huseyin Can Ugur. Für die Genehmigung zur Verwendung einiger Abbildungen danke ich dem Game e. V., Ole Gehling, Prof. Dr. Lutz Anderie sowie dem Bundesministerium für Wirtschaft und Energie.

Ich danke auch Dr. Sylvia Zirden für das Lektorat und im Verlag Christine Sheppard und Mareike Teichmann für ihre Unterstützung. Der bbw Hochschule danke ich für die Möglichkeit, an diesem Buch zu arbeiten und das Masterprogramm Management of Creative Industries ins Leben zu rufen und durchzuführen, auch während der Corona Pandemie.

Ich danke auch Thomas Dlugaicyk, dem Gründer und ehemaligen Rektor der Berliner Games Academy – in den fast zwanzig Jahren Unterrichtstätigkeit dort habe ich viele Konzepte entwickeln können, auf denen dieses Buch inhaltlich fußt.

Ich danke auch meinen Studierenden an der bbw Hochschule, insbesondere aus den Programmen, für die ich verantwortlich war bzw. bin, also dem Bachelorprogramm Wirtschaftskommunikation und dem Master Management of Creative Industries. Sie haben mich mit ihren Fragen, sowie mit ihren Haus- und Abschlussarbeiten bei meiner Forschung wesentlich unterstützt. Einige von ihnen wurde veröffentlicht und sind unter www.creativeindustries.berlin kostenlos einsehbar. Große Teile dieses Buchs sind im imaginären oder realen Dialog mit Studierenden entstanden. Ich hoffe deshalb, dass die Überlegungen für Studierende verständlich und nachvollziehbar sind. Für sie ist das Buch jedenfalls geschrieben.

Ich danke weiterhin meiner Lebensgefährtin Prof. Anna Orlikowska für ihre umfassende Unterstützung insbesondere in der Abgabephase des Buches.

Meiner Mutter, Ulrike Behrmann-von Zerboni möchte ich dieses Buch widmen. Sie hat mich zunächst einmal als Mutter zu dem gemacht, was ich heute bin. Schon das wäre diese Widmung wert. Es kommt in meinem Fall aber noch hinzu, dass ich den Umgang mit Akteuren der Kultur- und Kreativwirtschaft bereits mit der Muttermilch aufsaugen konnte. Als Leiterin der Schauspielschule Zerboni hat meine Mutter mich schon von Kindesbeinen an mit der Ausbildung von Künstlern und dem Managen von kulturellen Strukturen in Berührung gebracht. Das Verständnis für Menschen, die ihr Leben aktiv einem größeren Ziel widmen, wurde mir von ihr lebhaft und nachhaltig vermittelt und stellt sicherlich die Basis dessen dar, was ich mit diesem Buch bewirken kann.

Im Sinne der Verständlichkeit gendert der Text nicht vollständig. Ich bitte, im Zweifel die weibliche und neutrale Geschlechtsversion entsprechend hinzuzulesen.

Auch wenn viele mich unterstützt haben, dieses Buch zu schreiben und abzuschließen, trage ich für den Inhalt die Verantwortung allein. Rückfragen, Zuschriften und Anregungen können gerne unter mb(at)malte-behrmann.de erfolgen.

Berlin   Malte Behrmann
am 1. Juni 2021

Inhaltsverzeichnis

Abbildungsverzeichnis

Begriff der Creative Industries

1

Zusammenfassung

Ziel dieses Kapitels ist, genauer zu verstehen, worüber wir reden, wenn wir von Creative Industries sprechen. Dazu werde ich die verschiedenen Definitionen und Definitionsmöglichkeiten des Gegenstandes dieses Buches vorstellen und der Genese und Bedeutung des Begriffs nachgehen, der in jüngster Zeit als Bezeichnung für die Kreativ- und Kulturwirtschaft verwendet wird – eine der größten Branchen, die ein stetiges Wachstum erlebt. Bei der Begriffsbestimmung besteht eine gewisse Ambivalenz, denn es gibt unterschiedliche Herangehensweisen, um den Begriff Creative Industries zu definieren. Im Wesentlichen sind es drei Schulen der Begriffsdefinition: Die erste orientiert sich an den Unternehmen der Branche, kategorisiert und zählt sie. Die zweite Schule geht vom Produkt als Artefakt aus, wobei aus eher philosophisch-soziologischer Perspektive kritische Fragen an die ästhetische Ökonomie gestellt werden. Die dritte Schule rekurriert auf die Kreativen als schöpferisch handelnde Personen. Die unterschiedlichen Methoden führen naturgemäß zu unterschiedlichen Definitionen und beantworten dabei unterschiedliche generelle Fragestellungen. Bestimmte Teile der Branche werden jeweils nur über eine der Definitionen erreicht. Am Ende des Kapitels werden Sie mit der vieldimensionalen Definition des Begriffs vertraut sein und Kenntnisse darüber erlangt haben, welche Fragestellungen die jeweilige Begriffsbestimmung leiten.

© Springer-Verlag GmbH Deutschland, ein Teil von Springer Nature 2021
M. Behrmann, *Creative Industry Management,*
https://doi.org/10.1007/978-3-662-63921-4_1

1.1   Entstehung des Begriffs

Der Begriff der Creative Industries ist ein jüngeres Phänomen und reicht in die Zeit der New-Labour-Regierung in Großbritannien unter Tony Blair zurück. Als „Geburtsdokument"[1] dieses Begriffs wird üblicherweise die britische Studie „Mapping Document. Creative Industries" aus dem Jahr 1998 angegeben, die von der Creative Industries Task Force unter der Leitung von Chris Smith erarbeitet wurde (Smith 1998a). In seinem Buch „Creative Britain" hatte Smith im selben Jahr seine Konzeption vorgestellt:

> „During the past few years, we have seen an incredible flowering of the Creative Industries: of those industries, that rely on individual skill and creative talent for their added value. They include advertising, architecture, arts and antiques, computer games, crafts, design, fashion, film, television and radio, music, the performing arts, publishing and software." (Smith 1998b, S. 31)

▶ Zu der Frage, was Creative Industries genau sind, gibt es demnach eine einfache und eine komplizierte Antwort: Grundsätzlich sind die in der Definition von Smith aufgeführten Branchen und ihre Funktionsweise gemeint, allerdings sind in Details viele Fragen ungeklärt.

Das gilt schon für den Kulturbegriff. Kultur hängt – in Abgrenzung zur Natur – mit einem von Menschen geschaffenen Werte- und Traditionskontext zusammen und unterscheidet sich von Land zu Land (bzw. von Kultur zu Kultur). In Italien ist zum Beispiel das Essen ein wichtiger Bestandteil der Kultur, was in Großbritannien wahrscheinlich anders gesehen wird.

> „Kulturen (…) erweisen sich – je näher man an sie heranzoomt und sich auf ihre Details konzentriert – weder als homogen noch als scharf voneinander abgrenzbar, sondern – als Zeichen ihrer Vernetzung – an den Rändern mehr oder minder ,ausgefranst'." (Bolten 2015, S. 46)

Außerdem sind Kulturen heute keine Container mehr, sondern lösen sich in Zeiten von Migration und Interkulturalität in ihren klassischen Definitionskontexten ein Stück weit auf. So sind unsere Metropolen (wie beispielsweise Berlin) heute stärker interkulturell geprägt, während sich das nationale Element eher auf dem Rückzug befindet.

---

[1] So bezeichnen es zum Beispiel Bouquillon et al. (2013, S. 74). Dabei geht es vor allem um den Begriff, denn die Debatte selbst ist älter; so hat die UNESCO bereits in den 1980er Jahren entsprechende Studien herausgebracht.

Auch ergibt sich aus der verfassungsrechtlichen Garantie der Kunstfreiheit, dass wir es mit einem dynamischen Kulturbegriff zu tun haben, der in jeder Epoche eine andere Ausprägung erlebt.

> „Es ist von einem Kulturbegriff auszugehen, der sich kulturimmanent, d. h. autonom und nicht von außen bestimmen lässt. Das Wesen der Kultur liegt in ihrer Eigengesetzlich- keit, die sich wandelnden Beurteilungskriterien und Wertvorstellungen unterworfen ist." (Behrmann 2005, S. 26)

Heute sind beispielsweise Computerspiele als Kulturgut anerkannt – anders als vor 20 Jahren. Vor hundert Jahren wurde selbst der Film noch nicht als Kulturgut gesehen, geschweige denn als Kunst.

Kompliziert ist auch der Begriff „Kreativität". Howkins beschreibt sie als „the ability of the brain to generate novel scenarios and settle on the most effective" (Howkins 2013, S. 4). Jones et al. stellen eine ähnliche Definiton auf: „Creativity is a process of gene- rating something new by combining elements that already exist" (Jones et al. 2015, S. 3). Florida dagegen hat eine eher „mystische" Auffassung von Kreativität. Sie sei die Fähigkeit, die es erfordere, um verschiedene Elemente unterschiedlichster Art in einem kombinatorischen Spiel miteinander in Verbindung zu bringen (Florida 2012, S. 18).[2] Kreativität beinhaltet ebenfalls Leidenschaft, Vertrauen und die Bereitschaft, bestehende Regeln zu brechen. Laut Schumpeter fallen dabei bestehende Modelle und Denk- strukturen zum Teil einer kreativen Zerstörung anheim (Schumpeter in Jones et al. 2015, S. 6).

Kreativität ist weder mit Intelligenz noch mit Innovation gleichzusetzen. Intelligenz und Kreativität sind fundamental verschieden (Florida 2012, S. 18). Nach Howkins gilt dies auch für Innovation und Kreativität: „Whereas creativity is personal and subjective and cannot be exactly repeated even by the original creator, innovation is public and objective and repeatable by anyone" (Howkins 2013, S. 5). Kreative Produkte können Artefakte (also Güter), Dienstleistungen oder *experiences* sein. Zusammenfassend lässt sich sagen, dass Kreativität bedeutet, verschiedene Elemente in neuer Form zu einer eigenständigen Kombination zusammenzuführen.

Der Begriff „Kreativwirtschaft" ist in seinen Einzelheiten und Ausformungen immer noch so stark umstritten, dass der Titel dieses Buches einen Anglizismus enthält, denn im Englischen ist der Begriff Creative Industries etwas klarer zu fassen.[3] Im Deutschen wird dieser gemeinhin mit „Kultur- und Kreativwirtschaft" übersetzt; und sofort beginnt die Diskussion: Dies gilt insbesondere auch für die Frage der Trennung zwischen Kultur- und Kreativwirtschaft sowie die Zuordnung einzelner Branchen und Professionen.

---

[2] Florida (2012) zitiert hier Albert Einstein, der Kreativität als „combinatory play" bezeichnete.

[3] Vgl. Caves (2002), Howkins (2013), Towse (2012).

Auch der Industriebegriff bedarf insoweit der Klärung, als das englische „industry" im Deutschen durch zwei unterschiedliche Begriffe repräsentiert wird, nämlich „Industrie" und „Branche". Das führt zu zahlreichen Missverständnissen, deren Ursache bloße Übersetzungsfehler sind. Der englische Begriff „branch" bedeutet nämlich Zweigstelle. Typischerweise müsste man „Creative Industries" mit „Kreativbranche" übersetzen.

1.1.1 Die Abgrenzung der Kulturwirtschaft von der Kreativwirtschaft

Kulturwirtschaft ist zunächst der Teil der Wirtschaft, der sich mit dem Erschaffen, Verteilen und Erleben von kulturellen Gütern beschäftigt. Dabei ist es unerheblich, ob es sich um sogenannte „hohe" oder „niedrige" Kultur handelt, eine ohnehin zweifelhafte Unterscheidung: „Let us not be sidetracked by arguments about whether it is ‚high culture' or ‚low culture' that is important here. These are misleading distinctions at the best of times" (Smith 1998a, S. 3).

Die Abgrenzung der Kulturwirtschaft von der Kreativwirtschaft ist im europäischen Modell besonders bedeutsam, denn hier wird die herkömmliche Kulturwirtschaft traditionell staatlich finanziert. Das europäische kulturelle Erbe hat seine bedeutsamsten Wurzeln im Mäzenatentum der Aristokratie und der Kirche. Mit wenigen Ausnahmen, wie zum Beispiel der Malerei in den Niederlanden im 16. Jahrhundert, war die bürgerliche Gesellschaft vom Kulturbetrieb – auch wirtschaftlich – bis zur Neuzeit weitgehend ausgeschlossen. Erst mit der aufkommenden Industrialisierung und vor allem der damit verbundenen Reproduzierbarkeit des Kunstwerks (Benjamin 1963, S. 210) entstand so etwas wie ein privater, bürgerlich geprägter Kulturmarkt in Europa. Er entwickelte sich in Antagonismus zum staatlichen Modell und gewann immer mehr an Bedeutung. Hier liegt der Grund für die besondere Bedeutung, die die Unterscheidung zwischen Kultur- und Kreativwirtschaft auf dem europäischen Kontinent bereithält. In Nordamerika zum Beispiel ist das Verständnis von Kultur- und Kreativwirtschaft schon deshalb grundlegend anders, weil die herkömmliche Finanzierung der Kultur in viel größerem Maße auf die Initiative privater Geldgeber aufbaut.

In Europa hat man sich zumeist auf das sogenannte „Schweizer Modell" geeinigt, das neben dem öffentlichen Sektor einen privaten und einen intermediären Sektor beschreibt. Der öffentliche bzw. staatliche Sektor umfasst nach dieser Vorstellung die vollständig staatlich finanzierten Kultureinrichtungen wie Theater und Museen. Er wird nicht als Teil der Kultur- und Kreativwirtschaft geführt, sondern schwebt quasi entrückt über allem. Privat sind dagegen Bereiche wie der Kunsthandel, die keinerlei direkte staatliche Finanzierung erhalten und keiner direkten Einflussnahme durch den Staat unterliegen. Dazwischen liegen Mischformen, bei denen die Kultur als meritorisches Gut angesehen wird. Meritorische Güter liegen zwar in privater Hand, werden aber staatlich unterstützt, da ihnen ein gesellschaftlicher Wert – *merit* – zuerkannt wird. Anzuführen wären

Abb. 1.1 Erster
Kulturwirtschaftsbericht der
Schweiz aus dem Jahr 2003.
Eigene Darstellung nach
University of Art Design
Zürich 2003

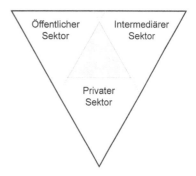

**Erster Kulturwirtschaftsbericht
der Schweiz aus dem Jahr 2003**

beispielsweise Privattheater oder private Kunstschulen, aber auch der geförderte Kino-film (siehe Abb. 1.1).

Die Abgrenzungen können im Detail kniffelig sein: Ob der öffentlich-rechtliche Rundfunk als meritorisches Gut dem intermediären Sektor oder der staatlich finanzierten Kultur anzurechnen ist, bleibt umstritten. Marie Luise Kiefer befürwortet diesen Ansatz (Kiefer 2005, S. 140). Meiner Einschätzung nach kann man den öffentlich-rechtlichen Rundfunk in Deutschland heute nicht mehr als privates meritorisches Gut ansehen, der dem intermediären Sektor zuzurechnen wäre, denn er wird nicht mehr mit einer nutzungsabhängigen Gebühr, sondern durch einen allgemeinen Rundfunkbei-trag finanziert. Werbeeinnahmen fallen nur unwesentlich ins Gewicht. Damit ist dieses System nicht mehr nutzungsabhängig gebührenfinanziert, sondern ein ökonomischer Teil des Staatssektors. Auch die Frage, ob Computerspiele als Teil der Kreativwirtschaft oder als Teil der Kulturwirtschaft anzusehen sind, wird unterschiedlich beantwortet.

„Meritorisch" orientiert sich nicht an monetären Werten, sondern bezeichnet Güter die innerhalb einer Peergroup besondere Meriten verdient haben, also als besonders verdienstvoll erscheinen. In der Ökonomie sind meritorische Güter von Bedeutung, also private Güter, die für die Gesellschaft bzw. den Staat besondere – nonmonetäre – Bedeutung haben und deshalb bezuschusst werden, zum Beispiel ein Privattheater. Jenseits meritorischer Güter spielen diese nonmonetären Werte aber in der Creative Industry eine besondere Rolle, weil sie sich sowohl bei der Wertbildung einzel-ner Gegenstände als auch bei der Karrierebildung der Akteure als wichtiges Leitprinzip erweisen, wenn die Peer-Community mitentscheidet.

Häufig bedienen sich Verwaltungen der Trennung zwischen Kultur- und Kreativwirtshaft für die Abgrenzung ihrer Zuständigkeiten. So kommt es vor, dass in Ministerien für den staatlichen Sektor die Kulturverwaltungen und für den privaten die Wirtschaftsver-waltungen verantwortlich sind. Der intermediäre Sektor wird dazwischen aufgeteilt. Diese anhand praktischer Zuständigkeitsregelungen entwickelten Ansätze sind aber für die Abgrenzungsfragen zwischen Kultur- und Kreativwirtschaft wenig überzeugend.

Zum einen sind viele Einzelfragen ungeklärt, zum Beispiel die Unterscheidung von staatlichen und privaten Museen und Theatern. Zum anderen verlieren sich die Verwaltungen wegen der Branchenaufteilung auch in Zuständigkeitsstreitereien. So war etwa in Berlin der Bereich der Kultur- und Kreativwirtschaft zeitweise faktisch nach Branchen auf den Berliner Senat – und damit zwischen Koalitionspartnern – aufgeteilt: Während der Kultursenat beispielsweise für die Fragen des Kunsthandels zuständig war, verwaltete der Senat für Wirtschaft die Modebranche.

Aus meiner Sicht liegt das Motiv tiefer. Bei den sogenannten „Kreativwirtschaftssektoren" handelt es sich nämlich um die „new kids on the block", die von der traditionellen Kulturwirtschaft auf Distanz gehalten werden. Damit diese Distanz bestehen bleibt, ist oft ein separates Ministerium dafür zuständig. So wird einerseits dem Bedürfnis Rechnung getragen, eine möglichst große wirtschaftlich bedeutsame Einheit zu schaffen, andererseits wird auf Befindlichkeiten klassischer staatlicher Kulturakteure Rücksicht genommen – letztlich ein banaler politisch-administrativer Kompromiss.

Mitunter wird auch versucht, die Digitalwirtschaft und die Kreativwirtschaft zu trennen. Das hat einiges für sich, weil der Bereich der Digitalwirtschaft zum Teil außerhalb der kreativen Wirtschaft angesiedelt ist, wenn es zum Beispiel um reine Netzpolitik geht. Diesen Weg schlägt auch die Bundesregierung ein, die neben der Staatsministerin für Kultur und Medien auch eine Staatsministerin für Digitalisierung installiert hat. Allerdings überlappen sich die Sektoren.: Demnach ist eine strikte Trennung eher kontraproduktiv.

Aus meiner Perspektive wird sich die Trennung zwischen Kultur- und Kreativwirtschaft langfristig überleben und einem erweiterten Kulturbegriff weichen oder in einen Kreativwirtschaftsbegriff einmünden. Andere Teile der Welt, zum Beispiel Amerika und Kanada, aber auch asiatische Staaten, können dem europäischen Modell ohnehin nur wenig abgewinnen. Letztlich wirft die Trennung mindestens so viele Fragen auf wie der Ansatz, diese Trennung einfach zu unterlassen. Für eine Weile werden wir aus historischen Gründen wohl mit dieser Ambivalenz leben müssen. Ob sich nach US-amerikanischem Vorbild die „Kulturwirtschaft" durchsetzen wird oder aber die „Kreativwirtschaft", die die Kulturwirtschaft dann als ihren Bestandteil absorbiert (Jones et al. 2015, S. 5), kann dabei offenbleiben.

1.1.2 Drei Schulen der Creative Industries

Für die Klärung der Frage, was wir unter Creative Industries verstehen, lassen sich – etwas vergröbernd – drei unterschiedliche methodische Herangehensweisen identifizieren. Dabei werden aus den jeweiligen Perspektiven unterschiedliche Fragen gestellt, sodass es entsprechend zu unterschiedlichen Ergebnissen kommt. Ich verwende für diese Herangehensweisen den Begriff der „Schulen" im Sinne von Denkschulen als philosophische Schulen oder Strömungen (siehe Abb. 1.2).

Abb. 1.2 Die drei Schulen
der Creative Industries

Die drei Schulen
der Creative Industries

Produkt als
Artefakt

Mensch als
Schöpfer

Unternehmen als
Branchenteil

Die drei Schulen der Creative Industries können wir wie folgt beschreiben:

1. Die **quantitative statistische Sektorenanalyse:** Hier steht das Kulturwirtschaftsunternehmen als Teil einer Branche in Vordergrund (siehe Abschn. 1.2.1).
2. Eine **makroorientierte soziologisch-qualitative Analyse des politisch-ökonomischen Modells:** Ausgangspunkt ist hier in der Regel das Kulturwirtschaftsprodukt als Artefakt, Dienstleistung oder Erlebnis (siehe Abschn. 1.2.2).
3. Die **qualitative Beobachtung von Verhaltensweisen und Besonderheiten der Mitglieder der „kreativen Klasse".** Hier steht der Mensch als Schöpfer im Mittelpunkt, wie in Abschn. 1.2.3 dargestellt.

Da die unterschiedlichen Schulen die Bereiche anders abgrenzen, kommen sie auch zu anderen Ergebnissen. Der von Florida und anderen vertretene schöpferzentrierte Ansatz bezieht beispielsweise Lehrer, Anwälte und Universitätsprofessoren mit ein (Florida 2012, S. 40); dies wird wiederum von anderen vehement abgelehnt. Auch innerhalb derselben methodischen Schulen kommen zum Teil verschiedenste Ergebnisse zum Tragen. Abgrenzungsprobleme treten am deutlichsten in der quantitativen Sektorenanalyse auf, denn hier muss man genau entscheiden, ob man bestimmte Dinge einbezieht und statistisch zählt, oder nicht. Ein Beispiel hierfür wären unterschiedliche Zählmethoden der Branchensegmente innerhalb der Kreativwirtschaft. So ist beispielsweise umstritten, ob man Zoos und Juweliere noch als Teil der Kreativwirtschaft gelten lässt. Die Analysen spiegeln auch die kulturellen Ausprägungen des jeweiligen Landes wider. Howkins stellt dazu fest:

„Almost every country tweaks it to promote its own success stories. China includes trade shows, Thailand includes food and spas, and America's lists usually include home furnishing." (Howkins 2013, S. 7)

Alle Denkschulen haben aber auch etwas gemeinsam: Im globalen Umfeld sehen sie alle, dass der Anteil der kreativen Wirtschaft an der Gesamtwirtschaft global tendenziell wächst. Daher sollten wir uns zunächst kurz mit der wachsenden Bedeutung der Kultur- und Kreativwirtschaft auseinandersetzen.

1.1.3 Die Bedeutung der Kultur- und Kreativwirtschaft

Die Bedeutung der Kultur- und Kreativwirtschaft ist in den letzten Jahrzehnten stetig gewachsen. Im Übergang von der Industrie- zur Wissensgesellschaft ist diese Veränderung ein wichtiger Indikator. Schlicht und ergreifend ist folgende Erklärung dazu: „Nachfrage und Angebot steigen, weil mehr Menschen mit Collegeausbildung das Bedürfnis nach kreativen Gütern haben" (Howkins 2013, S. 145; Übersetzung des Autors). Jones et al. führt hingegen aus:

> „As engines of economic development, creative industries have remarkable growth in terms of product offerings and turnover, and new business models. (…) Although definitions differ, the economics of creative industries generate spill over effects across the wider economy." (Jones et al. 2015, S. 4)

Die Entwicklung der Kultur- und Kreativwirtschaft ist gerade im Hinblick auf die Langzeitstatistik bemerkenswert. Die Arbeiten von Richard Florida in seinem grundlegenden Buch „The rise of the Creative Class" zeigen auf, wie die von ihm definierte kreative Klasse über die Jahrhunderte immer größere Bedeutung erlangte (Florida 2012, S. 45). Etwa in Bezug auf Beschäftigungszahlen, die für Richard Florida Ausdruck des Wandels zu einer informations- und wissensbasierten Ökonomie sind.

Insgesamt ist ein Aufwärtstrend festzustellen, aber die Situation im Detail ist komplizierter. „Die globale *creative economy* bemisst sich auf etwa 3.6 Trillionen US-Dollar (…). Vor zehn Jahren belief sich der Wert auf 2,3 Trillionen US-Dollar, aber machte 7 % der Gesamtwirtschaft aus. Der Grund dafür liegt darin, dass die globale Wirtschaft stärker in den Ländern gewachsen ist, die proportional kleinere *creative industries* haben." (Howkins 2013, S. 145; Übersetzung des Autors).

Dabei kann die Wirtschaftskrise im Jahr 2008/2009 als Wendepunkt in der weltweiten Ökonomie interpretiert werden. Die Krise stellte möglicherweise auch den Übergang von der industriellen zur digitalwirtschaftlichen Ära dar. Florida berechnet, dass die Gefahr der Arbeitslosigkeit in der „kreativen Klasse" während der Wirtschaftskrise signifikant geringer ausfiel als in anderen Branchen (Florida 2012, S. 49–51). Nach dem ersten Zusammenbruch des Neuen Marktes in den Anfängen der 2000er Jahre konnte sich die industriell geprägte Wirtschaftsform noch behaupten. Dies wirkte sich insbesondere auch darauf aus, dass die Anlageformen der Finanzinstitutionen vor allem den Immobilien- und Verarbeitungsbereich prägten. Auf diesen Annahmen schufen sich Banken eine eigene Welt, die mit den Realitäten der sich verändernden, digitalisierenden Wirtschaft

Die Entwicklung der abhängigen Beschäftigung der Kultur- und Kreativwirtschaft im Vergleich zur Gesamtwirtschaft 2003 – 2009

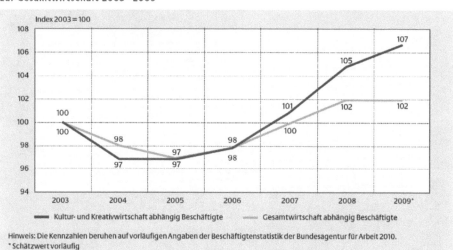

Hinweis: Die Kennzahlen beruhen auf vorläufigen Angaben der Beschäftigtenstatistik der Bundesagentur für Arbeit 2010.
* Schätzwert vorläufig
Quelle: BMWi (Hrsg.): Kultur- und Kreativwirtschaft Deutschland 2009, Monitoringbericht 2010

Abb. 1.3 Kultur- und Kreativwirtschaft Deutschland (2009): Die Entwicklung der abhängigen Beschäftigung der Kultur- und Kreativwirtschaft im Vergleich zur Gesamtwirtschaft 2003–2009. Mit freundlicher Genehmigung: BMWi 2009, S. 8. CC BY-ND 3.0 DE

nicht mehr in Einklang zu bringen waren. Heute führen die digitalen Unternehmen mit großem Abstand den Dow-Jones-Index an, und SAP ist heute das wertvollste deutsche Unternehmen (pwc 2018). Nach unserer Zählweise jedenfalls wären diese der Kultur- und Kreativwirtschaft zuzurechnen.

▶ Der Monitoringbericht Kultur- und Kreativwirtschaft verschafft einen Gesamt-
überblick über die Branche in Deutschland. Er erscheint – basierend auf der
von Michael Söndermann entwickelten Nomenklatur – jährlich mit aktuell
bemessenen Zahlen und Fakten. Sie finden ihn unter https://www.kultur-
kreativ-wirtschaft.de/KUK/Redaktion/DE/Standardartikel/monitoring-und-
studien.html.

Zur Situation in Deutschland: Bis 2009 gingen auch die Monitoringberichte im Auftrag der deutschen Bunderegierung in dieselbe Richtung, wie man in Abb. 1.3 erkennen kann.

Nach dem Monitoringbericht 2019 lässt sich für Gesamtdeutschland jedoch nicht schließen, dass die Kultur- und Kreativwirtschaft einen steigenden Anteil an der Gesamt-wirtschaft hatte, wie in Abb. 1.4 zu sehen. Das deckt sich mit dem Blick auf Deutsch-land, wie er teilweise in der Literatur vertreten wird.

Gesamtumsatz der Kultur- und Kreativwirtschaft, 2009 bis 2020*
in Mrd. EUR

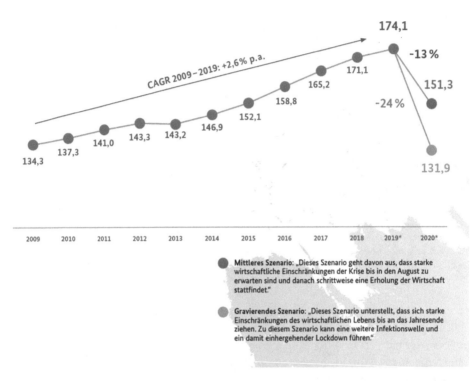

Abb. 1.4 Gesamtumsatz der Kultur- und Kreativwirtschaft 2009–2020. Mit freundlicher Genehmigung: BMWi 2020, CC BY-ND 3.0 DE

„There is a strong case for saying Japan and Germany recovered so quickly and became such major exporters because of their determined government. There is also a strong case for saying that they excel in innovation rather than creativity for the same reason." (Howkins 2013, S. 15)

Auswirkungen können auch aus anderer Perspektive beobachtet werden, wie in Abb. 1.5 dargestellt. Dies galt vor allem für Berlin, dessen Kreativwirtschaft schneller wuchs als im Bundesdurchschnitt (Berliner Senat 2017). Allerdings gibt es in der Literatur hierzu neuerdings eher skeptische Töne (Biehl 2020, S. 10). Das Land Berlin scheint den Bericht in dieser Form nicht mehr weiterzuführen.

Creative Industries in Berlin

Cluster Gesamt	Berlin	Brandenburg	Hamburg	Köln	Bund
Unternehmen 2012	33.972	8.666	20.289	19.122	455.083
Wachstum 2011 - 12	5,6%	3,4%	0,4%	-,02%	0,01%
Umsatz in TEUR 2012	28.267.934	6.644.788	42.060.688	26.079.653	661.829.786
Wachstum 2011 - 2012	8,8%	0,8%	-5,1%	3,1%	1,1%
SVP 2013	156.987	51.494	124.474	96.901	2.256.234
Wachstum 2011 - 13	13,4%	2,4%	7,9%	6,6%	4,7%

Abb. 1.5 Creative Industries in Berlin. Eigene Darstellung nach Berliner Senat

Abb. 1.6 Singapore Model
of Creative Industries 2003.
Eigene Darstellung nach
Ministry of Trade Industry
2003

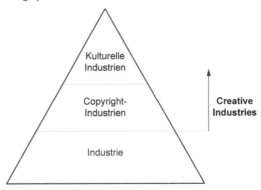

Singapore Model of Creative Industries 2003

1.2 Drei Schulen zur Definition der Creative Industries

1.2.1 Quantitative statistische Sektorenanalyse

Kulturwissenschaftler, die mit quantitativen Methoden arbeiten, vermessen seit jeher den Kulturbereich, zu dem man seit einigen Jahren auch die Kreativwirtschaft zählt. Dabei haben sie unterschiedliche Szenarien entwickelt, um auch stärker wirtschaftliche Fragestellungen einbeziehen zu können. In der Frühzeit der „Neuentdeckung der Kultur- und Kreativwirtschaft" zwischen 1998 und 2006 gab es eine Reihe von Studien unterschiedlicher Institutionen aus den verschiedensten Ländern. Diese waren darauf ausgerichtet, den Sektor erstmals jenseits des reinen Kulturbereichs auch aus wirtschaftlicher Perspektive darzustellen und zu berechnen. Frühe Studien stammen aus dem Vereinigten Königreich und aus der Schweiz. Diese haben wichtige Impulse für weitere Entwicklungen gegeben. Eine singapurische Studie von 2005, abgebildet in Abb. 1.6, hat dann einen ersten Versuch unternommen, unterschiedliche Kreativwirtschaften ins Verhältnis miteinander zu setzen:

Bald wurden vergleichbare Untersuchungen von Bouquillon für Frankreich (Bouquillon und Combès 2007, S. 111–144) und für Deutschland von Söndermann (2009) veröffentlicht. Hier wurde ebenfalls auf die Trias von Kultur, Ökonomie und Technologie rekurriert. Die nordischen Staaten setzten eigenständige Initiativen auf, die die „experience" in den Mittelpunkt stellten.

1.2.1.1 Europa
Nach dem Aufkommen des neuen Begriffs der Creative Industries im Vereinigten Königreich wurde von Philippe Kern (KEA) im Jahr 2006 die erste, europaweit vergleichende

**Unterschiedliche methodische Ansätze in
Europa bei frühen Untersuchungen**

Kreativwirtschafts-Ansatz	Copyright-Industrien-Ansatz	Experience-Economy-Ansatz	Sektorenspezifischer Ansatz
• Österreich	• Dänemark (2006)	• Schweden (2004)	• Französische Regionen in Belgien
• Flämische Regionen in Belgien	• Finnland	• Dänemark (2003)	
• Dänemark (2000)	• Ungarn		• Frankreich
• Estland	• Lettland (2005)		• Irland
• Lettland (2005)	• Norwegen		• Polen
• Litauen			• Portugal
• Schweden (2002)			• Slowakische Republik
• Rumänien			• Spanien
• Bulgarien			

Abb. 1.7 Unterschiedliche methodische Ansätze in Europa bei frühen Untersuchungen. Eigene Darstellung. Datengrundlage: Kern 2006

Studie durchgeführt, bei der mehrere methodische Herangehensweisen verglichen wurden. Neben spezifischen Studien zu einzelnen Sektoren wie Musik, Mode oder Film identifizierte Kern Studien zu einem übergreifenden Sektor – den „creative industry approach" –, die an in diesem Bereich tätigen Unternehmen orientiert waren. Außerdem definierte er einen „copyright industry approach", der nur Unternehmen zählte, die verwertbare intellectual properties produzierten, sowie einen „experience economy approach", der die *experience economy* zum Ausgangspunkt nahm (Kern 2006), siehe Abb. 1.7.

Kern gelang es erstmals, die vielen Ansätze europaweit zu konsolidieren. Dabei wurde für die Definition der Kultur- und Kreativwirtschaft zwischen dem kulturellen und dem kreativen Sektor unterschieden. Grenzbereiche waren Videogames, aber auch Architektur, Werbung und Institutionen, wobei Sport, Software, Rohlinge und Netzwerktechnik ausgeschlossen waren.

Auf der Basis dieser Studie entstand 2010 das Grünbuch der EU-Kommission in der Generaldirektion Kultur. In Europa kann man heute mit der Definition des Grünbuches mit der höchsten rechtlichen Verbindlichkeit operieren, die bis heute gilt. In der folgenden Übersicht lässt sich gut erkennen, wie stark sich die EU von Kern hat leiten lassen:

KEA-Studie (2006)

„The ‚cultural sector'	Non-industrial sectors producing non-reproducible goods and services aimed at being ‚consumed' on the spot (a concert, an art fair, an exhibition). These are the arts field (visual arts including paintings, sculpture, craft, photography; the arts and antique markets; performing arts including opera, orchestra, theatre, dance, circus; and heritage including museums, heritage sites, archaeological sites, libraries and archives). – Industrial sectors producing cultural products aimed at mass reproduction, mass-dissemination and exports (for example, a book, a film, a sound recording). These are ‚cultural industries' including film and video, video-games, broadcasting, music, book and press publishing.
The ‚creative sector'	In the ‚creative sector', culture becomes a ‚creative' input in the production of non-cultural goods. It includes activities such as design (fashion design, interior design, and product design), architecture, and advertising. Creativity is understood in the study as the use of cultural resources as an intermediate consumption in the production process of non-cultural sectors, and thereby as a source of innovation." (Kern 2006, S. 2).

Grünbuch EU (2010)

Kulturindustrie	„‚Kulturindustrie' bezeichnet jene Branchen, die Produkte herstellen und vertreiben oder Dienstleistungen erbringen, die zum Zeitpunkt ihrer Entstehung ein bestimmtes Merkmal aufweisen, für eine bestimmte Verwendung oder einen bestimmten Zweck gedacht und dadurch Ausdruck oder Verkörperung von Kultur sind, ungeachtet ihres potenziellen kommerziellen Wertes. Neben den traditionellen Kunstbereichen (darstellende Kunst, bildende Kunst, Kulturerbe – einschließlich des öffentlichen Sektors) zählen auch die Bereiche Film, DVD und Video, Fernsehen und Radio, Videospiele, neue Medien, Musik, Bücher und Presse dazu."
Kreativindustrie	„‚Kreativindustrie' bezeichnet Branchen mit einer kulturellen Dimension, die Kultur als Input verwenden, obwohl ihr Output überwiegend funktional ist. Dazu zählen Architektur und Design, die kreative Elemente in größere Prozesse integrieren, sowie Unterbereiche wie Grafikdesign, Modedesign oder Werbung." (Europäische Kommission 2010, S. 183).

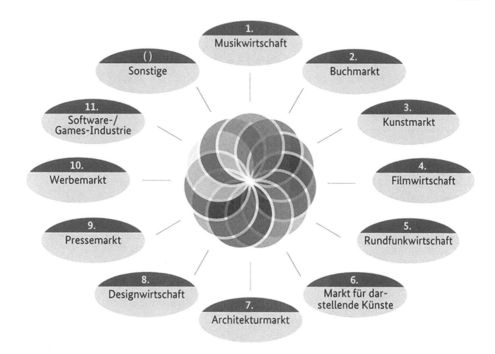

Abb. 1.8 Kultur- und Kreativwirtschaft in Deutschland. Mit freundlicher Genehmigung ©
Bundesministerium für Wirtschaft und Energie, 2009; CC BY-ND 3.0 DE

Da sich die UNESCO als weltweite Institution nicht auf einzelne Branchen festlegen
möchte, kommt das Grünbuch der EU-Kommission für uns einer gesetzlichen Definition
am nächsten. Von diesen europäischen Ansätzen weichen die Ansätze der internationalen
Organisationen wie zum Beispiel der OECD oder auch der WIPO (also der Organisation
der Urheberrechtsorganisationen) in Einzelheiten ab. Offensichtlich ist der Ansatz der
WIPO stark an die Definition der Urheberschaft als kreativem Schöpfungsakt geknüpft;
institutionell verwendet die WIPO diese Debatte, um das Konzept des geistigen Eigentums noch stärker zu propagieren.

1.2.1.2 Das deutsche Modell

Für das deutsche Modell ist der Kölner Forscher Michael Söndermann verantwortlich, der federführend die theoretischen Grundlagen des deutschen Monitoringsystems
entwickelt hat (Söndermann et al. 2009). An dieser Systematik haben sich innerhalb
Deutschlands auch alle Bundesländer orientiert, wenn sie eigene Berichte aufgesetzt
haben. Auch der Monitoringbericht Kultur- und Kreativwirtschaft, der jährlich erscheint,
trägt in seiner Systematik bis heute Söndermanns Handschrift. Später wurde die Ausarbeitung des Berichts von anderen Beratungsunternehmen übernommen, seine Nomenklatur aber nur in Detailbereichen verändert.

Bis heute orientieren sich die amtlichen Monitoringberichte in Deutschland an der folgenden Aufstellung (Abb. 1.8).

Besonderes Kennzeichen des deutschen Modells ist die strikte Trennung der Kultur- und Kreativwirtschaft als pragmatische Lösung. Der Bereich Games/Software wird beispielsweise in Abweichung zur europäischen Linie dem kreativwirtschaftlichen Bereich und nicht der Kultur zugeordnet. Diese Darstellungsweise wird seit Langem kritisiert, ebenso wie die wenig aussagekräftige Darstellung des Gamessektors überhaupt, der die Herstellung von Games kaum berücksichtigt, sondern nur für das Verlegen von Computerspielen eine NACE-Klassifikation bereithält. Angesichts der wachsenden Bedeutung des Sektors ist eine bessere und aussagekräftigere Binnendifferenzierung bei der Neustrukturierung der NACE-Codes mittlerweile dringend notwendig. Auch wäre es an der Zeit, dass die Definition der Kultur- und Kreativwirtschaft in Deutschland den Gamessektor von der Bürosoftware trennt. Die Frage, ob Bürosoftware überhaupt Teil der Kultur- und Kreativwirtschaft ist, ist ohnehin berechtigt.

▶ **NACE:** Die Klassifikation der Wirtschaftszweige dient statistischen Zwecken. Durch eine systematische Klassifizierung in vierstelligen Nummern (WZ-Schlüssel bzw. NACE-Codes) wird die gesamte Wirtschaft nach Branchen aufgegliedert. So ist es leichter möglich, diese in amtlichen Statistiken einheitlich, langfristig und international vergleichbar zu erfassen.

Reformbedarf besteht nach meiner Einschätzung auch im Bereich Mode. Anders als in Großbritannien scheint der Modebereich in Deutschland aus möglicherweise kulturellen Motiven kaum berücksichtigt zu werden (nur als Untersektion des Textildesigns). Hier sollte dringend nachgebessert werden. Vor allem konzeptionell ist die Mode ein elementarer Bestandteil der Kultur- und Kreativindustrie mit wachsenden Querverbindungen zum Beispiel zur Musikwirtschaft.

Zur Übung Eine Aufstellung von Söndermann fasst die Abweichungen zur europäischen Zählweise zusammen. Die Wirtschaftsministerkonferenz (WMK) bezieht sich dabei auf die deutsche Zählweise (Konferenz der Minister der Bundesländer), während ESSNet und ECO (European Cultural Observatory) unterschiedliche EU-Institutionen abbilden. Die Ziffern beziehen sich auf die international abgestimmten NACE-Codes in Abb. 1.9 und 1.10.

Übungsaufgabe

Diese Tabellen zeigen auf, wie unterschiedlich der Begriff bzw. die Branche der Kultur- und Kreativwirtschaft definiert werden kann.

Beschreiben Sie diese unterschiedlichen Ausformungen anhand der Tabelle, und nennen Sie einzelne Beispiele.

Wirtschaftszweigliste Kulturwirtschaft: drei Definitionsmodelle

	Wirtschaftszweig	WZ-/NACE-Nr.	Einzelne Modelle		
			ESSnet	ECO	WMK
I.	**Kulturwirtschaft ESSnet**				
	Einzelhandel m. Büchern	47.61	ESS	ECO	WMK
	Eh.m.Zeitsch., Zeitung..Schreibw.u.Bürobedarf	47.62	ESS	ECO	WMK
	Eh.mit bespielten Ton- und Bildträgern	47.63	ESS	ECO	WMK
	Verlegen von Büchern	58.11	ESS	ECO	WMK
	Verlegen von Zeitungen	58.13	ESS	ECO	WMK
	Verlegen von Zeitschriften	58.14	ESS	ECO	WMK
	Verlegen von Computerspielen	58.21	ESS	ECO	WMK
	Herst.v.Filmen.Videofilmen u.Fernsehprogr.	59.11	ESS	ECO	WMK
	Nachbearbeitung und sonstige Filmtechnik	59.12	ESS	ECO	WMK
	Filmverleih u.-vertrieb (ohne Videotheken)	59.13	ESS	ECO	WMK
	Kinos	59.14	ESS	ECO	WMK
	Tonstud.;H.v.Hörfunkpr.;Verl.bsp.Tontr.,Musikal.	59.20	ESS	ECO	WMK
	Hörfunkveranstalter	60.10	ESS	ECO	WMK
	Fernsehveranstalter	60.20	ESS	ECO	WMK
	Korrespondenz- und Nachrichtenbüros	63.91	ESS	ECO	WMK
	Architekturbüros	71.11	ESS	ECO	WMK
	Werbeagenturen	73.11	ESS	ECO	WMK
	Ateliers für Textil-,Schmuck-,Grafik-Design	74.10	ESS	ECO	WMK
	Fotografie und Fotolabors	74.20	ESS	ECO	WMK
	Übersetzen und Dolmetschen	74.30	ESS	ECO	WMK
	Videotheken	77.22	ESS	ECO	WMK
	Kulturunterricht	85.52	ESS	ECO	WMK
	Darstellende Kunst	90.01	ESS	ECO	WMK
	Erbr.v.Dienstleistungen f. d. darstellende Kunst	90.02	ESS	ECO	WMK
	Künstlerisches und schriftsteller. Schaffen	90.03	ESS	ECO	WMK
	Betrieb von Kultur- u.Unterhaltungseinricht.	90.04	ESS	ECO	WMK
	Bibliotheken und Archive	91.01	ESS	ECO	WMK
	Museen	91.02	ESS	ECO	WMK
	Betr.v.historisch.Stätt.u.Gebäud.u.ähnl.Attrakt.	91.03	ESS	ECO	WMK
	Summe 29 Wirtschaftszweige				

Abb. 1.9 Wirtschaftszweigliste Kulturwirtschaft. Drei Definitionsmodelle: ESSnet, ECO, WMK. Teil 1 (Söndermann 2016, mit freundlicher Genehmigung)

Wirtschaftszweigliste Kulturwirtschaft: drei Definitionsmodelle

II	Kultur- und Kreativwirtschaft ECO				
	Herstellung von Musikinstrumenten	32.20	-	ECO	WMK
	Sonstiges Verlagswesen (ohne Software)	58.19	-	ECO	WMK
	Verlegen von sonstiger Software	58.29	-	ECO	WMK
	Programmierungstätigkeiten	62.01	-	ECO	WMK
	Webportale	63.12	-	ECO	WMK
	Vermarkt.u.Vermittl.v.Werbezeit.u.Werbeflächen	73.12	-	ECO	WMK
	Summe 29 + 6 = 35 Wirtschaftszweige				
III.	Kultur- und Kreativwirtschaft WMK				
	Herstellung von Münzen	32.11	-	-	WMK
	H.v.Schmuck,Gold,Silberschmiedw.(oh.Fant.schm.)	32.12	-	-	WMK
	Herstellung von Fantasieschmuck	32.13	-	-	WMK
	Eh.m.Musikinstrumenten und Musikalien	47.59.3	-	-	WMK
	Eh.m.Kunstgeg.,Bildern,Briefm.,Münz.u.Geschenk.	47.78.3	-	-	WMK
	Einzelh. m. Antiquitäten und antiken Teppichen	47.79.1	-	-	WMK
	Antiquariate	47.79.2	-	-	WMK
	Verlegen v.Adressbüchern und Verzeichnissen	58.12	-	-	WMK
	Botanische u.zoologische Gärten sowie Naturparks	91.04	-	-	WMK
	Summe 35 + 9 = 44 Wirtschaftszweige				
IV.	Kultur- und Kreativwirtschaft für EU-Abgrenzung				
	Drucken von Zeitungen	18.11	-	ECO	-
	Drucken a.n.g.	18.12	-	ECO	-
	Druck- und Medienvorstufe	18.13	-	ECO	-
	Binden v.Druckerzeugn. u.damit verbund.Dienstl.	18.14	-	ECO	WMK
	Vervielfält.v.bespielt. Ton-,Bild- u.Datenträg.	18.20	-	ECO	-
	H.v.magnetischen u.optischen Datenträgern	26.80	-	ECO	-
	Summe 44 + 6 = 50 Wirtschaftszweige				

Hinweise: WMK = Wirtschaftsministerkonferenz, ESS = ESSnet Kultur, ECO = European Cluster Observatory

Abb. 1.10 Wirtschaftszweigliste Kulturwirtschaft. Drei Definitionsmodelle: ESSnet, ECO, WMK. Teil 2 (Söndermann 2016, mit freundlicher Genehmigung)

1.2.1.3 Vergleich der sektoralen Betrachtungsweisen

Beim Vergleich dieser unterschiedlichen sektoralen Betrachtungsweisen überrascht es nicht, dass die divergierenden Definitionsstrukturen in den Statistiken auch zu verschiedenen Ergebnissen in den einzelnen Ländern führen. Die Gründe sind vielfältig und manchmal nicht auf Anhieb erkennbar. Dazu kommt, dass jedes Land seine statistischen Berechnungsmethoden immer wieder anpasst und verändert.

In der deutschen Debatte lebt in besonderem Maße der kritische Geist weiter, der exemplarisch von Horkheimer/Adorno repräsentiert wird (Abschn. 1.2.2). Hier wird reflektiert, dass die wirtschaftliche Komponente des kultur- und kreativwirtschaftlichen Diskurses positive und möglicherweise auch negative Seiten hat. Andere Länder gehen hier viel weniger kritisch vor. So haben die Philosophen bzw. Soziologen mit ihrer Debatte einen nachhaltigen Einfluss, wenngleich sich dieser auch nur indirekt auswirkt. Im Einklang mit der Kulturhoheit der Länder steht daneben die regionale Ebene von Kultur- und Kreativwirtschaft (Bundesländer), die sich an Standorten (bzw. Clustern) orientiert und dort spezifische regionale Identitäten verteidigt. Hier wurde in den letzten Jahren durch die Bildung von Kreativwirtschaftsclustern einiges weiterentwickelt (Reich 2013, 29 ff.).

Im internationalen Vergleich ist der einheitliche Blick auf die Darstellung der Kreativwirtschaft aus dem Binnenblickwinkel eines ihrer eigenen Teilsektoren mitunter verstellt. Je nach Präferenz der Autoren bzw. Auftrag gebenden Verwaltungen werden entsprechende Subsektoren besonders herausgestellt oder gar aufgebläht, da in verschiedenen Institutionen aufgrund der diversen Definitionsgrundlagen unterschiedliche Zahlen erhoben werden können. Aus taktisch-politischen Erwägungen wird es in Deutschland beispielsweise als politisch wünschenswert angesehen, dass die Kultur- und Kreativwirtschaft in den statistischen Berichten zwar als größer als die chemische Industrie, jedoch als kleiner als die Automobilindustrie dargestellt wird. Aus diesem Grund wird die Bürosoftware weiterhin mitgezählt, was ungewöhnlich ist.

Als Gegenpol zu Europa kann das US-amerikanische Modell angesehen werden, das vom National Endowment for the Arts verantwortet wird. Der Begriff Kreativwirtschaft wurde komplett fallen gelassen und die gesamte Bandbreite der Aktivitäten in den Bereich der Kulturindustrie eingegliedert. Bürosoftware wird dabei nicht mitgezählt. Die Unterschiede zwischen dem US-Modell und dem deutschen bzw. europäischen Modell zeigen deutlich, wie stark die Kulturbranche in Amerika als Wirtschaftsfaktor gilt, während Europa auf die Unterscheidung zwischen der Kultur- und Kreativwirtschaft bzw. Digitalwirtschaft Wert legt. Das gilt, wie Howkins bemerkt, insbesondere in Bezug auf die jüngsten Veränderungen:

> „America dominates the global dotcom business. It has produced Amazon, Google, Facebook, eBay, Twitter, Youtube and Linked-In as well as Microsoft and Apple. No other country comes close to matching this way, and certainly not Japan or any European country. The main challenge to America is China. It has a knack of taking ideas from anywhere and turning them into global ideas. The French invented film, but the Americans invented the film industry and both French and Americans seem to like it that way. A European invented the World Wide Web, the Americans turned it into a vast meeting place and marketplace." (Howkins 2013, S. 147)

Entsprechend gibt es vergleichbare Statistiken mit steigenden Zahlen aus den USA in Abb. 1.11.

Daneben können auch Fragen eine Rolle spielen, die sich mit *race,* Geschlecht, Digitalisierung oder den Auswirkungen der Corona-Pandemie befassen. In einem Bericht für das Europäische Parlament stellt das KEA-Institut beispielsweise das Erreichen geschlechtsspezifischer Gleichberechtigung zwischen Männern und Frauen im Musikbereich fest. Außerdem konstatierte es, dass Digitalisierungsthemen von Belang in spezifisch künstlerischen Sektoren bis zur Corona-Krise nur sehr langsam vorankamen.

Die Corona-Krise 2020/2021 hat die Digitalisierung aller Sektoren beschleunigt. Aber auch: Die Umsatzeinbrüche sind massiv, wie sich aus dem Monitoringbericht der

Reale Wertschöpfung durch Kunst- und Kulturproduktion 1998–2013

	Gesamtwertschöpfung (Millionen $)	Wertschöpfung aus Kunst- und Kulturproduktion (Millionen $)
Urheberrechtsintensive Industrien insgesamt	$887,269	$434,994
Sender	$263,326	$117,447
Filme	$100,995	$100,119
Verlagswesen	$199,041	$80,369
Unternehmen der darstellenden Künste und selbstständige Künstler, Autoren und Interpreten	$38,300	$36,043
Andere Informationsdienste	$34,239	$30,369
Werbeagenturen	$83,200	$29,336
Spezialisiertes Design	$17,098	$15,622
Tonaufnahmen	$13,885	$13,845
Fotografische Dienstleistungen	$9,054	$8,852
Design Computersysteme	$128,131	$2,992

Abb. 1.11 Reale Wertschöpfung durch Kunst- und Kulturproduktion 1998–2013. Eigene Darstellung nach U. S. Bureau of Economic Analysis 2016

Bundesregierung für Deutschland 2020 bereits ablesen lässt. So gab es Verschiebungen innerhalb der gesamten Kultur- und Kreativwirtschaft. Die Games- und Softwarebranche ist mittlerweile eindeutig dominant. An der grundsätzlich wachsenden Bedeutung der Kultur- und Kreativwirtschaft im Übergang von der Industrie- zur Wissensgesellschaft ändert diese Entwicklung voraussichtlich wenig. Eher umgekehrt: Die Corona-Krise könnte die Entwicklung beschleunigen.

Der Monitoringbericht der Bundesregierung 2020 gibt eine gewisse Prognose für die Auswirkungen der Corona-Pandemie in der Kultur- und Kreativwirtschaft ab. Diese Zahlen sind vorläufig. Dabei lässt sich ein negativer Trend feststellen: Die positive Entwicklung über die letzten Jahre und Jahrzehnte kann nicht fortgesetzt werden. Umsatzeinbußen sind insbesondere in den Bereichen darstellende und bildende Kunst zu verzeichnen. Auch die Musik- und Filmwirtschaft wurden im Bereich der unmittelbaren Darbietung in Kinos und Konzerten massiv beeinträchtigt. Dadurch verschiebt sich der Schwerpunkt innerhalb der Kultur- und Kreativindustrie zu stärker digitalisierten Bereichen wie Software/Games, aber auch Design und Architektur. Der Monitoringbericht identifiziert einige resiliente Bereiche wie Podcasts, Videostreaming sowie Online- und Mobile Games. Der Digitalisierungsschub, den die Kultur und Kreativwirtschaft durch die Corona-Pandemie erreicht, kommt jedoch nicht allen Bereichen gleichermaßen zugute. Immerhin sind viele Künstler auf den persönlichen Bezug zum Endnutzer angewiesen. Die Aura und die unmittelbare Verbindung lassen sich nicht ohne Weiteres durch Videoplattformen oder ähnliche Technologien ersetzen. Auch schlagen sich die Folgen der Pandemie in unterschiedlichen Wertschöpfungsszenarien nieder. In der bildenden Kunst geht es um das Verkaufsgespräch, während in den Darstellungsdienstleistungen wie Kino, Theater sowie Konzerten die Publikumsveranstaltungen im Vordergrund stehen (BMWi 2020).

1.2.2 Makroorientierte soziologische Analyse des politisch-ökonomischen Modells

Die zweite Herangehensweise an die Definition der Kultur- und Kreativwirtschaft beschreibt Biehl als ästhetische Ökonomie (Biehl 2020, S. 129–130). Hier bildet das kulturelle Produkt als Artefakt den Ausgangspunkt der Überlegungen. In Abgrenzung zur Wirtschaft wird Kultur eine eigenständige Bedeutung zuerkannt. Die Ästhetisierung der Wirtschaft, die massenhafte industrielle Reproduktion der Kunst und die damit einhergehenden Veränderungen im kulturellen Selbstverständnis rufen Kritiker auf den Plan. Das Medium selbst wird zur Botschaft (McLuhan 1967). Dabei bringen die Traditionalisten oft wenig Verständnis für die Veränderungen in Kunst und Kultur im Kontext der wirtschaftlichen Realitäten auf. Theoretische Modelle reichen in Deutschland weit zurück. Frank Wedekind ließ seinen Kammersänger bereits in den 1920er Jahren sein Dasein als „Luxusartikel der Bourgeoisie" (Wedekind 2015, S. 25) beklagen:

> „Wissen Sie, was die künstlerischen Bedürfnisse des Publikums sind? Bravo zu rufen, Blumen und Kränze zu werfen, Unterhaltungsstoff zu haben, sich sehen zu lassen, ah und oh zu sagen, auch mal die Pferde auszuspannen. Das sind die künstlerischen Bedürfnisse, die ich befriedige." (Wedekind 2015, S. 26)

In einem Essay hat Walter Benjamin 1935 das „Kunstwerk im Zeitalter seiner technischen Reproduzierbarkeit" analysiert. Darin diagnostizierte er eine voranschreitende Trennung von Kunstwerk und Ritual in Europa und eine Kommerzialisierung der Kunst mit dem Aufkommen der verschiedenen Möglichkeiten der technischen Reproduktion. Die Zwecksetzung liege in der Zerstreuung der Masse:

> „Die Entschälung des Gegenstandes aus seiner Hülle, die Zertrümmerung der Aura, ist die Signatur einer Wahrnehmung, deren Sinn für das Gleichartige in der Welt so gewachsen ist, dass sie es mittels der Reproduktion auch dem Einmaligen abgewinnt." (Benjamin 1963, S. 16)

Grundlegend kann hierfür ein Text von Max Horkheimer und Theodor W. Adorno aus dem Jahr 1944 über die „Kulturindustrie" herangezogen werden, der der Frankfurter Schule zuzurechnen ist. Die gesellschaftliche Analyse von Horkheimer und Adorno kritisiert den Einfluss der Wirtschaft auf die Kulturindustrie und beklagt eine Vereinheitlichung. Die Herrschaft des Kapitals stelle Technologien in den Vordergrund, die eigentlichen Inhalte würden marginalisiert. Das Publikum wähne sich frei, werde dabei aber gelenkt, da Alternativen fehlten (Horkheimer und Adorno 1996, S. 128 ff.). Die kritische Distanz des Künstlers gehe durch die Marktwirtschaft verloren, der Stil werde nivelliert:

> „Nicht nur werden die Typen von Schlagern, Stars und Seifenopern zyklisch als starre Invarianten durchgehalten, sondern der spezifische Inhalt des Spiels, das scheinbar Wechselnde ist selbst aus ihnen abgeleitet. Die Details werden fungibel. (…) Die Kulturindustrie hat sich entwickelt mit der Vorherrschaft des Effekts, der handgreiflichen Leistung

der technischen Details über das Werk, das einmal die Idee trug und mit dieser liquidiert wurde." (Horkheimer und Adorno 1996 S. 133)

Für Bouquillon ist im Gegensatz dazu der schöpferische Akt vor allem ein Prozess. Und so schlägt er angesichts der neueren Entwicklungen in der Digitalisierung eine andere Abgrenzung vor: Kreativwirtschaft soll die skalierbaren, reproduzierbaren und letztlich industriellen Segmente des Bereichs, zum Beispiel Medienprodukte, abbilden. Als Kulturwirtschaft verbleiben dann nicht skalierbare, semireproduzierbare handwerkliche Formen wie die Malerei (Bouquillon et al. 2013, S. 9).

> „In den glorreichen dreißiger Jahren basierte wirtschaftlicher Erfolg essenziell auf dem Reichtum an Primärgütern, den hergestellten Gütern und dem Kapital, über das jedes Land verfügte. Das trifft auch heute noch zu. Aber heute ist der wahre Reichtum nicht konkret, er ist abstrakt. Er ist nicht materiell, er ist immateriell." (Bouquillon et al. 2013, S. 25; Übersetzung des Autors)

Gegen solch eine strikte Abgrenzung spricht jedoch, dass man auf diese Weise den skalierbaren, industriellen Produkten ihre Kulturalität entzieht, nur weil sie reproduzierbar sind. Die Reproduktion und ihre ökonomischen Rückkopplungen wirken sich zwar auf das kulturelle Schaffen selbst aus, das stellt allerdings nicht Neues dar. Schon seit der Erfindung des Buchdrucks sind wirtschaftliche Kräfte am Werk, die sich seit etwa hundert Jahren mit dem technischen und gesellschaftlichen Fortschritt beschleunigt haben.

Heute scheinen diese grundsätzlichen Haltungen einer differenzierteren Sichtweise gewichen zu sein. In seinem Buch „Ästhetischer Kapitalismus" (2016) versucht Gernot Böhme, den Ursachen des Phänomens auf den Grund zu gehen:

> „Die elementaren Bedürfnisse des Menschen lassen sich ohne viel Mühe befriedigen. Wenn man sich darauf beschränken würde, so müssten die Märkte schnell gesättigt sein, und es würde kein Wirtschaftswachstum mehr geben. Nun ist aber Wachstum für kapitalistische Wirtschaften essenziell (…). Wachstum kann daher nur aufrechterhalten werden, wenn der Sektor der Bedürfnisse ausgeweitet wird. Dabei darf man jedoch nicht – nicht nur – an eine Vermehrung der Bedürfnisse denken, denn einerseits wären auch diese schnell befriedigt, und andererseits ist die Konsummöglichkeit des Menschen in mancher Hinsicht beschränkt, bspw. in zeitlicher Hinsicht. Deshalb wird die Konsumgüterindustrie – hier seien die Unterhaltungsindustrie und die Medien eingeschlossen – einen anderen Typ von Bedürfnissen setzen, den man dann besser Begehren oder Begierden nennen sollte. Während Bedürfnisse im engeren Sinn, dadurch, dass man ihnen entspricht, befriedigt werden, so werden Begehrnisse, dadurch, dass man ihnen entspricht, gesteigert. So wird der Durst gelöscht, wenn man trinkt, doch das Begehren berühmt zu sein, gesehen zu werden, sich auszustatten wird dadurch gesteigert, dass man ihm entspricht." (Böhme 2016, S. 73–74)

Laut Böhme entwickelt die Wirtschaft eine neue Eigendynamik, durch die weltweit eine zunehmende Befriedigung der Grundbedürfnisse mit neuen Produkten und Dienstleistungen entsteht. Diese ziehen in einer stetigen Spirale die Möglichkeiten einer grenzenlosen Weiterentwicklung nach sich. Böhme, der als Philosoph immer wieder mit der und auch über die sogenannte Frankfurter Schule gearbeitet hat, setzt sich kritisch damit auseinander und stellt fest, dass die Kapitalisierung der Kunst dieser „letztendlich nicht geschadet hat" (Böhme 2016, S. 78).

Kunst und Kultur sind genau dann besonders wertvoll, wenn sie als immaterielles Wirtschaftsgut seriell verwertbar werden – das Unikat wird reproduziert. Daher sind für die Frage der Definition der Kultur- und Kreativwirtschaft diese kritischen Überlegungen beinahe irritierend. Das bedeutet aber nicht, dass sie unberechtigt sind. Soweit sich die philosophische Analyse auf ein Lamento über den Status der Kultur im Zeitalter der industriellen Reproduktion beschränkt, kann sie wenig zu einer konstruktiven Debatte beitragen. Dennoch sind die Fragen, die sich im Spannungsfeld zwischen schöpferischem Handeln am Artefakt und der wirtschaftlichen Reproduzierbarkeit bzw. ihrer Verwertbarkeit stellen, durchaus zu berücksichtigen.

Für mich steht hier der dynamische Kulturbegriff als Lösung bereit. Unser Verständnis von Kultur wandelt sich mit der Zeit – das ist schon immer so gewesen. Veränderungen sind in der Kulturgeschichte immer wieder vorgekommen. Sie sind kein neues Phänomen, und den Wandel der Epochen an sich zu kritisieren ist nach meinem Dafürhalten zu kulturpessimistisch. Die Veränderungen des kulturellen Selbstverständnisses sind stets von ökonomischen und technischen Rahmenbedingungen geprägt gewesen. Das gilt für den Bau der ägyptischen Pyramiden genauso wie für die flämische Malerei, die Kompositionen von Vivaldi und Bach oder die Romantik als Gegenbewegung zur industriellen Revolution. Diese zugunsten des Künstlers davon entkoppeln zu wollen, ist zwar im Sinne eines radikalen L'art pour l'art[4] nachvollziehbar, aber langfristig wenig tragfähig und eines demokratisch verfassten und auf die Menschwürde des Einzelnen verpflichteten Gemeinwesens auch nicht würdig. Aus meiner Perspektive lassen sich die Veränderungen anhand der gesellschaftlichen Bedeutung und kulturellen Anerkennung von Computerspielen beispielhaft gut beschreiben.

„So hat beispielsweise die Kanzlerin Angela Merkel anlässlich der Eröffnung der deutschen Spielemesse ‚Gamescom' im Jahr 2017 sich klar zum ‚Kulturgut Computerspiel' bekannt. Bereits 2008 hatte der Bundestag einstimmig eine entsprechende Entschließung verabschiedet. Heute ist es unstrittig, dass Computerspiele nicht nur die Vorstellungswelt ganzer Generationen beeinflussen, sondern auch dafür verantwortlich sind, wie wir Werte wahrnehmen, wie wir unsere Gedanken strukturieren und wie wir uns ausdrücken. Sie sind aber auch dafür verantwortlich, wie wir lernen und wie wir unsere Kommunikation organisieren – daher sind sie ein Teil unserer kulturellen Kommunikationsstruktur und als solche auch wichtig für unsere nationale kulturelle Verfasstheit." (Behrmann 2020, S. 2)

---

[4] Kunst als Selbstzweck, Kunst für Kunst.

1.2.3   Qualitative Beobachtung von Verhaltensweisen und Besonderheiten

Die dritte Herangehensweise an die Definition von Kultur- und Kreativwirtschaft stellt den Menschen als Schöpfer in den Mittelpunkt. Einige US-amerikanische Autoren orientieren sich an der Beobachtung qualitativer Merkmale und beschreiben – wie bei einem Naturphänomen in der Biologie – den „kreativ schaffenden" Menschen und beobachten sein Handeln in einer sich verändernden Welt. Vorteil dieser Methode ist der unmittelbare Anknüpfungspunkt am Menschen als Schöpfer des kreativen Werkes.

In „The Rise Of The Creative Class" (2012) beobachtet Richard Florida die Entwicklungen der „kreativen Klasse" – ein von ihm geprägter Begriff. Diejenigen, die als Kreative die Welt bewegen, bilden seinen Untersuchungsgegenstand. Bewusst orientiert sich Florida nicht an Unternehmen oder Unternehmensstrukturen. Ihn interessiert der Akteur dahinter, der den kreativen Akt als solchen vollzieht, und damit der Schöpfer an sich, der Mensch. Für diese Methode spricht immerhin, dass die klassischen Unternehmensstrukturen im kreativwirtschaftlichen Bereich traditionell eine geringere Bedeutung haben. Die von Florida gewählte Methode kann man am ehesten als beobachtende Mesoanalyse beschreiben. Er gewinnt seine Erkenntnisse im Wesentlichen durch die Befragung von Fokusgruppen.

Auch Peter Thiel ist als Protagonist der neuen digitalen Start-up-Welt zu erwähnen. In seinen Beobachtungen finden sich auffällige Parallelen zu der Analyse Floridas. In seinem Buch „Zero to One" beschreibt er seine Erfahrungen in der Start-up-Community, die ebenfalls zur Kreativwirtschaft zählt (Thiel 2014). Thiel (selbst zunächst Jurist und dann erfolgreicher Start-up-Gründer) kommt aus Stanford – einem geistigen Ausgangspunkt des Silicon Valley. Seine Anmerkungen stellen in gewisser Weise eine komplementäre Ergänzung zu Florida dar. Er spricht allerdings nur über die digitalen Start-ups und deckt insoweit nicht die gesamte Kultur- und Kreativwirtschaft ab. Dennoch berichtet er als Insider. Schließlich ist Thiel ein bekannter Konservativer, während Florida eher dem linken Spektrum zuzuordnen ist.

1.2.3.1 Die Definition der kreativen Klasse

Florida sieht in seinem Theoriegebäude drei tief miteinander verwobene Dimensionen der Kreativität. In diesem Dreieck befindet sich die kreative Wirtschaft (Florida 2012, S. 20), wie in Abb. 1.12 zu sehen ist.

> 1. Technologische Kreativität im Sinne von Inventionen
> 2. Ökonomische Kreativität im Sinne von Entrepreneurship
> 3. Artistische und kulturelle Kreativität im Sinne von künstlerischem Schaffen

Die **kreative Klasse** ist ein von Florida geprägter Begriff, womit er all diejenigen beschreibt, „whose work function is to create meaningful new forms" (Florida 2012, S. 38). Dabei bildet er konzentrische Kreise (siehe Abb. 1.13), indem er die Mitglieder

Abb. 1.12 Dimensionen der
Kreativität

Dimensionen der Kreativität

ökonomische Kreativität

kulturelle   technologische
Kreativität   Kreativität

Abb. 1.13 Konzentrische
Kreise der kreativen Klasse
nach Florida 2012

**Konzentrische Kreise der kreativen
Klasse nach Florida 2012**

Creative Professionals

**Super Creative
Core**

der kreativen Klasse anhand der Berufe, die sie ausüben, dem „Super Creative Core"
oder den „Creative Professionals" zuordnet (Florida 2012, S. 38–38) (siehe Tab. 1.1):

> Ich zum Beispiel gehöre als Rechtsanwalt den „Creative Professionals" an, ich arbeite
> aber eben auch als Professor und Sachbuchautor und bin damit auch ein „Super
> Creative Professional". Nach unserer deutschen Einteilung Abschn. 1.2.1.2 wiederum
> (siehe oben) gehöre ich der Kreativbranche nur insoweit an, als ich eine kleine Firma
> in der Gamesbranche habe. Das zeigt bereits sehr gut, wie kompliziert sich die
> Definition des Begriffes der Kultur- und Kreativbranche gestaltet.

Grundthese Floridas ist, dass auf das in der industriellen Revolution entstandene Zeitalter der industriellen Produktion nun eine Revolution der kreativen Industrien folgt
(Florida 2012, S. 44–49). Diese wird von der kreativen Klasse getragen – ähnlich wie
die industrielle Revolution von der Arbeiterklasse getragen wurde. Um das wesentliche
Erkennungsmerkmal der Wirkung dieser Veränderung zu beschreiben, macht Florida
ein Gedankenexperiment (Florida 2012, S. 1–5): Angenommen, ein Zeitreisender reise
zunächst zwischen den Jahren 1919 und 1950 hin und her und anschließend zwischen

Tab. 1.1 Unterscheidung „Super Creative Core" und „Creative Professionals"

„Super Creative Core"	„Creative Professionals"
Wissenschaftler,	Wissensintensive Industrien
Ingenieure,	wie
Professoren,	Hightech,
Schriftsteller und Dichter,	Finanzen,
Künstler,	Rechtswesen,
Entertainer,	Gesundheitswesen,
Schauspieler,	Businessmanagement
Designer,	
Architekten,	
Meinungsführer der modernen Gesellschaft (hierzu zählen:	
Sachbuchautoren, Redakteure, kulturelle Figuren, Analysten	
usw.)	

1950 und 2015. Die Veränderungen, die er wahrnehmen würde, wären im zweiten Zeitraum spürbar größer als im ersten: Heute hätten sich die Lebensumstände stärker verändert. Diese Veränderungen schreibt Florida dem Aufstieg der kreativen Klasse zu. Er sieht ein Zeitalter der Kreativität heraufziehen, und die Krise von 2008 ist für ihn die letzte Krise der alten fordistischen[5] Industriegesellschaft (Florida 2012, S. 11).

Kreativität hängt mit dem menschlichen Handeln zusammen. Das kreative System ist nicht unternehmenszentriert, sondern menschenzentriert. Auch im Zeitalter der Kreativität besteht daher Florida zufolge bei großen Unternehmen ein Bedarf an Arbeitskräften mit den verschiedensten Kompetenzen (Florida 2012, S. 15–17). Die kritische Ressource der neuen Zeit seien Menschen und ihre Aufenthaltsorte. Die kreative Klasse wird allerdings für ihre geistige Anstrengung bezahlt, nicht für physische Arbeit. Im Unterschied zur Arbeiterklasse, die aufgrund der monotonen Arbeitsbedingungen in der Industrialisierung an Eigeninitiative eingebüßt hat, hat die kreative Klasse nach Florida eigene Vorstellungen entwickelt. Auch Thiel sieht den Menschen im Mittelpunkt: „Computers are complements for humans, not substitutes" (Thiel 2014, S. 140).

Die ultimative Quelle von Kreativität ist Florida zufolge die Fähigkeit, neue Ideen zu entwickeln und miteinander zu kombinieren, wie zum Beispiel die Erfindung des Rads in der Frühzeit. Das Erstaunliche an guten Ideen sei, dass sie immer und immer wieder verwendet werden können und mit ihrer Wiederverwendung der Wert der Ideen sogar zunehme. Insofern sei die Kreativität eben auch eine Quelle ökonomischer Werte, die nicht zu versiegen scheine. Nach Paul Romer entsteht Fortschritt durch „better recepees, not just more cooking" (Romer in Florida 2012, S. 15).

---

[5] Die fordistische Gesellschaft bezieht sich auf Henry Ford, den Erfinder der *assembly line*. Diese hatte große Skalenvorteile im Hinblick auf Preis und Qualität, aber auch negative Auswirkungen auf die Gesellschaft in ihrer Epoche (der Arbeiter am Fließband).

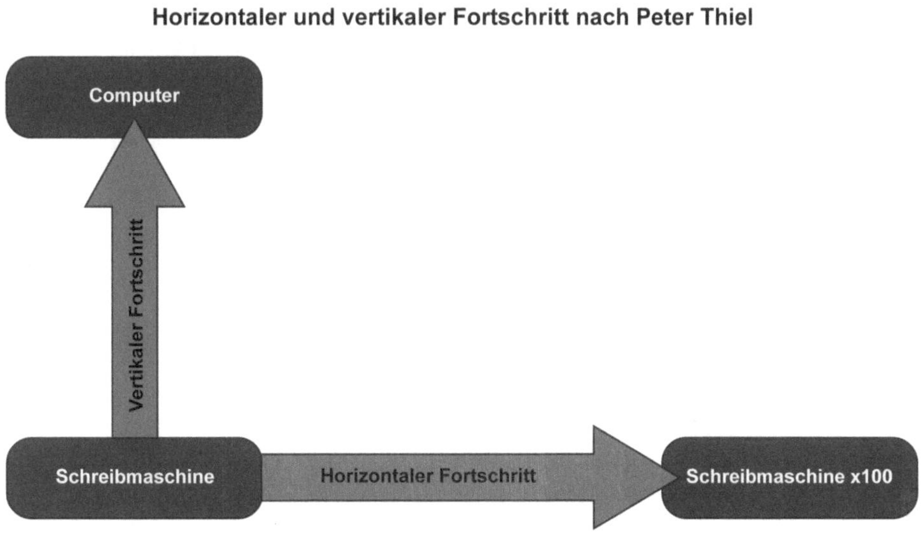

Horizontaler und vertikaler Fortschritt nach Peter Thiel

Abb. 1.14 Horizontaler und vertikaler Fortschritt nach Peter Thiel. (Aus Anderie 2016; mit freundlicher Genehmigung von © Springer-Verlag Berlin Heidelberg 2016. All Rights Reserved)

Diesen Ansatz setzt Thiel in „Zero to One" konsequent fort: Es gebe neben dem horizontalen Fortschritt auch den vertikalen Fortschritt Abb. 1.14, der neue, nie dagewesene Produkte und Verfahren ermögliche. Vertikaler Fortschritt sei die Erfindung völlig neuer Dinge, während horizontaler Fortschritt die Verbesserung des Bestehenden im Auge habe. Nur kleine Start-ups seien in der Lage, diese völlig neue Herangehensweise umzusetzen (Thiel 2014, S. 9). Thiel spricht hier aus seiner eigenen Erfahrung als Gründer von PayPal (zusammen mit Elon Musk) und verbalisiert letztlich als Experte zentrale Herausforderungen des kreativen Schaffens. Die besondere Herausforderung bestehe darin, Neues zu denken und umzusetzen. Noch nicht entdeckte oder gelüftete Geheimnisse würden hier eine besondere Rolle spielen.

Zurückhaltend ist Florida gegenüber dem Konzept von *intellectual property* (IP) (Florida 2012, S. 20). Er sieht die Notwendigkeit geistigen Eigentums, zugleich möchte er aber nicht, dass durch Zwänge der kreative Prozess leidet. Letztlich vertritt Peter Thiel ähnliche Ansichten, wenn er den Prozess einer neuen Erfindung beschreibt, die erst nicht existiert und dann von null auf eins geht, also von Nichtexistenz zur Existenz.

Kritiker haben eingewandt, dass die kreative Klasse nach Floridas Definition letztlich nur die Oberklasse, die Oberschicht im klassischen Sinne darstelle, da man einen Collegeabschluss haben müsse, um der werkseitigen Klasse anzugehören. Florida verteidigt sich mit dem Hinweis, dass es viele Akteure in der Kreativwirtschaft gebe, die keinen Collegeabschluss hätten, wie zum Beispiel Bill Gates und Steve Jobs (Florida 2012, S. 41). Durchgreifend ist die Kritik an Floridas Definition jedoch dort, wo die kreative Klasse jeden Bezug zur kreativen Produktion bzw. zu Produkten der Kultur- und Kreativwirtschaft verliert. Die Eingemeindung von Lehrern und vergleichbaren Berufen führt zu einer massiven Ablehnung von Floridas Schaffen und Werk in der Fachwelt, die mir in vielen Fragen unberechtigt erscheint. Insofern ist seine Definition auch nach meinem Dafürhalten zu weit.

1.2.3.2 Meritorische Werte, Arbeit und Leben

Besondere Verdienste hat Florida bei der Beschreibung der kreativen Klasse. Er beobachtet wie ein Verhaltensbiologe den neuen Stil der *creative worker.* Innovation sei grundsätzlich ein soziales Phänomen. In den Labs der großen Unternehmen gebe es heute Campus-ähnliche Strukturen, in denen ein *casual dress code* herrsche. Viele Kreative träfen sich und arbeiteten in Cafés, mitunter um die soziale Interaktion in ihren Alltag zu integrieren. Die früher noch herrschende strikte Trennung zwischen Arbeit und dem sozialen Leben löse sich schrittweise auf (Florida 2012, S. 128).

Zusammengehalten werde die neue kreative Klasse durch ein gemeinsames Ethos, das auf einem ausdifferenzierten Wertekanon (Florida 2012, S. 56) beruhe, auf non-monetären Meriten und nicht unbedingt nur auf monetärem Verdienst. Dieses Ethos funktioniere nach eigenständigen Regeln: Wichtige Elemente seien Individualität, Diversität und Offenheit. Auch für ihn seien Verhaltensweisen (Haltung auf individueller und kollektiver Basis) wichtige Merkmale dieser Klasse. Diese Haltungen brächten Ver-änderungen mit sich; sie wirkten sich auf den Arbeitsplatz und die Arbeitskultur genauso aus wie auf Werte und Normen, auf die Entwicklung von Communitys, auf die Arbeits-umgebung, den Lifestyle und sogar die Nachbarschaftsstrukturen. Dies führe zu einer gewissen Spannung zwischen der Kreativität auf der einen Seite und Organisationen klassischer Art auf der anderen Seite. Wichtige Impulse kämen durch nonmonetäre, meritokratische Strukturen. Der Wertekodex (Florida 2012, S. 56–59) sei getragen von Individualität – also dem Streben danach – und der Ablehnung von Konformismus. Die Normkonformität sei insofern fast schon zu einem Mainstreamwert geworden. Diese Beobachtung Floridas, dass alternative Bewegungen mittlerweile Mainstream werden und Nonkonformität folglich obligatorisch wird, teile ich. Die Vermassung der individuellen Lebensweise, wie sie zum Beispiel durch den Apple-Slogan „think different" deutlich wird, erzwingt eine hohe Anpassung.

Dieser Wertekodex kommt auch bei Thiel zur Sprache. Aber auch er beschreibt in seinem Kapitel „The Founders Paradox" (Thiel 2014, S. 128 ff.) die besondere Ungewöhnlichkeit und mentale Eigenständigkeit von Gründern. Erfolgreiche Gründer sind ungewöhnliche Menschen (Abb. 1.15). Zu Floridas Wertesystem ist zu sagen, dass er eine wichtige handwerkliche Neuerung – die Einführung der Toleranz als Innovationskriterium im Rahmen der Kreativwirtschaft – heranzieht. Sein von ihm 2002 entwickelter Toleranzindex (Florida 2012, S. 72–74) war wegweisend. Gerade in sogenannten „Multikulti"-geprägten Städten wie Berlin ist der Toleranzbegriff besonders wichtig.

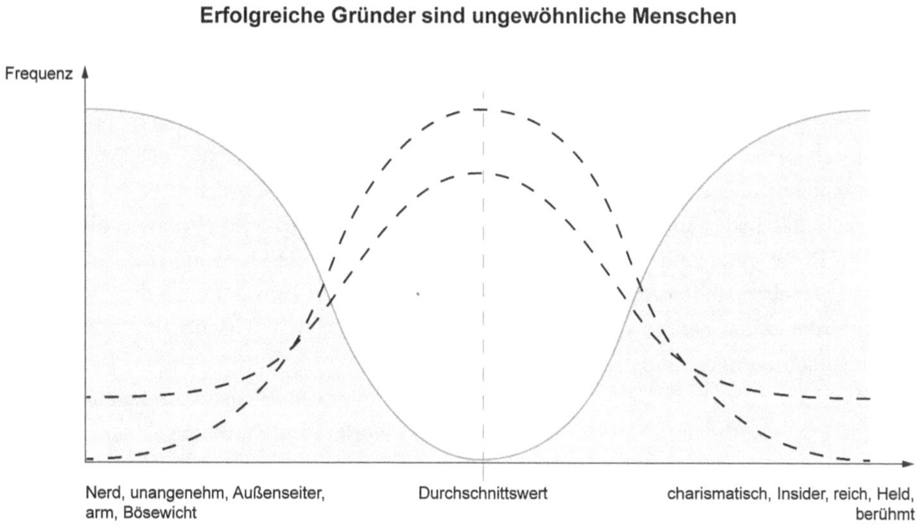

Erfolgreiche Gründer sind ungewöhnliche Menschen

Abb. 1.15 Erfolgreiche Gründer sind ungewöhnliche Menschen. Eigene Darstellung nach Thiel 2014

Ein wichtiges Grundprinzip zum Verständnis der Funktionsweise der kreativen Klasse findet sich in der Meritokratie, einem Hierarchiesystem, das auf nonmonetären „Meriten" fußt. Die Meinung der Konkurrenten (i.S.v. Co-Opetition) ist ein wichtiger Motivator für Künstler und Kreative wie Wissenschaftler und Schauspieler. Aus einer anderen Perspektive bestätigt diese Ansicht auch Richard Caves, der dafür den Begriff Peer-System verwendet. Junge Maler suchen sich, um bekannt zu werden, zunächst die künstlerische Anerkennung ihrer Kollegen (Caves 2002, S. 26). Wissenschaftler werden dadurch motiviert, dass sie Preise gewinnen können. Ähnliche Systeme gibt es im Bereich der Open-Source-Software: *group recognition* anstelle von nur finanziellen Anreizen. Zentral ist jedoch die intrinsische Natur der Entwicklung. Zwar werden harte Arbeit und Erfolg klar positiv bewertet, aber dies ist für Florida nicht zwingend mit Geld gleichzusetzen. Vielmehr komme es hier in einem Klima von Vielfalt und Offenheit auf den nonmonetären *merit* an. Viele der Akteure der Kreativwirtschaft waren selbst einmal Außenseiter, mit seltsamen Gewohnheiten, ungewöhnlicher Kleidung und hoher Mobilität. Die Werte sind i.d.R. säkular und nicht religiös geprägt.

Das Arbeiten der kreativen Klassen weist Besonderheiten auf. Kreative haben andere Ansprüche an ihre Tätigkeit. Es geht ihnen mehr um Verantwortung als um Geld. Statt Aktienanteilen wollen sie Herausforderungen, Flexibilität, Stabilität und dann erst die Vergütung. Sie wollen einen relevanten Beitrag leisten, ihre Fähigkeiten nutzen und den unmittelbaren Impact ihrer Arbeit sehen. Die Flexibilität ist dabei ein besonders wichtiges Kriterium (Florida 2012, S. 72–74). Auch die Zeitplanung ist wesentlich flexibler als in herkömmlichen Unternehmen. Die Mitglieder der kreativen Klasse arbeiten zwar flexibler, aber auch länger (Florida 2012, S. 102–105). Die flexiblen Arbeitsstunden sind zwar angenehm, erfordern aber auch enorme Konzentration. Häufig gibt es einen zweiten Arbeitstag nach der längeren Mittagspause.

Kreative wählen typischerweise einen Ort zum Leben, bevor sie sich nach einem Job umschauen (Florida 2012, S. 75–77). Aktivitäten, die außerhalb der Arbeit stattfinden, spielen daher eine große Rolle. So können Dinge vorangetrieben werden, um die Kreativität insgesamt weiterzuentwickeln. Die wirtschaftliche Kompensation spielt nur eine Rolle unter anderen Faktoren, ist aber zur Vervollständigung der Bedürfnisse wichtig. Daneben stehen Stabilität und Sicherheit, die, laut Florida, nach der Krise 2008 als Kriterien wichtiger geworden sind. Andere Benefits wie Urlaubszeit oder Unternehmensbeteiligungen sind eher nicht relevant.

Mitarbeiter wollen bei einer Erfolgsgeschichte dabei sein, in einer faszinierenden Branche etwas aufbauen (Florida 2012, S. 84–89). Dafür sind sie bereit, Unsicherheiten und Risiken zu akzeptieren. In der Kreativwirtschaft gibt es weniger feste Arbeitsverhältnisse, dafür aber eine Vielzahl von Freelancern. Leben wir also in einer Ökonomie der Praktikanten und „white collar sweat shops" (Florida 2012, S. 93)? Nein, denn *creative workers* möchten nur mehr Kontrolle über ihr Leben (Florida 2012, S. 93–95). Deswegen stehen die gewonnene Freiheit und die persönliche Entwicklung im Vordergrund. Identitäten werden unabhängig von Unternehmen geprägt.

Ein Kennzeichen dafür ist für Florida die Entwicklung der Kleiderordnung in der Arbeitswelt, „no collar", eine Arbeitswelt im T-Shirt. Ob die Farbe der Krägen blau oder weiß sei, sei nicht mehr entscheidend. Heute gäbe es keine Krägen mehr (Florida 2012, S. 100–101). Seit den frühen Zweitausendern habe sich die Struktur der Arbeitskleidung verändert. Noch in den Sechzigern gab es überall Anzüge und Krawatten. In den Achtzigern schlich sich ein offener Dresscode in die Büros. Auch die Statusbezeichnung änderte sich, denn man war plötzlich Teil der kreativen Elite: Kreative Menschen tragen keine Uniformen, sie ziehen sich so an, wie sie sich selbst am besten zum Ausdruck bringen können. Der Arbeitsplatz ohne Kragen im T-Shirt, also nicht im Blaumann oder weißen Hemdstyle, verändert die Wirtschaft grundlegend. Thiel sieht das genauso, er spricht vom „T-Shirt-worker" (Thiel 2014, S. 91). Flexible Kleidung gehöre heute dazu; als Investor berichtet er von Gründern in klassischen Anzügen, denen er weniger Gründerspirit abgenommen habe als Gründern im T-Shirt. Außerdem gehe es den Protagonisten der kreativen Klasse darum, neben ihren Projekten auch ihre Interessen weiterentwickeln zu können – innerhalb und außerhalb des Unternehmens. Teilweise sei es sogar so, dass die Rollen bewusst unklar gehalten werden. Anders als Florida möchte Thiel jedem Mitarbeiter eine genaue Rolle zuweisen, um das Konfliktpotenzial zu reduzieren (Thiel 2014, S. 87–88).

Die zweite große Beobachtungsebene neben der Arbeitswelt ist für Florida das Leben der kreativen Klasse jenseits professioneller Zusammenhänge: Die Freizeit. Der Zeitdruck nehme zu, und mit ihm der Wert der Zeit (Florida 2012, S. 125). Das hänge auch mit dem ständig wachsenden Durchschnittseinkommen zusammen. Schon mit dem Aufkommen der Glühbirne sei die Nacht – im Gegensatz zur landwirtschaftlich geprägten Zeit davor – zum Tag geworden. Aber anders als in der Industriegesellschaft würden

Freizeit und Arbeitszeit nicht mehr strikt getrennt. Das führe jedoch nicht zu weniger Arbeitszeit, sondern zu mehr. Auch wenn man das Leben als Ganzes betrachte, verschöben sich die Dinge. So müssten Mitarbeiter in der Kreativwirtschaft gerade zu Beginn einer Karriere sehr viel eigene Leistung und Initiative mitbringen. Als junger Mensch arbeite man sehr viel, um die Früchte erst später im Leben zu ernten (Florida 2012, S. 128–130). Das Leben selbst werde auf später verschoben.

Kreative leben in einer *experience economy* (Pine und Gilmore 1999) und suchen leidenschaftlich nach Erfahrung. Sie reisen zu entfernten und risikoreichen Orten, die sie emotional berühren und inspirieren. Zudem kann das Leben aktiver gestaltet werden. Der Körperkult wird stärker zelebriert als früher: Statistisch gibt es Florida zufolge eine Korrelation zwischen Städten mit einer körperlich fitten Bevölkerung und einem großen Anteil Kreativer. Dabei habe körperliches Aussehen stärker als in anderen Branchen einen Marktwert: Wer gut aussieht, hat höhere Chancen auf Erfolg. Die Grenzen zwischen Freizeit und Arbeit sind für Florida fließend (Florida 2012, S. 143), Arbeit wird als Freizeit getarnt und Freizeit als Arbeit. So entsteht ein wechselseitiges, voneinander abhängiges System. Letztlich zieht Arbeit die gesamte Freizeit in ihren Bann. Gleichzeitig wird das Arbeitsleben aber auch durch die Freizeit aufgewertet, in der nach Florida bei Kreativen eine Tendenz zu Extremsportarten zu erkennen ist. Anscheinend können sie diesem Wechselsystem besonders gut bei extremen Freizeitaktivitäten entfliehen.

Wiederholungs- und Vertiefungsfragen

1. Welche Möglichkeiten gibt es, Kultur- und Kreativwirtschaft zu definieren?
2. Gehören Computerspiele zur Kulturwirtschaft oder zur Kreativwirtschaft?
3. Entzieht die massenhafte Reproduzierbarkeit dem Kulturprodukt seinen Eigenwert?
4. Welche anderen Personengruppen werden Teil der Kultur- und Kreativwirtschaft, wenn man den Schöpfer als Ausgangspunkt nimmt?
5. Welche Besonderheiten gibt es nach Richard Florida für Akteure der Kultur- und Kreativwirtschaft in der Arbeitswelt und bei der Freizeitgestaltung?
6. Welche Bedeutung haben nonmonetäre Meriten für die Einteilung der Güter einerseits und andererseits für die Karriere innerhalb der Kultur- und Kreativwirtschaft?
7. Erklären Sie den Ausdruck *experience economy*. Bitte nennen Sie Beispiele.

Literatur

Anderie L (2016) Games industry management. Gründung, Strategie und Leadership – Theoretische Grundlagen. Springer, Berlin

Behrmann M (2005) Kino und Spiele. Medien in Frankreich und Deutschland. Ibidem, Stuttgart

Behrmann M (2020) Finanzierung von Computerspielproduktionen in Deutschland und Europa mit öffentlicher Förderung. https://creativeindustries.berlin/portfolio/finanzierung-von-computerspielproduktionen-in-deutschland-und-europa-mit-offentlicher-forderung/. Zugegriffen: 19. Apr. 2021

Benjamin W (1963) Das Kunstwerk im Zeitalter der technischen Reproduzierbarkeit. Suhrkamp, Frankfurt a. M.

Berliner Senat (2017) Kreativwirtschaftsbericht. https://projektzukunft.berlin.de/fileadmin/user_upload/pdf/IKT-Wirtschaft/Auswertung_der_Berliner_Wirtschaftsdate-2017-18.pdf. Zugegriffen: 26. Mai 2021

Biehl B (2020) Management in der Kreativwirtschaft. Springer Gabler, Wiesbaden

BMWi (2009) Monitoringbericht Kultur- und Kreativwirtschaft. https://www.kultur-kreativ-wirtschaft.de/KUK/Redaktion/DE/Publikationen/2010/monitoring-bericht-eckdaten-2009.html. Zugegriffen: 19. Apr. 2021

BMWi (2019) Monitoringbericht Kultur- und Kreativwirtschaft. https://www.bmwi.de/Redaktion/DE/Publikationen/Wirtschaft/monitoringbericht-kultur-und-kreativwirtschaft-2019-kurzfassung.pdf?__blob=publicationFile&v=22. Zugegriffen: 19. Apr. 2021

BMWi (2020) Monitoringbericht Kultur- und Kreativwirtschaft. https://www.bmwi.de/Redaktion/DE/Publikationen/Wirtschaft/monitoringbericht-kultur-und-kreativwirtschaft-2020-kurzfassung.html. Zugegriffen: 19. Apr. 2021

Böhme G (2016) Ästhetischer Kapitalismus. Suhrkamp, Berlin

Bolten J (2015) Einführung in die interkulturelle Wirtschaftskommunikation. UTB, Göttingen

Bouquillon P, Combès Y (2007) Les Industries de la culture et de la communication. Harmatttan, Paris

Bouquillon P (2012) Creative Economy. Presses Universitaires de Vincennes, Paris, Creative Industries Des notions à traduire

Bouquillon P et al. (2013) L'industrialisation des biens symboliques. PUG, Grenoble

Caves R (2002) Creative industries. Contracts between art and commerce. Harvard University Press, Cambridge

Europäische Kommission (2010) Green paper. Unlocking the potential of cultural and creative industries. https://eur-lex.europa.eu/legal-content/EN/ALL/?uri=celex%3A52010DC0183. Zugegriffen: 26. Mai 2021

Florida R (2012) The rise of the creative class revisited. Basic Books, New York

Horkheimer M, Adorno TW (1996) Dialektik der Aufklärung. Fischer Wissenschaft, Frankfurt a. M.

Howkins J (2013) The creative economy. Penguin Books, London

Jones C, Lorenzen M, Sapsed J (2015) The Oxford handbook of creative industries. Oxford University Press, Oxford

Kern P (2006) The economy of culture in Europe. https://keanet.eu/publications/the-economy-of-culture-in-europe/. Zugegriffen: 12. Mai 2021

Kiefer M (2005) Medienökonomik. Einführung in eine ökonomische Theorie der Medien. R. Oldenburg Verlag München Wien, München

McLuhan M, Fiore Q (1967) The medium is the massage. Bantam books, New York 123:126–128

Ministry of Trade Industry (2003) Economic contributions of Singapore's creative industries. https://www.ico-d.org/database/files/library/singapore.pdf. Zugegriffen: 26. Mai 2021

pwc (2018) Europas Top 100. Die wertvollsten Unternehmen nach Börsenwert. https://www.pwc.de/de/kapitalmarktorientierte-unternehmen/pwc-infografik-europas-top-100-unternehmen.pdf. Zugegriffen: 15. Febr. 2021

Pine BJ, Gilmore JH (1999) The experience economy. Work Is theatre & every business Is a stage. Harvard Business School Press, Boston

Reckwitz A (2019) Das Ende der Illusionen. Politik, Ökonomie und Kultur in der Spätmoderne. Suhrkamp, Berlin

Reich MP (2013) Kultur- und Kreativwirtschaft in Deutschland: Hype oder Zukunftschance der Stadtentwicklung? Springer VS, Wiesbaden

Smith C (1998a) Mapping document. Creative Industries. MP, London

Smith C (1998b) Creative Britain. Faber and Faber Ltd, London

Söndermann M et al (2009) Endbericht Kultur- und Kreativwirtschaft. Ermittlung der gemeinsamen charakteristischen Definitionselemente der heterogenen Teilbereiche der „Kulturwirtschaft" zur Bestimmung ihrer Perspektiven aus volkswirtschaftlicher Sicht. Gutachten im Auftrag des Bundesministeriums für Wirtschaft und Technologie (BMWiI (Hg.) Köln, Bremen, Berlin

Söndermann M (2016) Leitfaden zur Erfassung von statistischen Daten für die Kultur- und Kreativwirtschaft (Fassung 2016) – Kurzanleitung. https://www.wirtschaftsministerkonferenz. de/WMK/DE/termine/Sitzungen/16-06-08-09-WMK/16-06-08-09-bericht-leitfaden-ak-kultur-kreativwirtschaft-10.pdf?__blob=publicationFile&v=2. Zugegriffen: 26. Mai 2021

Thiel P (2014) Zero to one. Crown Publishing, New York

Towse R, Khakee A (2012) Cultural economics. Springer, Berlin

University of Art Design Zürich (2003) Erster Kulturwirtschaftsbericht Schweiz. https://www. zhdk.ch/file/live/38/382bece7f48356bdf3fc8140d82e88fa64885a89/08_first-swiss-creative-industries-report-2003-de.pdf. Zugegriffen: 26. Mai 2021

U. S. Bureau of Economic Analysis (2016) Report, PR February 16, 2016

Wedekind F (2015) Der Kammersänger. Books on Demand, Norderstedt

Whyte W (2002) The organisation man. Simon & Schuster, Philadelphia

Besonderheiten der Creative Industries im Lichte des *digital shift*

2

Zusammenfassung

Verschiedene Autoren haben Besonderheiten der Creative Industries bzw. Merkmale der Medienökonomik benannt, die hier zunächst gebündelt und kompakt vorgestellt werden. Ausgehend von den in der Literatur – insbesondere von Caves und Kiefer – entwickelten Besonderheiten der Creative Industries beschäftigt sich dieses Kapitel mit dem *digital shift* und den Veränderungen, die die Creative Industries dadurch erfahren haben. Dabei werden Prinzipien identifiziert, die als Blaupause für die gesamte Wirtschaft dienen können, denn der *digital shift* ist in den Creative Industries besonders frühzeitig aufgetreten. Im dritten Teil dieses Kapitels untersuchen wir die Auswirkungen des *digital shift* in Bezug auf die Wertschöpfungsketten der einzelnen Sektoren der Kultur- und Kreativwirtschaft. Wenn Sie dieses Kapitel gelesen haben, haben Sie ein grobes Verständnis der Veränderungen, die durch den digital shift Einzug gehalten haben.

2.1 Besonderheiten nach Richard Caves

Wesentliche Merkmale der Kultur- und Kreativwirtschaft, die als Besonderheiten dieses spezifischen Teils der gesamten Wirtschaft angesehen werden können, prägen auch Fragen des Managements. Die Besonderheiten der Creative Industries beschreibt Richard Caves im Einleitungskapitel zu seinem Buch „Creative Industries. Contracts between Art and Commerce". Caves identifiziert sieben spezielle und komplexe Themen:

1. „Demand is uncertain" – Die Nachfrage ist unsicher.
2. „Creative workers care about their product" – Kreativen liegt ihr Produkt am Herzen.

© Springer-Verlag GmbH Deutschland, ein Teil von Springer Nature 2021
M. Behrmann, *Creative Industry Management,*
https://doi.org/10.1007/978-3-662-63921-4_2

3. „Some creative products require diverse skills" – Manche Produkte erfordern verschiedene Fähigkeiten.
4. Differentiated products – Differenzierte Produkte Horizontally differentiated products" – Es gibt unendlich verschiedene Produktmöglichkeiten.
5. Vertically differentiated skills – Vertikal differenzierte Fertigkeiten.
6. Time is of the essence – Zeit ist von entscheidender Bedeutung.
7. Durable products and durable rents" – Langlebige Produkte und langfristige Renditen (Caves 2002, S. 2 ff.).

Da diese Prinzipien für die weiteren Kapitel besonders wichtig sind, werden sie hier im Einzelnen erläutert.

2.1.1 Nobody knows

„Demand is uncertain" – Die Nachfrage ist unsicher. Zum Zeitpunkt der Herstellung, also in der Investitionsphase, ist es grundsätzlich unklar, ob die Kosten der Produktion jemals wieder hereingeholt werden können. Caves prägt damit den Begriff des „Keiner-weiß-es-vorher-Prinzips" *(nobody knows property)* (Caves 2002, S. 3).

Die Ungewissheit über die zukünftigen Absatzchancen eines kreativen Produktes zum Zeitpunkt der Herstellung ist in der Tat ein besonderes Kennzeichen der Creative Industries. Weder ein Filmproduzent noch ein Gameentwickler oder Modedesigner weiß mit Sicherheit, ob er mit seiner Arbeit tatsächlich den Markt erreichen wird. Dieses hohe Risiko besteht insbesondere, weil die Herstellung kreativer Produkte in der Regel mit hohen Fixkosten verbunden ist, die gänzlich vor dem Verkauf des ersten Stückes liegen und daher vorfinanziert werden müssen. Das Risiko ist hoch, da es sich im Falle eines Misserfolgs um verlorene Kosten *(sunk costs)* handelt (Caves 2002, S. 3 f.).

Da es sich außerdem um ein Erfahrungsgut (Kiefer 2005, S. 141–142) handelt, kauft der Käufer „die Katze im Sack" (Behrmann 2017a, S. 33). Die klassische Medienökonomie betrachtet diese Produkte daher auch als Erfahrungs- und Vertrauensgüter. Endkunden können „den Informations- und Unterhaltungswert erst dann beurteilen, wenn der Rezipient ihn bereits konsumiert hat" (Beyer und Carl 2012, S. 13). Damit wird das *Nobody-knows*-Prinzip beschrieben, das weitreichende Implikationen hat: Das Risiko liegt auf der Seite des Rezipienten. Folglich sind in diesem Sektor die vertrauensvolle Kundenbindung, die Glaubwürdigkeit sowie das Image essenziell.

In der Filmindustrie ist dieses Problem seit Langem bekannt. Es ist im Vorhinein sehr unsicher, ob das Produkt seine Kosten überhaupt wieder einspielen oder gar Gewinn machen kann. Durch die Etablierung von Stars und die Entwicklung von Marken wird zur Stabilisierung des Verbrauchervertrauens beigetragen. Kinokarten werden in der Regel auf der Grundlage eines Plakats erworben – und zwar endgültig. Wenn der Film dem Zuschauer nicht gefallen hat, bekommt dieser sein Geld nicht zurück. Eine solche

Asymmetrie bezüglich der Information besteht bei vielen Kunden in der Kultur- und Kreativwirtschaft. Dem wird durch serielle Produktion, Starkult und Markenbildung begegnet. Die Wertbildung vollzieht sich insoweit anders als in der klassischen Industrie (siehe Abschn. 4.3).

Beispiel

Man stelle sich den Autor eines Buches vor, beispielsweise des Ihnen vorliegenden Buches. Während das Buch verfasst wird, ist unklar, ob es wirtschaftlich erfolgreich werden wird. Zum Zeitpunkt des Schreibens dieses Buches von April 2018 bis Juni 2021 übernehme ich das Risiko der Herstellung des Textes allein, da ich nicht weiß, ob jemand dieses Buch lesen oder ob es ihn interessieren wird. Erst wenn das Buch veröffentlicht ist, kann der Erfolg ersichtlich werden. Schreibt dagegen ein bereits erfolgreicher Bestsellerautor ein Buch, ist das Risiko, dass das Projekt ein Flop wird, für ihn geringer – und die Chance auf Erfolg größer. ◄

2.1.2 L'art pour l'art

„Creative workers care about their product" – Kreativen liegt ihr Produkt am Herzen. In den meisten Sektoren außerhalb der Kultur- und Kreativwirtschaft sind die Beschäftigten vor allem tätig, um ihr Leben zu finanzieren. Die Bedeutung der Entlohnung und der Arbeitsbedingungen ist in der „entfremdeten" Industriegesellschaft besonders groß. Der typische Arbeitnehmer setzt hier seine Prioritäten. Dagegen sind die in der Kreativwirtschaft Beschäftigten nicht nur wegen des Geldes und des Umfelds aktiv; sie sind mit ihrem Herzen dabei – sie möchten das Entstehen „ihres" Werkes erleben. Das kreative Schaffen selbst ist Hauptantrieb für ihr Handeln. Sie handeln um der Kunst willen. Das ist vor allem auch ein psychologischer Faktor.

Dabei ist zwar die Beziehung zu den möglicherweise imaginären, aber dennoch individualisierbaren Endkonsumenten – den Fans – häufig sehr eng. Noch wichtiger ist jedoch die Anerkennung im Peer-Netzwerk, insbesondere im Kollegenkreis. Das System einer meritorischen Wertbildung, die aufgrund einer Community teilweise unabhängig von monetären Vergütungsregeln funktioniert (siehe Abschn. 4.3.), liefert den ökonomischen Boden für ein Verhalten, in dem das Werk selbst im Mittelpunkt steht, nicht seine Vergütung. Das hat Auswirkungen auf das Management (siehe Abschn. 3.2). Viele Kreative sind deshalb nicht als Angestellte, sondern als Freelancer tätig. Ihnen ist ihre Freiheit allgemein sehr wichtig; vor allem geht es aber darum, bei ihren Werken künstlerische Freiheiten zu genießen.

Innerhalb der professionellen Community werden handwerkliche Fertigkeiten und Fähigkeiten wahrgenommen und gute Ideen geschätzt, was für den durchschnittlichen Konsumenten oft nicht nachvollziehbar ist. Ein kulturelles System aus Codes beeinflusst die Qualitätsbildung. Nur wer Mitglied der Community ist, kann die Regeln kennen. Wenn diese Regeln bedient und auch noch mit Talent umgesetzt werden, sodass sich

Endkonsumenten erfreuen, stellt sich Erfolg ein. Wer nur die Regeln bedient, aber keinen Erfolg beim Endkonsumenten hat, wird dafür in der Community in der Regel nicht bestraft. Der in dem Topos des hungrigen Künstlers zum Ausdruck kommende Grundsatz L'art pour l'art ist dabei ein wichtiges Prinzip, das mit ökonomischen Prinzipien kollidieren kann. Wirtschaftlichkeit steht nicht im Fokus künstlerischen Handelns, es ist weniger kognitiv denn emotional angelegt.

Beispiel

Wenn ein bildender Künstler beispielsweise im Bereich der Installationskunst keinen wirtschaftlichen Erfolg hat, muss das nicht bedeuten, dass er nicht von seinen Kollegen und Peers als Künstler geschätzt wird. Er macht Kunst um der Kunst willen und nicht des Geldes wegen. ◄

2.1.3 Motley Crew

„Some creative products require diverse skills" – Manche Produkte erfordern verschiedene Fähigkeiten. Bei der Herstellung eines kreativen Produktes wirken verschiedenste Kräfte zusammen. Insbesondere komplexere kreative Produkte benötigen sehr unterschiedliche Ausbildungsprofile und Talente, um bloße Visionen ins Werk zu setzen. Caves nennt dies *motley crew property* (Caves 2002, S. 5–6).

Beispiel

Bei einer Band beispielsweise kann jeder ein anderes Instrument spielen. Insofern brauchen die Mitarbeiter eines Kollektivs für ihre unterschiedlichen künstlerischen Werke spezielle Fähigkeiten und Fertigkeiten. Der eine spielt Gitarre, der andere singt. Das bedeutet, dass eine Gruppe aus verschiedenen Künstlern, die allesamt unterschiedliche Fähigkeiten und Fertigkeiten besitzen, zusammenarbeitet und als Team gemeinsam auftritt und funktioniert, wobei jeder seine eigene Spezialrolle einnimmt. Dabei ist die Kette vom schwächsten Glied abhängig. Ist zum Beispiel bei einer Band der Sänger deutlich schlechter befähigt als der Rest seines Teams, kann das die Leistung aller automatisch mindern. Kleine Teams, welche aus sehr guten Spezialisten bestehen, können daher viel erfolgreicher werden als große. ◄

2.1.4 Infinite Variety

„Horizontally differentiated products" – Es gibt unendlich verschiedene Produktmöglichkeiten. Horizontal differenzierte Produkte unterscheiden sich zwar in Stil, Größe und Preis, aber es gibt in der Kultur- und Kreativwirtschaft immer noch unendlich viele andere, vergleichbare Möglichkeiten (Caves 2002, S. 6–7). An Alternativen mangelt

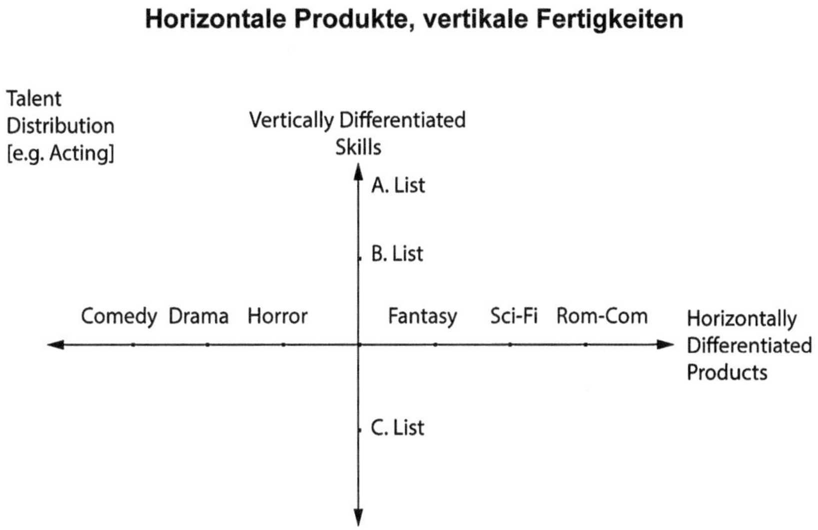

Horizontale Produkte, vertikale Fertigkeiten

Talent
Distribution   Vertically Differentiated
[e.g. Acting]   Skills

                              ↑ A. List

                              . B. List

Comedy Drama Horror   Fantasy   Sci-Fi Rom-Com   Horizontally
◄━━►   Differentiated
                                                         Products

                              . C. List

                              ↓

Abb. 2.1 Horizontale Produkte, Vertikale Fertigkeiten

es insoweit nie. Jedes Produkt ist eine individuelle Kombination unterschiedlicher
Elemente. Zur Abgrenzung von der Konkurrenz werden immer wieder neue Modelle entwickelt, sodass sich diese Vielfalt ganz natürlich ergibt. Dabei ist die Frage der Qualität
sehr subjektiv und führt zu noch vielfältigeren Möglichkeiten.

Der Geschmack spielt dabei eine wesentliche Rolle. Insofern wird auch ein Stil
geprägt, der im professionellen Netzwerk als Qualitätsstandard fungiert. Die Meinung
von professionellen Akteuren entscheidet. Ob etwas Schund oder Kunst ist, hängt von
vielen Faktoren ab. Über die Zeit kann sich das Urteil aber auch verändern. Einige
Künstler wurden zu Lebzeiten unterschätzt, aber posthum sehr bedeutsam.

Beispiel

Ein interessantes Beispiel ist der Volksschriftsteller Karl May, der seine fiktiven
Reiseberichte zunächst aus dem Gefängnis heraus in Unterhaltungszeitschriften ver-
öffentlichte. Er wurde über die Jahre so berühmt, dass er gegen Ende seines Lebens
einige seiner fiktiven Reisen in der Wirklichkeit nachholen konnte. Sein Werk gewann
posthum immer weiter an Bedeutung, neben der Popularität gewann er auch an künstlerischer Anerkennung. Heute gilt er als wichtiger deutscher Schriftsteller. ◄

Die folgende Abb. 2.1 veranschaulicht die in diesem sowie im folgenden Abschn. 2.1.5
dargestellte Perspektive.

2.1.5 A-list/B-list

„Vertically differentiated skills" – Vertikal differenzierte Fertigkeiten. Unterschiedliche Talentkategorien gelten als ein weiteres Kriterium der Creative Industries. Es ist nicht zu übersehen: Die Kultur- und Kreativbranche ist ein *people's business.* Die Menschen, die hinter den Werken handeln, treiben die Projekte an und setzen sie um. Vor allem die Kreativen selbst lassen sich vertikal eingruppieren. Das bedeutet, Stars tragen große Projekte mit ihrem Namen. Ein berühmter bildender Künstler kann für seine Werke einen um einen vielfach höheren Preis verlangen als ein Unbekannter.

Dieses Paradigma durchzieht die gesamte Kultur- und Kreativwirtschaft und bildet immer auch eine Qualitätsfrage in Bezug auf die beteiligten Personen, die sich sehr unterscheiden. Insofern heben sich die Künstler und Kreativen vor allem durch ihre Fähigkeiten und Professionalität ab und können sich so voneinander abgrenzen. Diese Unterscheidung führt zu einer Klassifizierung der Kreativen in unterschiedliche Gruppen: Es gibt eine A-Liste und eine B-Liste. Stars aus der A-Liste können das Produkt insgesamt deutlich pushen, haben folglich aber auch Einfluss auf den Preis beim Endkonsumenten (Caves 2002, S. 6/7). Beispielsweise kommt ein neuer Actionfilm auf den Markt, dessen Konzept jedoch nicht innovativ ist und der sich somit kaum von der Konkurrenz unterscheidet. Spielt in dem Film allerdings ein namhafter Schauspieler mit, kann dieser – als Garant, als Star, als Marke – das öffentliche Interesse steigern, allein durch seine Teilhabe an dem Projekt. Gerade Filmstars entwickeln ihre Marktpositionierung heute anhand von Markenkriterien, indem sie Projekte auch nach inhaltlichen Kriterien auswählen und damit ihre Markenpositionierung schärfen. Sie verstehen dabei ihr „Gesicht" als Marke. Dabei spielen neben der Bekanntheit auch Kriterien wie Authentizität und Beliebtheit eine Rolle.

Beispiel

Ein Beispiel ist der Schauspieler George Clooney, der seine Karriere als gutaussehender Darsteller in Unterhaltungsfilmen begann und im Laufe seiner Karriere bei steigender Bekanntheit immer mehr anspruchsvolle und politische Themen anging. Im Markenmix – quasi im Ausgleich dazu – fungiert er als Gesicht der Marke Nespresso, mit der er eine langfristige Sponsorenbeziehung eingegangen ist. Die durch die Werbeaktivität eingegangene Bekanntheit schadet seiner Markenintegrität nicht, und er wird nicht als oberflächlicher Schönling wahrgenommen. Das liegt daran, dass er zugleich zeitkritische Rollen annimmt und somit seine Wandlungsfähigkeit unter Beweis stellt. ◀

Andere Beispiele sind die Schauspielerin Julia Roberts, die bei ihrer Rollenauswahl aktiv mit ihrem Alterungsprozess umging, oder aber Tom Hanks, der als stabiler Quotenstar gilt und noch nie einen Hollywoodflop zu verantworten hatte. Umgekehrt gibt es Stars, die sich gezielt als Charge positionieren und ein ganz spezifisches Markenimage prägen und dabei immer nur eine Seite ihres Charakters offenbaren, um den Zuschauer nicht zu verwirren. In diese Kategorie fallen A-Listen-Darsteller wie Bud Spencer und Sylvester Stallone oder auch Nebendarsteller wie Steve Buscemi, der durch den Kinofilm „Fargo" bekannt wurde.

2.1.6   Time flies

„Time is of the essence" – Zeit ist von entscheidender Bedeutung. In den Creative Industries besteht in hohem Maße der Zwang, die Aufgaben in der vorgegebenen Zeit zu bewältigen und zum richtigen Zeitpunkt zu liefern. Caves entlehnt den Begriff „time is of the essence" (Caves 2002, S. 8) aus der englischen Privatrechtslehre. Dieser beschreibt das Fixgeschäft, bei dem ein Vertrag mit der rechtzeitigen Erfüllung steht und fällt. Der Zeitfaktor wirkt sich auf das gesamte Projekt entscheidend aus. Wenn das Projekt in seiner Entstehung nicht im richtigen Zeitfenster liegt, kann das für den Erfolg tödlich sein. Umgekehrt kann mit dem richtigen Timing noch viel herausgeholt werden. Dies gilt sowohl für den Projektprozess selbst als auch für die Positionierung am Markt.

Experten und Kreative müssen zu einem spezifischen Zeitpunkt verfügbar sein, um die Produktion zur Herstellung des Projektes umzusetzen. Insbesondere bei komplexeren Werken, bei denen viele unterschiedliche Talente zum Tragen kommen, kommt es nicht nur auf das Team an, sondern auch darauf, dass der richtige Zeitpunkt gewählt wird und die einzelnen Mitglieder des Teams während der Projektlaufzeit auch mit ausreichend Zeit zur Verfügung stehen. Hollywoodstars sind beispielsweise schon Jahre im Voraus ausgebucht. Demnach müsste George Clooney schon mehrere Jahre vor dem Start eines Projektes kontaktiert werden, um ihn mit an Bord zu haben. Spontanität erweist sich also vor allem im Filmbusiness als schwierig für gefragte Darsteller. Ähnliches gilt in der Musikbranche.

Daneben ist nicht nur relevant, ob der Künstler zu Verfügung steht, sondern ob generell jetzt der richtige Zeitpunkt für diese Art von Werk ist – ob das Projekt im Trend liegt. Im schnelllebigen kreativen Business können sich die Dinge rasch ändern. Ein gutes Beispiel hierfür ist Fast Fashion (Bruce und Daly 2006, S. 329–344).

> „Companies in the fashion industry are increasingly using time as a factor for enhancing competitiveness. Development cycles are becoming shorter, transportation and delivery more efficient and merchandise is presented ‚floor ready'on hangers and with tickets attached […]. In response to the pace of fast fashion, companies in the Far East are becoming increasingly adept at moving from the manufacture of commodity products to incorporating design and branding." (Bruce und Daly 2006, S, 329)

2.1.7   Ars longa

„Durable products and durable rents" – Langlebige Produkte und langfristige Renditen. Diese werden durch die Erzeugnisse der Creative Industries generiert, wenn die Projekte erfolgreich sind bzw. waren. Tatsächlich ist die prozentuale Beteiligung in den meisten

Bereichen der Kreativwirtschaft dominant. Analysiert man diese Verträge, kommt man zu dem Ergebnis, dass langfristig gedacht werden sollte – in diesem Zusammenhang spricht man auch von der *ars longa,* das heißt die Renditen sind ein langfristiges Geschäft.

Theoretischer Hintergrund dieser Überlegung ist, dass es sich bei Renditen von Rechten um nichtrivale Positionen handelt, die durch die Nutzung nicht an Wert verlieren. Vergleichbar ist die Nutzung von Rechten an Grundstücken im Immobilienbereich, auch hier wird der rechtliche Anteil des Grundstückswerts durch die Nutzung nicht in Mitleidenschaft gezogen.

▶ **Nichtrivalität im Konsum:** Ein Produkt kann mehrfach und von mehreren konsumiert werden, ohne dass das Produkt an sich verbraucht wird. Ein Apfel beispielsweise verbraucht sich, wenn er gegessen wird. Ein Song verbraucht sich nicht, wenn er digital abgespielt wird.

Für die Hochkultur oder die Populärkultur gibt es dabei zuweilen unterschiedliche Szenarien. Die Popkultur ist im Vergleich vergänglicher und damit weniger langlebig. Demnach muss in der Popkultur Geld schneller und im größeren Ausmaß umgesetzt werden. Viele Stars aus dem Fernsehen oder der Musikbranche früherer Jahrzehnte sind beispielsweise schon in Vergessenheit geraten. Hochkultur hat dagegen eine wesentlich längere Auswertungszeit.

Beispiel

Hier kann Leonardo da Vincis „Mona Lisa" als Beispiel dienen. Obwohl dieses Gemälde schon viele hundert Jahre alt ist und bei seiner Erschaffung noch gar kein Urheberrecht bestand (das inzwischen schon längst in die Public Domain gefallen wäre, weil da Vinci länger als 70 Jahre tot ist), trägt dieses Bild bis heute im Pariser Museum Louvre als Hauptattraktion maßgeblich zum Gesamteinnahmenportfolio des Museums bei. Durch das Betrachten der Original-„Mona-Lisa" wird diese nicht abgenutzt (allenfalls durch das ständige Fotografieren mit Blitzlicht, das deswegen verboten ist). ◀

2.2 Besonderheiten nach Kiefer

Die Wiener Medienökonomin Marie Luise Kiefer hat in ihrer Forschung ähnliche Ergebnisse zutage gefördert und in ihrem Buch „Medienökonomik" zusammengefasst. „Von speziellem Interesse für eine Medienökonomie als Teildisziplin der Publizistik und Kommunikationswissenschaft" (Kiefer 2005, S. 40) spricht Kiefer, wenn sie den Gütern der Medienökonomie eine gewisse Merkmalstruktur zuerkennt; es geht also um Besonderheiten, die den Gütern der Medienökonomie anhaften. Gerade auch Medienprodukte werden innerhalb der Kreativwirtschaft traditionell als besondere Güter angesehen, denn sie besitzen in vielerlei Hinsicht besondere Merkmale (Beyer und Carl

2012, S. 11–21). Hierzu sind die Arbeiten von Marie Luise Kiefer als grundlegend zu betrachten. Viele dieser Merkmale und Prinzipien der Medienökonomie können nach dem *digital shift* auf die gesamte Wirtschaft – jedenfalls auf die gesamte Kultur- und Kreativwirtschaft – übertragen werden (Behrmann 2017a, S. 37–38). Diese zusätzlichen Aspekte sollen hier ebenfalls zur Sprache kommen.

2.2.1 Kuppelprodukte

Beginnen wir damit, dass Medienprodukte duale Güter sind, sprich **Verbundprodukte** oder **Kuppelprodukte.** Entscheidend dabei ist, dass sich viele Medien aus mehreren Quellen finanzieren. Einerseits erfolgen die Zahlungen direkt von Rezipientenseite aus. Hierbei bezahlt der Kunde beispielsweise einmalig für das Produkt oder regelmäßig wie beim Abonnement. Andererseits generiert beispielsweise der Anzeigenverkauf als zweiter Revenue Stream auch Einnahmen. Beide Faktoren sind interdependent. Dies nennt man die Auflagen-Anzeigen-Spirale, die in Abb. 2.2 zu sehen ist.

Beispiel

Das klassische Beispiel für die Auflagen-Anzeigen-Spirale ist die Presse – wie zum Beispiel die „Bild"-Zeitung. Eine klassische Tageszeitung finanziert sich einerseits aus den Erlösen durch den Verkauf der Zeitung selbst, andererseits über den Verkauf der Anzeigen. Dabei besteht zwischen beiden Erlössträngen eine Interdependenz: Je mehr Zeitungen verkauft werden – je höher also die Auflage ist –, desto höher sind auch die Anzeigenpreise. Dies gilt auch umgekehrt. ◄

Schon im klassischen Mediengeschäft wird ein Teil der Finanzierung über die Währung Aufmerksamkeit abgedeckt, denn es erfolgt eine Mitfinanzierung über die Werbung. Andererseits steht der Kreativsektor oft zwischen den Rezipienten und der werbe- treibenden Wirtschaft. Demnach muss eine doppelte Planung vollzogen und die Ziele angepasst werden. Bei Letzterem kann es auch zu Konflikten kommen, da die Bedürf- nisse und Wünsche von Rezipienten und Werbetreibenden nicht immer kongruent sind. Daher ist „die Preissetzung des Medienunternehmens (…) durch die zweiseitigen Märkte beeinflusst: Der Bezugspunkt für die Preissetzung sind nicht nur die Preiselastizität der Nachfrage, die Kosten und die Marktstruktur, sondern auch der Effekt auf den jeweils anderen Markt ist zu berücksichtigen" (Beyer und Carl 2012, S. 12).

2.2.2 Kulturelle Produkte

Wichtig ist auch die Doppelfunktion von Medienprodukten: Sie gelten sowohl als **Kultur-** wie auch als **Wirtschaftsgüter** (Kiefer 2005, S. 165). Man spricht in diesem Zusammenhang von Janusköpfigkeit (Schaefer 1998, S. 138). Dies lässt sich leicht auf

Auflagen-Anzeigen-Spirale

Abb. 2.2 Auflagen-Anzeigen-Spirale

alle Produkte der Kultur- und Kreativwirtschaft übertragen. Durch das Kooperieren der beiden verschiedenen Ordnungssysteme kann es auch hier zu Zielkonflikten kommen, und Prioritäten sollten aneinander angepasst werden. Daneben kann es sich aber auch im Makroumfeld um Konstellationen handeln, in denen Kulturprodukte einer eigenen Regulierung unterworfen werden. Sie können zu besonderen Verpflichtungen für das Medium führen, beispielsweise der Denkmal- oder Jugendschutz. Gleichwohl können so auch Privilegien entstehen, zum Beispiel Förderung durch den Staat.

Hier spielt auch eine Rolle, dass Kreative sehr emotional an ihr Produkt gebunden sind. Sie können ihrem Erzeugnis einen individuellen Stempel ihrer Persönlichkeit aufdrücken. Die Antwort auf die Frage, ob und inwieweit auch digitale Erzeugnisse heute als Kultur gelten, hat sich in den letzten Jahren deutlich verändert.

„Es ist von einem Kulturbegriff auszugehen, der sich kulturimmanent, d. h. autonom und nicht von außen bestimmen lässt. Das Wesen der Kultur liegt in ihrer Eigengesetzlichkeit, die sich wandelnden Beurteilungskriterien und Wertvorstellungen unterworfen ist. Für den Kulturstaat Bundesrepublik Deutschland bedeutet dies, Kultur als Prozess zu begreifen, der neben traditionellen Elementen auch Innovation als Kultur versteht, als ‚Fortschritt zum Besseren (Kant) oder als Erweiterung des Bestehenden schlechthin, dem wir als einem Grundzug und Grundgesetz der Kultur von der Antike an überall begegnen'. Ähnlich wie das Kino, dem selbst über lange Zeit die kulturelle Qualität im obrigkeitsstaatlich-elitären Sinne verwehrt wurde, erfordert die Anerkennung der kulturellen Bedeutung von Computerspielen ein Sicheinlassen auf die tatsächlichen kulturellen Gegebenheiten in Deutschland." (Behrmann 2005, S. 26)

Unternehmen im Bereich der Medien erfüllen zudem eine öffentliche Aufgabe. Durch sie wird eine funktionierende Demokratie gestützt. Unter anderem haben sie eine Informations-, Bildungs- und Artikulationsfunktion sowie eine Sozialisations- und Kontrollfunktion. Auch hier ergeben sich wieder Zielkonflikte zwischen der der Gesellschaftspolitik und der Ökonomie (Beyer und Carl 2012, S. 19). Als ein teilweise meritorisches Gut, das heißt ein Gut, das laut den politischen Entscheidungsträgern zu wenig nachgefragt wird, sind Medienprodukte teilweise von Eingriffen in den Markt geprägt. So soll der Bildungsauftrag, der den Medien zugeschrieben wird, mehr in den Fokus rücken, als er von der Öffentlichkeit eigentlich nachgefragt ist (Beyer und Carl 2012, S. 20).

2.2.3 Sachgüter – Dienstleistungen

Innerhalb der Creative Industries geht die Verortung und **Verknüpfung zwischen Dienstleistungen** und **Sachgütern** (Kiefer 2005, S. 130) eigene Wege.

> **Beispiel**
>
> Gerade der klassische Kinofilm ist ein gutes Beispiel, um die mitunter komplizierte Abgrenzung zwischen Dienstleistung und Produkt zu erklären. Dabei ist der Kinofilm bzw. die Filmrolle die Sachleistung im B2B-Umfeld. Die Dienstleistung entsteht durch den Endnutzerbezug – sprich den Besuch im Kino. Für viele kreative Werke braucht es folglich einen Träger, um die Dienstleistung zu transportieren. Ein weiteres Beispiel ist die CD, wobei die CD-ROM selbst das Produkt und die darauf gespeicherte Musik die Dienstleistung darstellt. Jedoch steht hierbei die Dienstleistung im Vordergrund, da der Endverbraucher die CD wegen des Inhaltes, also der Musik, erwirbt. ◄

Unterstützt wird diese Ambivalenz durch die leichte Substituierbarkeit von Medientechnologien. So löste beispielsweise die DVD die Videokassette und die CD die Vinylschallplatte ab. Heute ist die Vinylschallplatte übrigens wieder stark im Wachstum begriffen, da sie für DJs in Clubs von Bedeutung ist und insoweit auch als Statussymbol gilt. Auch diagonale Substitution ist möglich, die nur teilweise gewollt ist, zum Beispiel das Tablet, das seit seiner Einführung die Auflagen von gedruckten Tageszeitungen stört. Im Softwarebereich setzt sich das durch das Aufkommen von SaaS-Strukturen[1] fort.

---

[1] SaaS steht für Software as a Service und beschreibt die zunehmende Virtualisierung von Software auf der Basis von cloudbasierten Lösungen, bei denen die Programme nicht mehr auf dem eigenen Rechner laufen.

Abb. 2.3 Dimensionen der
Qualität

2.2.4 Qualitätsproblematik

Die Frage, was **Qualität** ist, stellt sich als sehr subjektiv heraus. Qualität ist subjektiv, wofür es mindestens drei unterschiedliche Perspektiven gibt, wie sie in Abb. 2.3 zu sehen sind.

Zunächst gibt es eine Vorstellung von Qualität, die durch die handwerkliche Ebene geprägt ist. Hier setzt sich die Peer-Meinung durch. Daneben steht die Qualitätsbeurteilung durch den Rezipienten und den Endnutzer.

Weil sich die Qualität künstlerischer Arbeiten nur schwer beurteilen lässt, können sich auch Produkte auf dem Markt durchsetzen, die als minderwertig zu bezeichnen sind. Die Mängel an der Qualität sind für den Rezipienten nicht sofort ersichtlich, sodass der Preis bei der Kaufentscheidung stärker im Fokus liegt (Beyer und Carl 2012, S. 14).

Bestimmte Kulturprodukte, zum Beispiel in der bildenden Kunst, sind zudem Unikate. In der Digitalisierung löst sich diese Unikatsfunktion jedoch teilweise auf, denn digitale Klone sind leicht und fast kostenlos herzustellen.

Die Qualitätsproblematik wird in diesem Buch auch in anderen Zusammenhängen behandelt (siehe Abschn. 4.1.3), sodass Sie noch genaueres Verständnis dafür erhalten werden, insbesondere ein praktisches Verständnis.

2.2.5 Fixkostendegression

Ganz besonders hervorzuheben ist die sogenannte **Fixkostendegression,** bei der hohen Fixkosten kaum Reproduktionskosten gegenüberstehen. Dies führt in der Konsequenz zu einem sehr hohen Risiko und dem sogenannten *The-winner-takes-it-all*-Phänomen. Dem liegen besondere Skaleneffekte zugrunde. Diese werden dann mit Netzwerkeffekten ergänzt, die insbesondere in der Plattformökonomie zu ganz erstaunlichen Gewinnstrukturen führen. Ihnen stehen jedoch an anderer Stelle große Verluste in der Breite entgegen.

Abb. 2.4 Fixkostendegression
– Break-even-Point

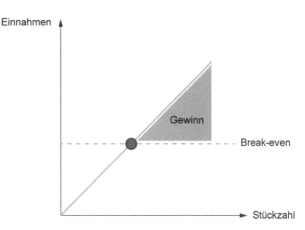

In Abb. 2.4 wird deutlich, dass die Gewinnzone nach Erreichen des Break-even-Points sofort beginnt, wenn keine variablen Kosten anfallen, da die Reproduktion digitaler Güter auf Kostenseite gegen Null tendiert. Aufgrund der Nichtrivalität im Konsum bei Medienprodukten ist die Reproduzierbarkeit besonders leicht.

„Ökonomisch betrachtet haben Medienprodukte hohe Fixkosten, während die Reproduktionskosten für neue Produkte, wenn sie einmal erschaffen sind, sehr gering aus-fallen; im digitalen Spektrum gehen sie sogar gegen null. Denn es entstehen keine Kosten, um zusätzliche Produkte herzustellen, wenn die Ur-Kopie vorliegt. Die Herstellung eines Films oder eines Computerspieles ist sehr kostspielig; allerdings ist die Höhe der Her-stellungskosten unabhängig davon, ob man einen oder viele Millionen Konsumenten hat. Manchmal fallen zwar noch Vervielfältigungs- und natürlich Vertriebskosten an, diese sind aber eher zu vernachlässigen. Anders verhält es sich bei anderen industriellen Produkten, etwa bei Lebensmitteln, für die stets variable Kosten pro Stück anfallen. Im Zeitalter der Digitalisierung potenziert sich dieses Phänomen noch einmal. Daher ist der *break-even point* anders gelagert. Das trägt dazu bei, dass besonders erfolgreiche digitale Produkte besonders hohe Margen erzielen; in nicht wenigen Fällen liegt der Gewinn deutlich höher als die Herstellungskosten. Ein Beispiel aus dem Kino: ‚Das Leben der Anderen' spielte bei etwa zwei Millionen Euro Produktionskosten allein mit Kinoerlösen 77.356.942 US-Dollar ein. Damit war diese Ausnahmeproduktion mit Oscar-Auszeichnung wesentlich rentabler als viele Hollywood-Produktionen. Vergleichbares beobachten wir bei Spielen: In guten Jahren nahm ein Spiel wie World of Warcraft allein in Europa deutlich über eine Milliarde ein – auch wenn die Herstellung teuer war, hat sie nur einen Bruchteil des damit erzielten Jahres-umsatzes gekostet." (Behrmann 2017a, S. 35)

2.3   Der *digital shift* als Phänomen der Kreativwirtschaft

1994 besuchte ich einen Vortrag in Hamburg. Redner war ein Wissenschaftler des Forschungszentrums CERN in der Schweiz. Titel des Vortrags: „Das World Wide Web". Die Botschaft: „Es gibt jetzt ein Internet, und das wird wichtig werden für alle von uns." Der Wissenschaftler berichtete von einem Netzwerk, das im Kalten Krieg zunächst unter dem Namen ARPANET im Bereich der Verteidigung so konstruiert worden war, dass es keinen zentralen Knotenpunkt hatte. Später wurde dieses Netzwerk für die Forschung, die mit dem Militär kooperierte, als World Wide Web (www) für alle geöffnet. 25 Jahre später stellen wir fest, dass das World Wide Web und der damit verursachte *digital shift* fast alle Bereiche der Kultur- und Kreativwirtschaft umgepflügt und von innen heraus verändert hat.

Die Digitalisierung hat die weltweite Medienwirtschaft in den vergangenen 20 Jahren wie eine Feuerwalze überrollt. In der Musikindustrie ist mit dem Portal Napster die Digitalisierung in unser aller Leben getreten und seitdem nicht mehr verschwunden. Nach der Musikindustrie hat es die Filmindustrie und danach die Computerspielbranche erwischt. Zuletzt kam der Printsektor an die Reihe. Durch Piraterie entstanden Millionenverluste. Anders als den vormals analogen Teilbranchen ist es der Spieleindustrie – obwohl sie auch arg gebeutelt wird – jedoch gelungen, mit serverbasierten Onlinegames ein Modell zu entwickeln, mit dem sie sich halbwegs robust gegen Piraterie wehren kann. (Behrmann 2017a, S. 41)

Für viele bedeutet die Digitalisierung die größte Veränderung unserer Gesellschaft seit der Erfindung des Buchdrucks, der für Elizabeth L. Eisenstein beispielsweise eine „Revolution" war (Eisenstein 1997). Wer sich heute mit der Kultur- und Kreativwirtschaft beschäftigt, muss sich auch mit den Ursachen der Digitalisierung beschäftigen. Beispielhaft folgt hier zunächst die Darstellung der Entwicklung der deutschen Gamesbranche seit 1995 bis heute. Die Abb. 2.5 zeichnet genau nach, wie die Gamesbranche einerseits mit Plattformwechseln und andererseits mit zunehmend digitalisierten und virtualisierten Vertriebskanälen umgehen musste. Sie mag hier als einführendes Überblicksschema dienen:

2.3.1 Technische Perspektive

Technisch gesehen geht bei der Digitalisierung die analoge Übertragungsweise zum digitalen Code über. Das Beispiel der Musikindustrie ist deshalb so griffig, weil die Digitalisierung dort historisch innerhalb der Kultur- und Kreativwirtschaft zuerst auftrat. Bereits vor der Jahrtausendwende war der Wandel vollzogen.

Tim Renner hat dies sehr anschaulich für die Musikindustrie beschrieben (Renner 2004, S. 128). Bei der herkömmlichen analogen Methode der Speicherung von Musik auf Vinylschallplatten werden über eine Nadel die Schallschwingungen abgetastet. Diese

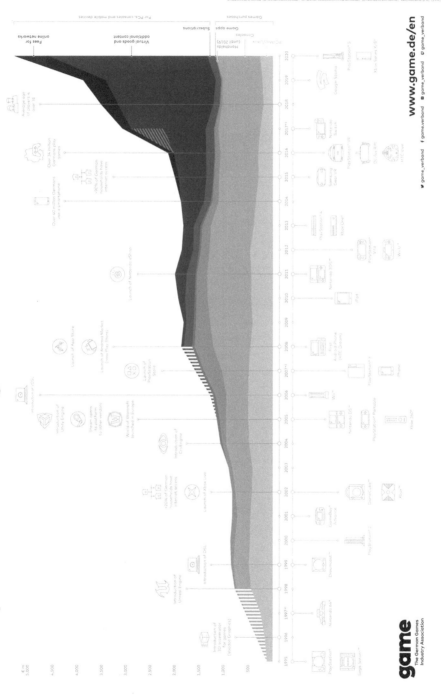

Abb. 2.5 Die Entwicklung des deutschen Gamesmarktes seit 1995. Mit freundlicher Genehmigung Ole Gehling, 2021 & Game e. V

Digitalisierung in der Musik

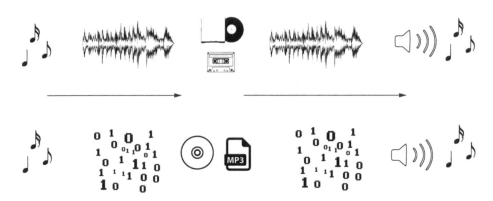

Abb. 2.6 Digitalisierung in der Musik

werden in elektrische Wellen umgewandelt und in einem Lautsprecher ausgespielt. Bei der digitalen Speicher- und Übertragungstechnik, die erstmals mit der CD eingeführt wurde, werden die Musiksignale in einen Computercode umgewandelt und im Lautsprecher wieder zurückverwandelt – folglich werden die Musiksignale also digitalisiert. Der Vorteil dieser digitalen Speicherform liegt darin, dass die Musik so einfacher und länger gespeichert und in Codeform (sozusagen in Nullen und Einsen) übertragen werden kann. Technisch wurden mit der Einführung der CD als Datenträger Musikinformationen standardisiert und zu Datensätzen transformiert. Auf dieser Basis entwickelte sich in einem zweiten Schritt der MP3-Standard, der die Basis des heutigen Musikstreamingstandards bildet. Die Übertragung von Musikinformationen funktioniert also nach denselben Grundsätzen wie das Übertragen von Daten.

Die Konvergenz der Medien hat zahlreiche neue Player und Akteure hervorgebracht. Auch die Konvergenz der Medien vollzog sich zunächst technisch (siehe Abb. 2.6).

▶ Unter Konvergenz versteht man das Zusammenwachsen der audiovisuellen und der Telekommunikationsbranche im Rahmen der sich etablierenden Internetbranche.

Spätestens mit der breiten Übernahme des HTML5-Standards konnten sich Standards wie HbbTV aus dem Universum der TV-Sender oder andere Standards aus dem Telekommunikations- und Mobilfunkbereich nicht mehr separat halten. Auch viele proprietäre Standards, wie zum Beispiel Flash[2], verschwanden in diesem Kontext.

---

[2] Flash ist eine Software, die von dem Unternehmen Adobe zum kostenlosen Download zur Verfügung gestellt wurde und audiovisuelle und interaktive Elemente im Internet ermöglichte, als dies in den Versionen vor HTML5 noch nicht von vornherein möglich war.

Abb. 2.7 Konvergenz

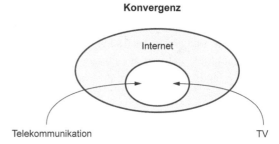

Die Strukturen der Kommunikation mit den Endkonsumenten wurden folglich in nie dagewesener Art und Weise verändert. Welche Entwicklung sich in den letzten 15 Jahren vollzogen hat, zeigt ein Dokument, das anlässlich der Gründung den NEM-Initiative am 29.Juni 2005 veröffentlicht wurde. Was damals noch Zukunftsvision war, ist heute selbstverständlich (siehe Abb. 2.7).

„Das Hauptziel der NEM-Plattform ist die Beschleunigung des Innovationstempos und der Konvergenz zwischen den Sektoren Audiovisuelles, Inhalte und Telekommunikation. Sie soll die Wettbewerbsfähigkeit der europäischen Industrien erhöhen, sowie den Nutzern eine größere Auswahl an Diensten bieten. So wird die NEM-Plattform zur Verbesserung der Qualität, des Erlebnisses und des Wertes des Nutzererlebnisses beitragen. Darüber hinaus wird sie eine kohärente weltweite Regulierungs- und Standardisierungspolitik anregen. Die über NEM entwickelte Konvergenz zwischen Rundfunk-, Telekommunikations- und IT-Diensten ermöglicht neue Dienste, z. B.:
- Einen TV-Film auf dem tragbaren Endgerät, im Auto, auf dem heimischen Bildschirm oder sogar auf einer öffentlichen Leinwand zu sehen, wenn diese zur Verfügung steht. Das bedeutet, dass Inhalte sich an die Bedürfnisse und die Umgebung des Nutzers anpassen.
- Das nahtlose Teilen von privaten Bildern, Videos oder Musikinhalten innerhalb einer Gemeinschaft von Menschen, egal, wo sie sich befinden.

Europäische Organisationen, die an dieser Initiative beteiligt sind, sind Produzenten von Inhalten (Fernsehen, Spiele usw.), Rundfunkanstalten, Hersteller von Telekommunikationsgeräten, Netzbetreiber, Hersteller von Unterhaltungselektronik, Dienstanbieter, akademische Einrichtungen, Standardisierungsgremien, Industrieverbände, Technologiezentren und KMU. Diese Initiative ist offen für alle Organisationen, die sich an der Arbeit von NEM beteiligen möchten." (European Commission 2005; Übersetzung des Autors)

Operativ haben sich die Europäer in den letzten Jahrzehnten immer wieder intuitiv für einen gemeinsamen Kommunikationsraum „des Westens" entschieden (Behrmann 2019, S. 7). Infolgedessen haben sie meist Innovationen von der Westküste der USA übernommen. Dies gilt für Betriebssysteme, Suchmaschinen, App Stores, Streamingdienste, Flatratemodelle und viele weitere Elemente. Aus Europa stammende technische Innovationen wie Skype oder Unity wurden in die USA verlagert und nehmen damit eine weltweit führende Position ein. Andere Geschäftsmodelle aus Asien (als Beispiel lassen sich die Zahlungsfunktionen von WeChat anführen, s. Roitzheim in Behrmann

2019, S. 49) erreichen Europa ebenfalls nur über die US-Anwendungen. Die User nutzen diese Innovationen, da sie in der Regel über erhebliche wirtschaftliche Vorteile verfügen, die Skalen- und Netzwerkeffekte mit sich bringen und daher ein entscheidendes Maß an Wertschöpfung und Vertrauen bieten.

Die technische Grundlage der digitalen Revolution bzw. die Entwicklung der Datenverarbeitung, deren vernetzte Verteilung, die Mobilität sind jedoch nur der Anfang. Die neue Front wird die Mensch-Maschine-Schnittstelle. Wenn das zweite Jahrzehnt des 21. Jahrhunderts das Jahrzehnt der Mobilität war, also das Jahrzehnt, in dem in der Kommunikationstechnologie die Mobilität und Ubiquität der Anwendungen den Durchbruch erzielte, dann ist das nun beginnende dritte Jahrzehnt das der Mensch-Maschine-Schnittstelle. Getrieben von wichtigen *enabling technologies* wie künstlicher Intelligenz wird in den nächsten Jahren die Frage, wie wir mit Rechnern leben, neu gedacht werden. Statt eines Geräts werden sich die Elemente in unseren Alltag einfügen und mithilfe von Sprachsteuerung und Vernetzung noch weniger unser zwischenmenschliches Zusammenleben stören. Scheinbar, so könnte man argumentieren, denn durch die Einbettung der Systeme in unseren Alltag hat uns die Medienrealität natürlich umso mehr im Griff. Aber immerhin merken wir es nicht mehr so deutlich.

Beispiel

Während ich das Manuskript für dieses Buch zum Abschluss bringe, wird die Übernahme von MGM durch Amazon diskutiert: Corona-Gewinner schluckt Corona-Verlierer – oder das ist auch die Konvergenz, von der wir in den letzten Jahrzehnten gesprochen haben. Ist Content King oder is the medium the message? Auf jeden Fall scheint es so zu sein, dass wir gar nicht mehr so viele neue Produktionen brauchen. Das Geld wird mit den Back-Katalogen gemacht. Der Long Tail schlägt zurück.

MGM, etwa ein Jahrhundert lang das große stolze Studio Hollywoods – entwachsen der Stummfilmzeit, große Filme, großes Kino. Heute einfach Content wie Wasser aus dem Hahn. Lebende Künstler und Kreative werden wohl letztlich das Nachsehen haben. ◀

2.3.2 Nutzerperspektive

Die soeben beschriebenen technischen Erfindungen sind wichtige Voraussetzungen für den Wandel. Der ökonomische und gesellschaftliche Kontext der digitalen Revolution weist jedoch weit darüber hinaus. Denn die einzelnen Erfindungen sind noch nicht der Wandel selbst. Florida zitiert Jane Jacobs mit den Worten „Innovation … is fundamentally social" (Florida 2012, S. 110).

Die realen gesellschaftlichen Veränderungen sind meist das Ergebnis von Kultur- und Geschäftsmodellinnovationen. Dies ist der Grund, warum der Endverbraucher nicht alle technologischen Innovationen sofort umsetzt. Die Zeitspanne ist manchmal erheblich länger als anfangs gedacht.

Beispiel

Ein gutes Beispiel für die Nutzerabhängigkeit von Innovationen ist die AR/VR-Technologie, die noch lange nicht im Massenmarkt angekommen ist und auf absehbare Zeit auch nicht ankommen wird. Obwohl mittlerweile fast zehn verschiedene Systeme auf dem Markt sind, können sich diese neuartigen Technologien nicht beim Endkonsumenten durchsetzen. Die Endgeräte sind einerseits zu teuer, andererseits unausgereift und erzeugen zum Teil *motion sickness*. Niemand kann mit Sicherheit sagen, warum diese Technologien auf dem Massenmarkt nach wie vor nicht ankommen, auch wenn der Absatz während der Corona-Pandemie gestiegen ist. ◄

Am Anfang steht der Endnutzer, also der User. Eigentlich müsste man ihn deshalb Anfangsnutzer nennen (Behrmann 2017a, S. 83–95). Es sind seine veränderten Nutzungsgewohnheiten, die die Disruption erst erlauben. Solange er sich nicht bewegt, bewegt sich gar nichts. Daher ist die Digitalisierung vor allem ein soziales Phänomen, das auf der Seite der Unternehmen und der Nutzer-Communitys bzw. ihrer Erwartungen Platz greift. Innerhalb der Creative Industries fächern sich die Bereiche Innovation (technologische Kreativität), Wirtschaft (wirtschaftliche Kreativität) und Kultur (künstlerische und kulturelle Kreativität) auf und bilden ein engeres und stärkeres Zusammenspiel als je zuvor. Hier kommen neben Technologie auch Innovationen in Geschäftsmodellen und Design ins Spiel.

Der Strukturwandel der Öffentlichkeit wurde bereits 1962 von Jürgen Habermas in seiner Habilitationsschrift beschrieben. In seinem Buch arbeitet der Soziologe heraus, wie die ursprünglich an einer bürgerlichen Zeitungsleserelite orientierten Demokratiekonzepte und Modelle aufgrund des Aufkommens von Massenkommunikationsmitteln wie Radio und Fernsehen neu gedacht werden müssen (Habermas 1962, S. 13). Sein Konzept des herrschaftsfreien Diskurses als Antwort auf diese Entwicklungen wird heute in gewisser Weise in den zahllosen TV-Talkshows des öffentlich-rechtlichen Fernsehens in Deutschland umgesetzt. Gerade während der Corona-Krise wurde der politische Diskurs weitgehend bei Anne Will oder Markus Lanz geführt. Auch soziale Netzwerke wie Twitter oder Facebook tragen hier einen Anteil bei. Heute jedoch müsste Habermas' Buch neu verfasst werden. Der Strukturwandel hat sich noch viel radikaler fortgesetzt. Printmedien spielen heute eine noch viel geringere Rolle, zudem zwang die Digitalisierung sie, ihre Strukturen und ihre „Newsrooms" (Zilles und Cuenca 2016, S. 3) neu zu organisieren. Und das öffentlich-rechtliche Fernsehen erreicht nur noch die älteren Generationen. Selbst Twitter bedient heute eine erstaunlich alte Nutzergruppe.

In der postindustriellen, wissensbasierten und vernetzten Gesellschaft erfolgt eine Verschiebung vom passiven Nutzer hin zu einem partizipativen Nutzungsmodell. Medien- und Werbeunternehmen müssen heute einen Dialog mit dem Publikum führen:

> „To respond to the needs of the multitasking citizen who simultaneously consumes contents from different platforms […]. According to Scolaro […], the one-to-many model of mass communication is in crisis […] while the interactivity of digital media has rendered useless the founding categories of the cultural process (production-sender and consumptions-receiver): ,by participating in the control of contents, the user of interactive media ends up

becoming part of that content. Paraphrasing McLuhan, it could be said, that in the new for or digital communication the user is the message.'" (Araceli und Moserrat-Gauchi in Zilles und Cuenca 2016, S. 111)

Mit dieser Paraphrase spielen Araceli und Moserrat-Gauchi auf das grundlegende kommunikationswissenschaftliche Werk des Kanadiers Marshall McLuhan an, der in seinem Buch „Understanding Media. The Extensions of Man" bereits 1964 eine mutige These aufstellt: „The medium is the message". In dieser Untersuchung analysiert McLuhan das Verhältnis von Form und Inhalt in der klassischen linearen Medienwelt mit *One-to-many*-Beziehungen. Er kommt zu dem Ergebnis, dass die Art eines Mediums (der Kanal, über den eine Nachricht übertragen wird) wichtiger ist als die Bedeutung oder der Inhalt der Nachricht. Auch wenn McLuhan das Fernsehen meinte, kann sein Befund ohne Weiteres auf die heutige Kommunikationsstruktur übertragen werden: Es geht nicht mehr um den Inhalt, es geht um das Medium selbst.

Letztlich steht heute die Nutzererfahrung als *experience* im Mittelpunkt: „An experience occurs when a company intentionally uses services as the stage, and goods as props, to engage individual customers in a way that creates a memorable event." (Nilsen und Dale in Sundbo und Sørensen 2013, S. 65) Es kommt auf das Erlebnis an, das auf einem Ereignis beruht. Dabei ist es nicht relevant, ob es sich um durch Erfahrungen angereicherte Güter oder Dienstleistungen handelt oder die Erfahrungen als Hauptprodukt (Nilsen und Dale in Sundbo und Sørensen 2013, S. 65). Das Konzept der *experience economy*[3] wurde von Gilmore und Pine geprägt, obwohl bereits Gerhard Schulze festgestellt hatte, dass in der Gesellschaft immer weniger Interesse an einfachen Gütern und immer mehr Interesse an Erfahrungen besteht (Schulze 1992). In Abb. 2.8 werden die Transformationen dargestellt.[4]

Die erste Achse beschreibt, wie involviert der Nutzer jeweils ist. Passive Erfahrungen wie zum Beispiel Kinofilme oder Kunstausstellungen stehen Erfahrungen gegenüber, bei denen der Kunde aktiv eingebunden wird, etwa bei einem Computerspiel. Die vertikale Achse beschreibt die Nähe des Kunden zu der Erfahrung. Wird die Erfahrung mit einem gewissen Abstand vermittelt, zum Beispiel bei einer Schulstunde, so befinden wir uns im Bereich der Absorption. Wird die Erfahrung unmittelbar vermittelt, sodass der Kunde in ihr aufgeht, dann befinden wir uns im Bereich der Immersion.

Die in den vier Quadranten liegenden Erfahrungen gehören zu den Bereichen „esthetic", „entertainment", „educational" und „escapist" (Hansen und Mossberg in Sundbo und Sørensen 2013, S. 212).

---

[3]Pine und Gilmore gelten als die ersten, die diesen Begriff mit einem 1998 erschienenen Artikel und dem 1999 folgenden Buch „The Experience Economy" maßgeblich prägten.

[4]Vgl. Pine und Gilmore 1999, S. 9 ff.

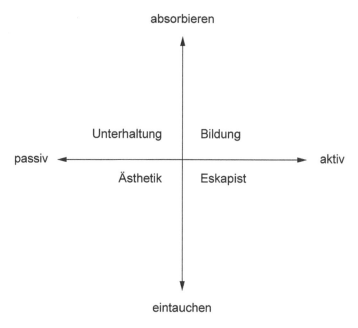

Abb. 2.8 Verschiedene Arten von Erfahrungen

2.3.3   Unternehmensperspektive

Angesichts der Auswirkungen dieser Veränderungen auf der Seite der Unternehmen wird üblicherweise neben die technische Konvergenz und die Konvergenz der Märkte/User-Communitys die Konvergenz der Unternehmen gestellt (Beyer und Carl 2012, S. 125–127). Dabei sind nicht nur neue Produkte, sondern auch neue Märkte entstanden. Manchmal wartet die Gesellschaft auf die richtigen technischen Lösungen, manchmal nicht. Zudem schaffen Innovationen völlig neue Märkte. Henry Ford (1863–1947) soll gesagt haben: „Wenn ich die Menschen gefragt hätte, was sie wollen, hätten sie gesagt: schnellere Pferde."

Das Ergebnis dieser Entwicklungen ist das, was wir heute Plattformökonomie nennen. Große Teile der Kultur- und Kreativwirtschaft sind davon bestimmt. Plattformen haben sich in der Regel zwischen unterschiedliche Akteuren geschoben. Sie bestimmen große Teile des wirtschaftlichen Austausches innerhalb der Wertschöpfungsketten, aber auch den Bereich der Öffentlichkeitsarbeit und den Kontakt zum Endnutzer.

> „We prefer the term ‚platform economy', or ‚digital platform economy', a more neutral term that encompasses a growing number of digitally enabled activities in business, politics, and social interaction. If the industrial revolution was organized around the factory, today's

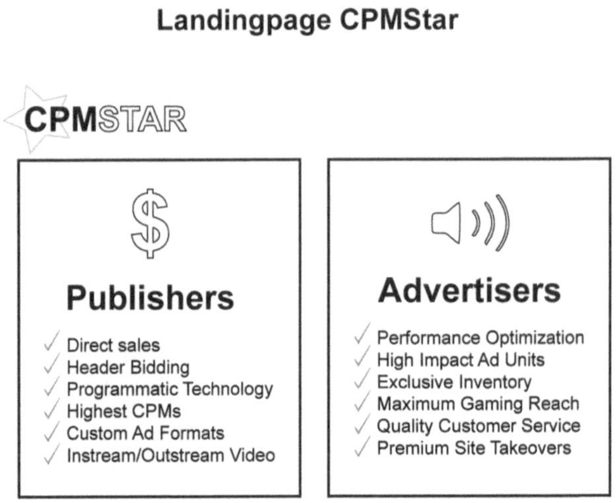

Abb. 2.9 Landingpage
CPMStar. Mit freundlicher
Genehmigung Joshua
Goldstein, CPMStar.com

Landingpage CPMStar

Publishers

✓ Direct sales
✓ Header Bidding
✓ Programmatic Technology
✓ Highest CPMs
✓ Custom Ad Formats
✓ Instream/Outstream Video

Advertisers

✓ Performance Optimization
✓ High Impact Ad Units
✓ Exclusive Inventory
✓ Maximum Gaming Reach
✓ Quality Customer Service
✓ Premium Site Takeovers

changes are organized around these digital platforms, loosely defined. Indeed, we are in the midst of a reorganization of our economy in which the platform owners are seemingly developing power that may be even more formidable than was that of the factory owners in the early industrial revolution." (Kenney und Zysman 2016, S. 61/62)

Dabei ist das Prinzip einfach. Die in Echtzeit stattfindende, nahezu kostenlose und globale Kommunikation erlaubt eine optimale Allokation mithilfe von Plattformen, die eine höher individualisierbare, schnellere und passgenauere Verknüpfung ermöglichen. Die dadurch generierte Allokationsdividende wird mit dem Nutzer geteilt. Die meisten Plattformen arbeiten insoweit mit einem einfachen Prinzip: Sie bringen zwei unterschiedliche Kundengruppen digital zusammen, so wie das Werbenetzwerk CPMStar (Abb. 2.9).

Bei genauerer Betrachtungsweise handelt es sich bei der digitalen Revolution nicht nur um eine Revolution, sondern lassen sich – ähnlich wie bei großen Revolutionen wie der Französischen und der Russischen (vgl. Behrmann 2017a, S. 41–42) – mehrere Umwälzungen beobachten, die zum Teil unterschiedliche Auswirkungen haben. In der Tat gab es viele Fusionen und Umstrukturierungen bestehender Medien- und Kreativwirtschaftsunternehmen, die versucht haben, ihre Marktmacht in klassischen Märkten durch Kooperationen und Zusammenlegungen zu entwickeln. Wirklich langfristig erfolgreich sind aber in der Regel nur grundsätzliche Umstrukturierungen. Die meisten erfolgreichen Strukturen bilden sich dabei aus Neugründungen. Das hängt auch mit den damit einhergehenden veränderten Managementprinzipien zusammen. Damit rücken die handelnden Personen und ihr Verhalten stärker in den Mittelpunkt.

Neben der Revolution, die das Internet mit sich brachte – und die in der Plattformökonomie aufging –, können wir auch die mobile Revolution identifizieren, deren Ergebnis die App Economy ist, die wir heute kennen. Die Auswirkungen auf Geschäftsmodelle und -strukturen sind unterschiedlich. In der reinen Internetökonomie hat der Anbieter, typischerweise der kultur- und kreativwirtschaftliche Unternehmer, genauere Kenntnis von seinen Endnutzern. Im Rahmen der Entwicklung der letzten Jahrzehnte sind viele neue Märkte, zum Beispiel die App Economy entstanden, aber auch der Markt für Streamingplattformen.

▶ Mit der Einführung des iPhones und dem dazu gehörigen App Store entstand die App Economy, also das wirtschaftliche System rund um mobile
   Applikationen und App Stores.

Die App Economy hat nicht nur eine große Anzahl neuer Jobs geschaffen, sie hat mit der Erweiterung individueller Handlungsmöglichkeiten in einem sehr breiten Spektrum von Dating-Apps und Social Media bis zum Homeoffice auch unser Verhältnis zur Mobilität grundsätzlich verändert. Ich könnte mir gut vorstellen, dass wir die App Economy in wenigen Jahren als eigenständigen Sektor in die Sektoren der Kultur- und Kreativwirtschaft einreihen.

Bei der App Economy beobachten wir unterschiedliche Gesetzmäßigkeiten. So bleiben die wesentlichen Daten bei den App Stores (Behrmann 2017a, S. 51–52). Das hat zwar möglicherweise positive Auswirkungen in Bezug auf den Datenschutz, andererseits hat der Anbieter weniger genaue Kenntnis über das Nutzerverhalten und kann diese Daten auch nur sehr eingeschränkt als „Kundenkartei" verwenden. In der App Economy kennen lediglich die App Stores die Endnutzer genau – ein wesentlicher Standortnachteil für Europa. Das wirkt sich auf die unmittelbare Akquise von Nutzern aus (Behrmann 2017a, S. 52): Im Internet ist es möglich, direkt mit Fans in Kontakt zu treten, während der App Store sich wie eine Plattform dazwischenschiebt und immer wieder korrigierend eingreift.

Sei es Plattform- oder App-Ökonomie, in den feingliedrigen Strukturen der Kultur- und Kreativwirtschaft ist eine Vereinheitlichung der Managementprinzipien durch die Digitalisierung zu beobachten. Die Creative Industries müssen insoweit reagieren. Die Arbeitsroutinen und Herangehensweisen nähern sich immer mehr an. Während sich die Tätigkeiten von Filmproduzenten und Modemanagern vor 25 Jahren grundlegend unterschieden, sind heute die wichtigsten Prinzipien stark angeglichen. Zentrale Bausteine sind die Geschäftsmodelle, der Aufbau von Communitys und deren richtige Handhabung sowie das technische Management mit Plattformen.

2.4 Die einzelnen Sektoren und ihre Wertschöpfungskette

Zunächst sind jedoch die Auswirkungen der Digitalisierung auf die Wertschöpfungsketten der Kultur- und Kreativwirtschaft darzustellen, denn nur so lässt sich verstehen, was die oben dargestellten Entwicklungen konkret bedeuten. Wenn die These der Konvergenz der Managementprinzipien stimmt, dann müsste das auch in einer Vereinheitlichung der Wertschöpfungsketten Niederschlag finden. Zugleich kann überprüft werden,

Wertschöpfungskette bildende Kunst

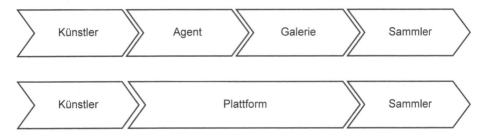

Abb. 2.10 Wertschöpfungskette bildende Kunst

ob die von Caves und Kiefer identifizierten Merkmale in den einzelnen Subsektoren immer noch Geltung haben.

2.4.1 Bildende Kunst

Kunstwerke im herkömmlichen Sinne, also Gemälde und Plastiken sowie Werke der sogenannten modernen Kunst in ihren unterschiedlichen Ausprägungen, werden als bildende Kunst bezeichnet. Die Wertschöpfungskette ist kurz, da es sich nicht um ein komplexes Werk handelt, bei dem viele unterschiedliche Skills *(motley crew)* erforderlich sind (Abb. 2.10). Üblicherweise agiert der Künstler allein, ohne große Marktmacht und in starker Konkurrenz. Der Kunstmarkt ist traditionell unübersichtlich und von vielen Produzenten und Käufern geprägt, was zu großen Preisunterschieden führen kann (European Commission 2017, S. 53). Dem Künstler steht häufig ein Agent zur Seite. Dieser is ioft zugleich auch der Galerist, der sich um die Marktentwicklung insgesamt sowie konkret um Ausstellungen, Kataloge und die Beteiligung an Kunstmessen kümmert. Künstler erhalten in der Regel etwa 50 % des Nettoverkaufpreises (European Commission 2017, S. 57).

KEA unterscheidet verschiedene Gruppen von Galeristen: *Promotion galeries* bauen einen zunächst unbekannten Künstler aktiv auf und entwickeln für ihn den Markt, während *sales galeries* und Kunsthändler im Wesentlichen den Galerieraum zur Verfügung stellen (European Commission 2017, S. 47). Daneben gibt es die Kunstmessen und Auktionshäuser. Der Galerist entwickelt den Markt für den Künstler durch Öffentlichkeitsarbeit. Zugleich realisiert er die Verkäufe und erhält eine prozentuale Verkaufsprovision. Mit dem *digital shift* müsste sich die Rolle des Galeristen als physische Verkaufsplattform eigentlich erübrigen. Der Verkauf kann über eine Onlineplattform stattfinden. Die Digitalisierung ermöglicht den weltweiten Zugriff auf Kunstwerke und Informationen darüber – der Markt wird global. Weltweit ist Europa der größte Kunstmarkt, innerhalb Europas ist es das Vereinigte Königreich (EY 2014, S. 81).

Die Charakteristika von Caves und Kiefer haben sich im Bereich der bildenden Kunst im Rahmen des *digital shift* im Grunde erhalten. Die Grundsätze haben sich eher verschärft und treten noch deutlicher zutage. Das gilt insbesondere für die medienökonomischen Elemente wie *nobody knows* oder Fixkostendegression. Problematisch ist der unmittelbare Bezug, die emotionale Basis als Ausgangspunkt für den Verkauf. Die Arbeit des Kunsthändlers als Galerist umfasste eben auch die vielen Einzelgespräche, die über ein Kunstwerk als Unikat erforderlich waren. Es galt zunächst als schwierig, diese durch eine digitale Plattform zu ersetzen. Insbesondere funktionierte auch die Arbeitsteilung nur eingeschränkt. Die Arbeit des Agenten umfasst zum großen Teil auch Tätigkeiten, mit denen sich der Künstler nur eingeschränkt beschäftigen möchte, um sich auf seine schöpferische Arbeit konzentrieren zu können, insbesondere die Marktentwicklung. Im Kunstmarkt fällt auf, dass die Digitalisierung von Kunst als Produkt mit der Unikatfunktion des Kunstgegenstands in Konflikt treten kann, wenn das Kunstwerk selbst ein digitales wird. Dies ist allerdings eher eine rechtliche als eine kunsttheoretische Frage.

Von der Corona-Pandemie ist der Markt für bildende Kunst in besonderem Maße betroffen – er ist deutlich eingebrochen. Galerien wurden geschlossen und große Kunstmessen abgesagt. Es ist davon auszugehen, dass aufgrund der verschiedenen Lockdowns ein Rückgang des Umsatzes von bis zu – 64 % zu erwarten ist (BMWi 2020). Die Unterstützungsmaßnahmen fließen nur wenig und verspätet. Aufgrund der dünnen Kapitaldecke der Galeristen mit einem Durchschnittsgehalt von 64.000 € im Jahr gibt es wenig Rücklagen. Damit ist davon auszugehen, dass große Teile nach der Pandemie nicht mehr existieren werden. Zugleich werden digitale Verkaufsplattformen nunmehr besser angenommen. Es ist zu vermuten, dass die Pandemie im Kunstsektor nachhaltige Wirkungen hinterlässt und der digitalen Distribution zum Durchbruch verhilft.

Ob der Wert der bildenden Kunst in der Corona-Pandemie verfallen ist, ist noch offen. Aber es gibt eine inhaltliche Rückbesinnung. Kristian Jarmuschek, der Vorsitzende des Galeristenverbandes bringt es auf den Punkt: „Bekanntes profitiert, denn Marken verkaufen sich bekanntlich besser. Das Nachsehen haben kleinere Galerien, die noch keine Künstlermarken im Angebot haben, sondern Basisarbeit leisten, sich also dem Aufbau von jüngeren und unbekannten Künstlern widmen." (Dege 2020)

2.4.2 Buch

Der Buchdruck wurde in Deutschland in der späten Renaissance erfunden. Das Buch ist letztlich das erste Medienprodukt, das die Trennung von Unikat und Reproduktionsobjekt ermöglichte und damit den Boden für die Entwicklung des geistigen Eigentums dreihundert Jahre später bereitete. Die Wertschöpfungskette im Buchmarkt ist kaum mit der in der bildenden Kunst vergleichbar. Der Autor oder Schriftsteller bedient sich gelegentlich eines Literaturagenten. Ansonsten tritt der Buchverlag auf den Plan, der sowohl über Vorschüsse an den Autor die Finanzierung des Buches als auch die gesamte

Wertschöpfungskette Buch

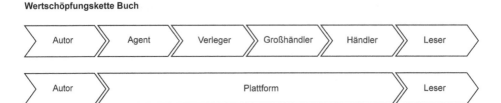

Abb. 2.11 Wertschöpfungskette Buch

Marktplatzierung und Herstellung übernimmt. Das schlägt sich auch in den Zahlen nieder. Schriftsteller und Autoren haben am Gesamtumsatz ihres Buches einen Anteil von lediglich etwa 5 %. Verlage übernehmen die Herstellung des Buches einschließlich des Drucks ebenso wie den Versand (European Commission 2017, S. 120). Im Buchhandel gibt es wenige Großhändler und unabhängige stationäre Buchhändler oder Onlinehändler (Abb. 2.11).

Der Buchmarkt war bis zum *digital shift* weltweit stark auf einige große und viele kleine Verlage konzentriert (European Commission 2017, S. 125). Die Digitalisierung des Buchmarktes verläuft nur zum Teil außerhalb der Verlage. Digitale Plattformen, die Autoren unmittelbar mit den Lesern verbinden, sind häufig gescheitert. Die digitalen Plattformen der Verlage, die die Autor-Verlag-Beziehung virtualisieren und Literaturagenten zu ersetzen versuchen, funktionieren dagegen. Aber auch hier sind erfahrene Literaturagenten in der Lage, sich unersetzbar zu machen.

Die Nutzung von E-Books steigt rasant an: Nach einer Erhebung von PWC soll der E-Book-Markt in den USA bereits 2017 den Markt für gedruckte Bücher überholt haben (PWC 2013). Im Zuge der Digitalisierung sind auch neue Produktlinien entstanden, zum Beispiel Hörbücher und papierfreie Bücher auf portablen Computern und Lesegeräten. Ein interessantes Start-up in diesem Bereich ist das Berliner Unternehmen Blinkist.

„Blinkist verwandelt die Kernaussagen der besten Sachbücher in clevere Kurztexte und Audiotitel in Hörbuchqualität. Blinkist ist eine App, die die großen Ideen der besten Sachbücher in einprägsame Kurztexte verpackt und erklärt. Die Inhalte unserer über 4.500 Titel starken Bibliothek reichen von Sachbuch-Klassikern, über populäre Ratgeber bis hin zu diskutierten Neuerscheinungen. Basierend auf wissenschaftlichen Erkenntnissen wird jeder Titel von unseren speziell geschulten Autoren aufbereitet und dem Nutzer als Kurztext und Audiotitel zur Verfügung gestellt." (Blinkist 2021).

Die von Richard Caves und Marie Luise Kiefer konstatierten Besonderheiten der Medienökonomie bestehen auch nach der Digitalisierung uneingeschränkt – auch in der Buchbranche. Die Vielfalt hat sich deutlich verstärkt, da es jetzt einen globalen Markt gibt. Die durch Sprachbarrieren entstandenen separaten Kulturräume, aber auch fremdsprachige Bücher führen zu einem globalen Wettbewerb. Auch Skaleneffekte und die Fixkostendegression werden so stärker. Ein gutes Beispiel ist der globale Erfolg der „Harry-Potter"-Buchserie. Im Buchmarkt lässt sich feststellen, dass die Ausdifferenzierung der Produkte noch stärker durchschlägt als in anderen Branchen, was sich insbesondere mit der Long-Tail-Theorie (Abschn. 3.2.1) erklären lässt.

In der Corona-Pandemie konnten viele Buchhändler ihre Umsatzeinbußen durch Onlineshops und den Aufbau von Lieferdiensten teilweise kompensieren. Zwar war auch der Buchhandel im Frühjahr 2020 von Ladenschließungen betroffen, aber der Herbst lief etwas besser als erwartet. Problematischer sind die B2B-Beziehungen. Hier ist davon auszugehen, dass die jungen Autoren größere Schwierigkeiten haben, sich Verlage zu suchen, und dass die Vermittlung von neuen Projekten länger auf sich warten lässt.

2.4.3 Presse

Der Pressesektor ist deutlich größer als der Buchsektor (ungefähr doppelt so groß). Außerdem sind in Presseverlagen in größerem Umfang fest angestellte Mitarbeiter tätig, während der Buchsektor sehr viel mehr mit selbstständigen Akteuren arbeitet. Es gibt zwar auch eine Zwischenformen zwischen Festangestellten und Selbstständigen, sogenannte „feste freie" Journalisten, aber diese sind im Vergleich zu anderen Branchen nicht dominant. Dies ist auch den stärker industriell geprägten Abläufen in diesem Sektor mit häufig geringerer Gestaltungshöhe bzw. Wertschöpfungstiefe durch die einzelnen Autoren geschuldet.

Der *digital shift* erfolgte anders als im Buchmarkt. Die Auflagen sind mit der Einführung des Tabletcomputers, der gedruckte Zeitschriften und Zeitungen substituierte, schnell zurückgegangen.[5] Die klassischen Zeitungen und Zeitschriften mussten sich neu aufstellen. Zeitungsverlage reagierten mit einer gemischten Strategie. Einerseits wurden die Abonnementpreise massiv erhöht, andererseits wurde versucht, über digitale Zusatzeinnahmen ein neues Geschäftsmodell zu entwickeln. Die Werbeeinnahmen sind – entsprechend der Auflagen-Anzeigen-Spirale seit der Einführung des Tabletcomputers – mit der sinkenden Auflage drastisch eingebrochen. Es gibt seitdem einen zusätzlichen Einnahmestream über digitale Portale und Zeitungen. Soweit die Zeitungsverlage den Kampf im digitalen Zeitalter noch aufnehmen wollen, generieren sie so neue Werbeeinnahmen. Im Übrigen wurde versucht, über Paywalls die kostenlose Vermarktung des Contents zurückzudrängen. Im Vertrieb kommt das in Deutschland einzigartige Presse-Grosso zum Einsatz. Nach diesem Modell gibt es staatlich konzessionierte Monopolisten, die in einem Bezirk die Vielfalt der Presse (nach politischen Gesichtspunkten) bei den Zeitungskiosken sicherstellen.

In der Wertschöpfungskette entstanden Onlinezeitschriften – einerseits als selbstständige Neugründungen, vor allem aber als digitale Fortsetzungen der ehemaligen

---

[5] Jährlich um etwa 5,7 % seit 2008 (EY 2014, S. 37).

Wertschöpfungskette Presse

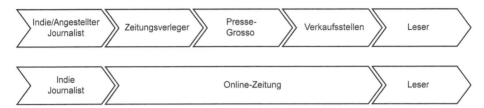

Abb. 2.12 Wertschöpfungskette Presse

Printmedien (Abb. 2.12). Diese Onlinepresseorgane beschäftigen wesentlich weniger Festangestellte und arbeiten in Netzwerkstrukturen, teilweise international. Für die Werbevermarktung werden zusätzliche Services wie Audiobooks oder Podcasts aktiviert. Nachrichten werden zunehmend über verschiedene Plattformen konsumiert. Eine Konzentration auf den Printpressebereich wie vor 25 Jahren ist heute nicht mehr festzustellen.

> „The rise of digitisation and technological changes during the past decades have challenged the conventional practices of media organisations and journalists worldwide. Competing in the new digital world requires traditional news media companies to transform by designing and rapidly industrialising new content and develop tailored services that enrich the consumers' experience and creates a unique value proposition online. Additionally, online advertising revenue is captured to a large extent by large digital companies such as Google or Facebook, which control large advertising/data ecosystems on the Internet. News media companies operate in this crowded space, alongside data brokers, advertising agencies, and advertisers. Traditional advertising revenues are in decline and newspapers have been particularly hit by the revenue challenges. Digital revenue streams have not yet come close to recouping the print revenues. While the majority of news publishers is now betting on reader revenue becoming their most stable stream of revenues as advertising remains volatile, this also means that more information is disappearing behind paywalls, which possibly brings in a decline in the access to relevant information." (KEA 2021, S. 14).

Die Reaktion der Großverlage auf die Veränderungen in Deutschland waren insgesamt nicht sehr effektiv. Am besten hat sich wohl das Haus Axel Springer geschlagen, das heute den Großteil seines Umsatzes im Internet macht. Traditionelle Teile seiner Tageszeitungen wie das „Hamburger Abendblatt" und die „Berliner Morgenpost", mit der Axel Springer Verlag einmal angefangen hatte, wurden verkauft. Andere Verlagshäuser wie Gruner und Jahr haben sehr lange an der Printstrategie festgehalten. Insgesamt wenig beleuchtet ist die Krise der Presse vor dem Hintergrund der Presse als öffentlichem Gut und vierter Gewalt im Staate.

„Medien erfüllen (wenigstens zum Teil) eine öffentliche Aufgabe. Das hat mit der Rolle der Medien als vierte Gewalt in unserer Demokratie zu tun. Manche Medien sind zum Teil meritorische Güter9, sie werden also privatwirtschaftlich hergestellt und vertrieben, aber durch staatliches Handeln gefördert, weil sie besondere Zwecke erfüllen, die der Staat als gesellschaftlich bedeutsam ansieht. Umgekehrt gibt es in bestimmten Fällen Marktversagen oder externe Effekte, also privatwirtschaftliche Entwicklungen, die nicht erwünscht sind." (Behrmann 2017a, S. 34).

Im Beim Pressemarkt lässt sich im Hinblick auf die von Caves und Kiefer diagnostizierten Besonderheiten der Creative Industries feststellen, dass sich die klassische Auflagen-Anzeigen-Spirale verschiebt. Besonders auffällig ist die Veränderung der Qualitätsdefinition mit einer stärkeren Akzentuierung des Rezipientenverhaltens. Die Kritikersicht und damit das handwerkliche Qualitätsverständnis treten dahinter deutlich zurück. Diese Veränderung des Qualitätsmodells in der Presse findet im journalistischen Milieu nicht nur Freunde.

2.4.4   Darstellende Kunst

Die darstellende Kunst, deren Protagonisten Schauspieler, Sänger, Darsteller und Zirkusakrobaten sind, ist ein personalintensiver Sektor. Die erste Stufe der Wertschöpfungskette wird häufig über zwei Arten von Agenturen abgebildet. Einerseits gibt es Agenturen im Einkaufsbereich, sogenannte Castingagenturen, die die Besetzung von Rollen im Auftrag der Produzenten oder Häuser vornehmen. Andererseits lassen sich darstellende Künstler in der Regel selbst durch einen Agenten vertreten. Das hängt auch damit zusammen, dass im Bereich der darstellenden Kunst häufig wenig Abstand zwischen dem Künstler und seiner Kunst besteht und Stimmungsschwankungen auf die psychische Konstitution durchschlagen können. Um es anders auszudrücken: Bei der darstellenden Kunst besteht die Besonderheit, dass der Künstler selbst sein eigenes Instrument ist. Das hat eine Reihe von psychologischen Implikationen.

Der Produzent organisiert die Herstellung der Produktion und führt die Gewerke am Aufführungstag zusammen. Er wird seinerseits häufig durch einen Promoter unterstützt, der auch den Ticketverkauf organisieren kann.

Durch die Digitalisierung wird dieses Wertschöpfungsszenario teilweise optimiert. Castingagenturen sind traditionell nicht unter Druck, weil ihre Arbeit nur begrenzt digitalisiert werden kann. Allerdings versuchen Schauspielagenturen zunehmend auch mithilfe digitaler Plattformen zu arbeiten. Sie stoßen hier an Grenzen: Je mehr Schauspieler sie auf ihre Plattform aufnehmen, desto weniger haben sie den Überblick. Das ist den sehr persönlichen, psychologisch vielschichtigen Geschäftsbeziehungen in der Kunstgattung geschuldet. Häufig kommen die Schauspieler wieder auf echte Agenturen zurück, die sich unmittelbar mit ihrer persönlichen Situation auseinandersetzen. Insgesamt kommt die Digitalisierung hier an ihre Grenzen (Abb. 2.13).

Auf die Merkmale von Caves und Kiefer hat die Digitalisierung in der darstellenden Kunst keinen Einfluss. Sie sind grundsätzlich weiterhin gültig. Auf dem Markt der darstellenden Künste fällt auf, dass die Unikatfunktion möglicherweise unter Druck gerät, wenn die digitale Abbildung und Wiedergabe in den Vordergrund gestellt wird. Gerade im Zusammenhang mit digitalen Tanzaufführungen können sich hier Dinge verschieben.

Wertschöpfungskette darstellende Kunst

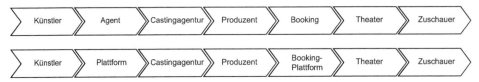

Abb. 2.13   Wertschöpfungskette darstellende Kunst

Die Corona-Pandemie hat den Markt für darstellende Künste stark getroffen. Es wird mit einem Umsatzrückgang im Jahr 2020 von bis zu 75 % gerechnet (BMWi 2020). Aufgrund der langen Schließung haben vor allem Privattheater ein dauerhaftes Problem. Im Bereich der darstellenden Kunst gibt es eine ganze Reihe zusätzlicher Gewerke wie Bühnenmaler oder Handwerker sowie Zirkusakrobaten, die ebenfalls unter der Pandemie zu leiden haben.

> **Beispiel**
>
> Ein gutes Beispiel ist hier das Schlosspark-Theater in Berlin-Steglitz, das dem berühmten Komiker Dieter Hallervorden persönlich gehört. Er hatte sich im Alter in den Kopf gesetzt, zusammen mit seinem Sohn dieses Theater zu eröffnen, ohne im größeren Umfang öffentliche Förderung in Anspruch zu nehmen. Da ein Theater in Deutschland nicht kostendeckend mit Einnahmen und Spenden finanziert werden kann, bedeutet das, dass Hallervorden es weitgehend auf eigene Kosten betreibt. Er entschließt sich dazu, weil er es sich aufgrund seiner jahrzehntelangen erfolgreichen Tätigkeit im Film- und Fernsehbereich persönlich leisten kann. Während der Pandemie bleibt sein Theater geschlossen. Da er damit monatlich sein privates Kapital verbrennt, das ihm keiner ersetzt, wehrt er sich während der Pandemie lautstark und klagt auch – vergeblich – vor Gericht gegen die Schließung. ◀

2.4.5   Musik

Keine Branche wurde früher vom *digital shift* betroffen als die Musikbranche. Das lässt sich an vielen Beispielen zeigen. Mit der Einführung des Portals Napster gelang es erstmals, über ein Onlinetauschbörse im großen Stil weltweit digitale Inhalte im MP3-Format zu tauschen. Die Tauschbörse war in den ersten Jahren kostenlos, sodass insgesamt ein massiver Verfall des wirtschaftlichen Wertes bei digitalen musikalischen Inhalten zu verzeichnen war. Zugleich beklagten die Musiklabels Piraterie im großen Stil.

Mit der Einführung des Apple iTunes wurde erstmals die Möglichkeit geschaffen, digitale Inhalte auch legal zu erwerben. Die Möglichkeit des legalen Erwerbs stellte den Ausgangspunkt für eine Neuorganisation der Musikbranche dar. Während der Verkauf physischer Datenträger immer weiter zurückging, stieg der Verkauf digitaler Downloads stetig an. In den letzten Jahren wurde der Absatz von digitalen physischen Datenträgern sogar von Vinylschallplatten überholt, die bei Spezialisten und Sammlern zurzeit eine Renaissance erfahren.

Die hohe Konzentration auf weltweit wenige Unternehmen war in der Musikindustrie schon vor dem *digital shift* stark. Neben den sogenannten Major-Labels, die etwa 80 % des Marktes hielten, gab es mehrere tausend unabhängige Labels. Die Konkurrenz hat sich mit dem *digital shift* verschärft. Die bis dahin den Markt stark dominierenden Major-Labels reduzierten sich von sechs auf drei. Zugleich gelang es den Musikern selbst verstärkt, ohne die Vertretung von Labels unmittelbar mit den Plattformen Verträge abzuschließen. Insofern erlaubt die Digitalisierung, insbesondere auch die legale Digitalisierung, eine Umgehung der Musiklabels und eröffnet den Musikern die Möglichkeit, die Konsumenten unmittelbar über Onlineplattformen zu erreichen. Im Gegenzug wurde im Zeitalter der Piraterie der Live-Event-Sektor stark ausgebaut. Viele Musiker finanzieren sich im Wesentlichen durch Livekonzerte, hier sind auch die Abgaben an die Labels nicht so hoch. In der klassischen Musik spielt auch der Handel eine Rolle.

Die Wertschöpfungsketten sind daher uneinheitlich (Abb. 2.14). Zwar spielen Themen wie Komposition, Talent Discovery, Produktion, Marketing und Distribution immer noch eine Rolle. Jenseits der Labels, die auch zusätzliche Einnahmen wie Merchandising generieren, konkurrieren heute aber auch verschiedene Plattformen, die mit unterschiedlichen Businessmodellen operieren. So gibt es Freemium-Plattformen wie Spotify, Amazon Music oder Deezer oder *Pay-to-play*-Plattformen wie Apple Music. Letztere ermöglichen eine genaue Abrechnung pro Song und zwingen auch nicht mehr dazu, für einen Song eine ganze Langspielplatte zu kaufen. Insgesamt orientiert sich die Musikbranche in Richtung einer plattformbasierten Pauschalversorgung des Endkonsumenten – vergleichbar mit der Wasserversorgung. Die Plattformen werden zu Aggregatoren.

Die Rolle der Labels konzentriert sich auf die Finanzierung der Projekte und auf die Marketingstrategien. Gatekeeper-Funktionen für heutige Musiker spielen weniger eine Rolle, da sich die großen Labels heute vor allem mit der Verwertung der Backkataloge vergangener Jahrzehnte finanzieren. Damit sind sie heute sehr profitabel und haben ihre wirtschaftlichen Schwierigkeiten überwunden.

Wertschöpfungskette Musik

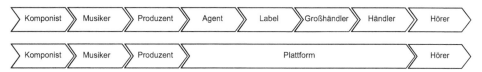

Abb. 2.14 Wertschöpfungskette Musik

„The online market for music is not limited to carrying ‚hits‘, which means consumers with tastes outside of the mainstream fare can find better matches. This argument suggests that niche content, such as older catalogues, music from indie artists, and remote genres, are able to find an audience and earn similar margins to a ‚hit‘ album […]. The long tail effect of digitization has been documented in book sales […], home video sales […], and music consumption […]." (Zang 2014, S. 10–11)

Die von Caves und Kiefer zusammengetragenen Merkmale der Kultur- und Kreativwirtschaft gelten für die Musikwirtschaft auch nach der digitalen Veränderung. Die Vertiefung der *infinite variety* durch Globalisierungseffekte ist auch hier festzustellen. Insoweit kann man von einer Konvergenz mit anderen Sektoren der Creative Industries ausgehen. In der Musikwirtschaft fällt auf, dass die Dienstleistungsfunktion stärker akzentuiert wird, wenn Streamingdienste oder Onlinemodelle in den Vordergrund treten.

Die Auswirkungen der Corona-Pandemie auf die Musikindustrie ist differenziert zu betrachten. Die Streamingdienste haben ihren Umsatz sogar erhöht haben. Alle haptischen Teile, insbesondere auch Musikinstrumente, Musikverlage und Musikschulen, sind getroffen, ebenso der gesamte Livesektor, der nach dem *digital shift* insbesondere für die Musiker selbst eine wichtige Finanzierungsmöglichkeit darstellte.

2.4.6   Film und Rundfunk

Film und Rundfunk stellen in den Darstellungen der Kultur- und Kreativwirtschaft regelmäßig eigenständige Kategorien dar. Das ist auch richtig, da das Filmgeschäft ursprünglich aus dem Kinobereich stammt und damit nicht unbedingt mit dem Fernsehgeschäft kongruent ist. Kinoorientierte Cineasten weisen auch immer wieder darauf hin, dass die Unterschiede zwischen Film und Kino vor allem kulturell und ästhetisch begründet sind. Die Unterscheidung zwischen Kino und Rundfunk ist andernorts, zum Beispiel in Frankreich, institutionell noch stärker ausgeprägt. Trotzdem habe ich mich dafür entschieden, die Film- und Rundfunkwirtschaft in diesem Buch zusammen in einem Kapitel zu behandeln. Der Grund dafür ist, dass die Wertschöpfungsketten des Kinos und des Fernsehens in Europa untrennbar miteinander verknüpft sind und durch die jüngsten Entwicklungen der Corona-Pandemie nachgerade zu einem Sektor verschmelzen.

Die klassische Kinowertschöpfungskette war vor der Einführung des Fernsehens und der Digitalisierung einfach strukturiert (Abb. 2.15): Vom Drehbuchautor über den Regisseur bis zum Produzenten und letztlich zum Filmverleiher, der wiederum mit den Kinos Kontakt hat, waren alle Akteure der Wertschöpfungskette prozentual am Erfolg des Kinofilms beteiligt. Sie beteiligten sich sowohl am Gewinn als auch am Risiko. Wenn der Film floppte, waren alle mitbeteiligt; wenn er aber erfolgreich war, verdienten sie alle mit. Deswegen hatten auch alle Akteure ein wirtschaftliches Interesse am Erfolg des Projekts.

Wertschöpfungskette Film und TV

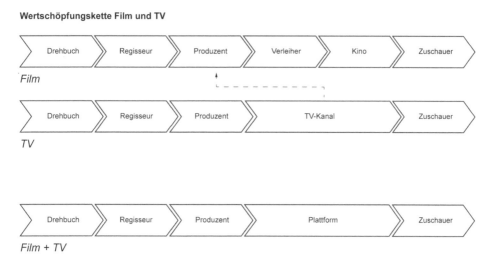

Abb. 2.15 Wertschöpfungskette Film und TV

Zum Beispiel waren die ersten Filme der Nouvelle Vague – also die experimentellsten Projekte, die noch nicht vom französischen Staat unterstützt wurden, weil sie als zu revolutionär galten – wirtschaftlich außerordentlich erfolgreich: Sehr niedrige Produktionskosten standen einem relativ großen Erfolg im Kino gegenüber.

Mit der Einführung des Fernsehens hat sich diese einfache Wertschöpfungskette deutlich verkompliziert. Nun ist es so, dass der Produzent eines Films neben den Einnahmen aus der Kinoverwertung, die wir oben dargestellt haben, zusätzlich auch einen deutlichen Vorschuss auf die Fernsehverwertung bekommt. Entweder geschieht dies durch einen Vorabverkauf oder aber, wie in Europa mittlerweile beinahe üblich, durch eine sogenannte Fernsehkoproduktion. Insofern handelt es sich hier um eine Modifizierung der Wertschöpfungskette. Das Fernsehen wirkt wie ein Solitär in der Kette, da das Fernsehen keine prozentuale Beteiligung am Erfolg verspricht und Gewinn und Risiko allein übernimmt. Das Fernsehen finanziert sich einerseits im öffentlich-rechtlichen Bereich aus Gebühren, andererseits im Privaten aber auch aus Werbung.

Neben der Fernsehfinanzierung hat sich vor allem im stationären Bereich auch zunehmend die Verwertung durch Home Videos und später DVDs etabliert. Diese zusätzliche Einnahmenstruktur ist inzwischen komplett dem Digitalisierungsbereich zugefallen. Sie unterliegt heute ähnlichen Bedingungen wie die Musikindustrie.

Durch den *digital shift* haben sich zusätzliche Verwertungsmöglichkeiten ergeben (Abb. 2.16). Streamingplattformen und Video-on-Demand-Intenetdienste spielten zunächst nur eine untergeordnete Rolle und wurden in die Wertschöpfungskette eingegliedert. Nach wie vor war die Verwertung auf Kinoebene vorrangig. Das hat sich inzwischen deutlich verändert. Heute kann man davon ausgehen, dass bald viele Filme praktisch zeitgleich im Kino und auf Videostreaming-Plattformen erscheinen werden.

Abb. 2.16 Klassische
Verwertungskaskade

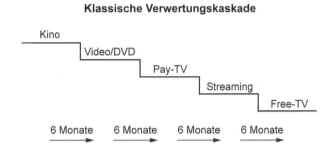

Beispiel

Als wegweisendes Beispiel gilt der Kinofilm „The Irish Man" von Martin Scorsese mit Robert de Niro und Al Pacino, der aber immerhin noch einige Tage lang exklusiv im Kino lief und dann zeitgleich auf Netflix zu sehen war. ◄

Während der Corona-Pandemie hat sich diese Tendenz verstärkt, sodass viele Filme mittlerweile ausschließlich über Streamingdienste veröffentlicht werden und gar nicht mehr ins Kino kommen. Das hat auch damit zu tun, dass die Kinos geschlossen waren, während die Filmproduktionsmaschinerie während der Pandemie weiterlief: Die Nachfrage nach Inhalten ist durch die Tatsache, dass viele Menschen zu Hause bleiben mussten, sogar gestiegen. Allerdings wurde der Start großer Kinofilme wie der James-Bond-Filme verschoben. Sehr viele Filme wurden auf Streamingplattformen oder in vergleichbaren Strukturen gestartet.

Neben dem Fernsehen zählt auch das Radio zum Rundfunk. Hier liegen seine Ursprünge, was wiederum den Namen Rundfunk erklärt. Das Radio selbst wurde durch den *digital shift* ebenfalls verändert. Mit der Digitalisierung der Frequenzen wurde deren Knappheit reduziert. Rein digitale Radios entstanden, die heute mit Streamingangeboten konvergieren.

Die von Caves und Kiefer aufgestellten Grundsätze sind in Film und Rundfunk auch nach dem *digital shift* grundsätzlich weiter gültig. Für die Filmwirtschaft war die Platzierung im Sinne des Marketings immer eine wichtige Fragestellung. Insofern ist die unsichere Nachfrage gerade auch im Zusammenhang mit dem Streaming neu zu bewerten. Möglicherweise ist die Positionierung berechenbarer, weil messbarer geworden. Daneben steigt der Dienstleistungsanteil in der Filmwirtschaft deutlich an, wenn es sich um Streamingmodelle handelt. Ähnlich wie in der Presse verändert sich auch der Qualitätsbegriff: Neben Kritiker- und handwerkliche Perspektiven tritt immer deutlicher die Rezipientenperspektive, die in digitalen Strukturen auch viel besser zu messen ist.

2.4.7 Games

Der Gamessektor ist einer der jüngsten Sektoren der Kultur- und Kreativwirtschaft. Einer der grundsätzlichen Webfehler der deutschen Nomenklatur für den Creative-Industry-Sektor ist die Einbeziehung der Bürosoftware in den Zähltitel Software/Games. Dies geschah allein aus politischen Gründen. Mit der Einbeziehung konnte man den Sektor „größer" aussehen lassen, als er wirklich ist. Ich halte diese Herangehensweise für falsch, da sie den Blick auf den Sektor eher verstellt. SAP zum Beispiel produziert weltweit führende Bürosoftwares und wird in die Berechnung einbezogen. Während das Unternehmen SAP sicherlich einen großen Anteil zur deutschen Wirtschaftsleistung beisteuert, würde es selbst wohl zustimmen, dass seine Produkte wenig mit der Kultur- und Kreativwirtschaft zu tun haben. Ich konzentriere meine Ausführungen hier daher auf den Gamessektor.

Die Wertschöpfungskette in der Gamesindustrie hat sich im Rahmen des *digital shift* deutlich ausdifferenziert (Abb. 2.17). Ursprünglich waren die Stationen Entwickler, Publisher, Retail und Konsument. Durch Verschiebungen in der Kette rückten die Entwickler dann unmittelbar an den Endkonsumenten heran. Publisher und Retailer wurden aus der Wertschöpfungskette entlassen.

Im Laufe der Zeit hat sich die Situation allerdings verändert. Über Payment-Anbieter und Traffic Provider begann das System unübersichtlich zu werden, sodass Publisher wieder eine Rolle spielten, und zwar einerseits als Produktionsfinanzierer und andererseits als Marketingprofis. In diesem Zusammenhang konnten die Publisher ihre bedrohte Existenz und Rolle wieder festigen. In einer zweiten Phase fand der *mobile shift* statt. Im *mobile shift* hat sich das App-Store-Modell durchgesetzt (Behrmann 2017b, S. 143). Gerade für den Start der App Economy spielten Games eine besondere Rolle: Games waren in den ersten Jahren das herausragende App-Genre. Umgekehrt könnte man sagen: Ohne Games hätte Apple es nie geschafft, in so kurzer Zeit die App Economy zu realisieren.

Ursprünglich wurden Games im Mobilbereich von den Telefonunternehmen als Gatekeeper monopolisiert. Erst als Apple mit dem App Store kam, eröffnete sich die Möglichkeit, unabhängig von Telekommunikationsunternehmen Applikationen direkt

Wertschöpfungskette Games

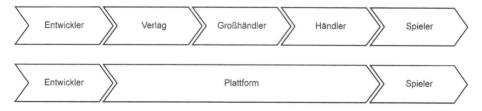

Abb. 2.17 Wertschöpfungskette Games

von Apple zu kaufen. So verschoben sich die Wertschöpfungselemente zugunsten der Hersteller von Computerspielen. Plötzlich konnte man mit guten Games auch Geld verdienen. Der Markt war eröffnet, und die Gatekeeper waren beseitigt. Die Rolle von Publishern, die mit den Telekommunikationsunternehmen zusammengearbeitet hatten, entfiel ebenfalls. Durch diese Öffnung hatte die Mobile-Gaming-Wirtschaft vor allem auch in Europa und dort speziell in den nordischen Ländern einen Höhenflug. Insbesondere in Finnland und Schweden gab es viele ehemalige Mitarbeiter der niedergegangenen Unternehmen Nokia und Ericsson, die nunmehr ihr Glück im Gaming versuchten, aber zugleich sehr viel mobile Kompetenz mitbrachten.

Die von Caves und Kiefer vorgestellten Merkmale für die Creative Industries gelten hier nach wie vor. Vielleicht muss erwähnt werden, dass der *digital shift* in diesem Fall nur innerhalb der Herstellungs- und Distributionswege stattfand, denn das Produkt selbst war immer schon digital. Bei Games ist ist die Frage, ob es sich um kulturelle Produkte handelt, immer stärker immer stärker in den Vordergrund getreten. Insofern haben sich die Produktstrukturen hier über die letzten 20 Jahre aufgrund der veränderten Perspektive an die veränderten Marktbedingungen angepasst.

Die Corona-Pandemie hatte unterschiedliche Auswirkungen auf die Gamesbranche. Einerseits stieg während der Corona-Pandemie der Gesamtumsatz der Spieleindustrie deutlich, denn Games zu spielen war in der Corona-Pandemie eines der wenigen Dinge, die die Menschen noch machen konnten. Allerdings setzten sich vor allem die bewährten Marken durch. Damit ist ein Retrotrend gemeint. Besonders Spiele, die die Menschen vor zehn bis fünfzehn Jahren spielten, wurden reaktiviert. Hier finden wir also eine ähnliche Entwicklung wie im Bereich der bildenden Kunst. Für neue Entwicklungen hat sich die Situation durch die Corona-Pandemie allerdings verschlechtert. Es gibt wenig Möglichkeiten, innerhalb des B2B-Bereichs in Austausch zu treten, das verkompliziert die Projektfinanzierung. In Deutschland wurde die Situation allerdings durch die neue Förderung, die auf Bundesebene gilt, quasi gleichzeitig mit der Corona-Pandemie ein wenig abgemildert (Behrmann 2020, S. 6).

2.4.8 Werbung

Werbung erfüllt in den Creative Industries mehrere Funktionen. Einerseits bildet sie einen eigenen Sektor, andererseits stellt sie eine Finanzierungsform für viele andere Sektoren innerhalb der Kultur- und Kreativwirtschaft dar. Werbung ist so etwas wie eine *enabling economy*. Ihre schlichte Existenz finanziert große Teile des gesamten Ökosystems. Daher kommt der Werbung eine Sonderrolle zu. Zudem ist Werbung auch ein Innovationstreiber und Gradmesser: Üblicherweise finden grundlegende Änderungen zunächst in der Werbung statt und breiten sich dann auf die anderen Kreativsektoren aus. Insgesamt haben sich die Werbeausgaben aber stark verschoben: von Print, Radio und TV hin zum Internet und immer stärker vor allem in den Mobile-Bereich.

Die Wertschöpfungskette in der Werbeindustrie ist nicht leicht darzustellen, weil es hier viele verschiedene Modelle gibt. Grundsätzlich kann man feststellen, dass es innerhalb einer Werbeagentur typischerweise einen kreativen und einen wirtschaftlichen Akteur gibt. Diese sind aber häufig unter einem Dach tätig und werden nicht ausgelagert. Die Agenturen arbeiten dann direkt mit dem Unternehmen zusammen. Die werbetreibende Industrie nimmt die Agentur unter Vertrag. Nach dem *digital shift* treten noch *ad networks* hinzu; hierbei handelt es sich um Plattformen, die in einer Mischung aus Agentur und technischem Dienstleister Onlinewerbung platzieren und es sich – da sie ein großes Volumen bearbeiten – in der Regel leisten können, nur im messbaren Erfolgsfall, also auf Cost-per-Click (CPC) oder Cost-per-Lead(CPL)-Basis bezahlen zu lassen. Die Veränderungen im Werbesektor dauern noch an. Der Aufbau von Aktivitäten über Influencer auf Social-Media-Websites sowie über Banner und *intesticials* ist hier nur ein Anfang.

Der *digital shift* hat den Werbemarkt sehr früh erreicht. Das gilt zunächst für die Werbebudgets und die Organisation von Werbung im Zeitalter digitaler Kommunikation. Werbung hat sich von klassischen Printmedien, dem Kino- und Filmmarkt sowie in letzter Zeit auch vom klassischen linearen Fernsehen wegentwickelt. Stattdessen wurde die Kommunikation in digitale Strukturen wie soziale Netzwerke und die App Economy verlagert, aber auch in digitale Ableger von ehemals klassischen Medien und anderen Publikationsorganen wie zum Beispiel *Spiegel online*. Diese Entwicklung hat Werbung auch zielgenauer und meßbarer gemacht, was Vor- und Nachteile hat: Einerseits ist gezieltere Werbung weniger störend, weil sie nur diejenigen erreicht, die sich potenziell dafür interessieren. Andererseits sprechen vor allem Fragen des Datenschutzes dagegen. Zudem ist die Werbung mittlerweile so allgegenwärtig, dass sie als penetrant und störend wahrgenommen wird. Da es auf jeder Internetseite rechts und links blinkt und sich häufig Pop-ups öffnen, laden sich immer mehr Menschen Adblocker herunter, die Werbung größtenteils unterdrücken und damit deren negative Auswirkungen auf die Psyche vermeiden (Abb. 2.18).

Wertschöpfungskette Werbung

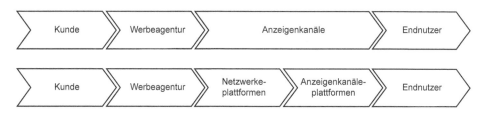

Abb. 2.18 Wertschöpfungskette Werbung

Beispiel

Die Werbemöglichkeiten ändern sich auch innerhalb eines Werbemediums. Nehmen wir als Beispiel Social Media. In den letzten Jahren haben sich sowohl Banner-werbung als auch Werbung durch Influencer, die als eine Art Markenbotschafter fungieren, durchgesetzt. In die Werbung durch Influencer fließt derzeit sehr viel Geld, was vermutlich auch weiter andauern wird. Doch während hierfür aktuell noch Instagram die profitabelste Plattform darstellt, drängt sich TikTok nach und nach in den Vordergrund. TikTok ist ein reines Videoformat, in dem Inhalte ganz anders auf-bereitet werden als auf Instagram. Vor allem sind es aber auch die TikToker an sich, die sich von den „Instagramern" unterscheiden. ◄

Die Corona-Krise hat den Werbemarkt weniger betroffen als andere Sektoren. Problematisch sind Agenturen wie zum Beispiel PR-Agenturen, da die Marketingbudgets in einer Krisenphase immer als allererste zurückgefahren werden. Insgesamt hat sich die digitale Veränderung im Werbemarkt durch die Corona-Krise verstärkt beschleunigt, das gilt auch für die globale Konzentration. Agenturen und Akteure, die sich noch in alten Strukturen aufgehalten haben, leiden überproportional. Die von Caves und Kiefer auf-gestellten Prinzipien gelten auch nach dem *digital shift.*

2.4.9 Design

Design ist vielfältig und umfasst neben Schmuck-, Mode-, Grafik- und Industrie-design auch Innenarchitektur und Fotografie. Design liegt an der Schnittstelle zwischen klassischer bildender Kunst und Werbung und Kommunikation. Es handelt sich außerdem nicht um eine Medienindustrie, sondern um einen stark konzeptionell geprägten Sektor, der schwer einzuordnen ist. Am ehesten kommt man der Designtätig-keit mit den Schlagworten „discover", „define", „develop", „deliver" (Gustafsson 2019) nahe. Ihm ist nach deutscher Zählweise auch der kreative Bereich der Modeschöpfung zuzurechnen.[6] Die Wertschöpfungsketten sind sehr ausdifferenziert (Abb. 2.19).

Über 50 % des Umsatzes wird durch Designagenturen generiert. Produkt- oder Grafikdesigner treten über eine Vielzahl von Agenten mit auftraggebenden Unter-nehmen, die selbst wiederum Agenturen (z. B. Werbeagenturen) sein können, in Kontakt. Der Schutz des Designs hat im Rahmen des Geschmacksmusterrechts traditionell einen eigenen Status. Er unterliegt in der Regel nicht dem urheberrechtlichen Schutz. Nur in Ausnahmefällen kann ein Werk der angewandten Kunst infrage kommen.

---

[6] Ich empfinde das als problematisch; mir wäre es lieber, Mode würde als eigenständiger Sektor in der Kultur- und Kreativwirtschaft geführt.

Wertschöpfungskette Design

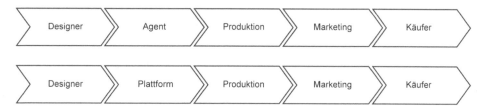

Abb. 2.19 Wertschöpfungskette Design

Die Corona-Pandemie hat den Designbereich insoweit getroffen, als die vielen kleinteiligen Akteure und selbstständigen Produktdesigner darunter zu leiden hatten, dass neue Projekte nicht so schnell angeschoben werden konnten. Die Rückstellung von Projekten hat bereits im Jahr 2020 bis zu 35 % Einbruch mit sich gebracht. Es ist allerdings davon auszugehen, dass nach der Pandemie der entstandene Rückstand aufgeholt wird, indem die neuen Projekte wieder anlaufen. Die von Caves und Kiefer aufgestellten Prinzipien gelten auch in diesem Sektor fort.

2.4.10 Architektur

Der Sektor Architektur umfasst nicht nur die Entwicklung von Hoch- und Tiefbauten, sondern auch den Städtebau, Teile der Innenarchitektur sowie Garten- und Landschaftsbau. Die Entwicklung der Architektur als eigenständiger Sektor der Creative Industries ist ihrer besonderen wirtschaftlichen Bedeutung geschuldet. Auch wenn es im Kern um eine dem Design sehr verwandte Tätigkeit geht, werden zwei Drittel des Umsatzes in diesem Sektor mit Hochbauentwicklung erzielt. Außerdem muss der Architekt viele technische Zwänge berücksichtigen, auch die Ausbildung ist unterschiedlich. Der Architekturmarkt unterliegt in besonderem Maße Wirtschaftszyklen, die mit den Investitionskapazitäten und der Bautätigkeit im Immobiliensektor zusammenhängen. Größere Unternehmungen versuchen diese Abhängigkeit durch Internationalisierung auszugleichen.

In der Wertschöpfungskette im Bereich Architektur gibt es das Architekturbüro, das sich bei einem Auftraggeber bewirbt. Für die Umsetzung des Bauwerks wird dann ein Generalübernehmer bestellt, der eine Reihe von Betrieben der verschiedenen Gewerke die Arbeiten an dem Gebäude durchführen lässt. Häufig steht dieser Generalübernehmer unter der Bauaufsicht des Architekten. Das kann aber auch anders ausfallen. Dabei ist zu beachten, dass der Architekturmarkt in Teilen auch über Wettbewerbe ausgestaltet ist – gerade bei größeren Projekten. Insofern ist hier auch der Bewerbungsprozess anders gelagert (Abb. 2.20).

Wertschöpfungskette Architektur

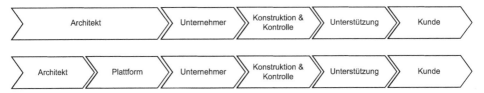

Abb. 2.20 Wertschöpfungskette Architektur

In der Corona-Pandemie ist der Rückgang im Architekturmarkt um etwa 15 % im Jahr 2020 noch überschaubar und nicht so katastrophal wie in anderen Bereichen der Wirtschaft. Tatsächlich wird die Bautätigkeit auch während der Pandemie in großem Umfang fortgesetzt. Insgesamt ist jedoch nicht festzustellen, dass die Pandemie die Digitalisierung des Immobiliensektors beschleunigen würde (Krawczyk 2021, S. 21–30). Auf der anderen Seite ist, was die Betriebsmittel des Architekten betrifft, die Digitalisierung bereits sehr weit fortgeschritten.

Die von Caves und Kiefer aufgestellten Grundsätze gelten in bestimmten Bereichen der Architektur nur eingeschränkt; auch das hat sich durch die Digitalisierung nicht geändert: Hier gibt es in mehreren Bereichen Einschränkungen.

2.4.11 Mode

Es ist eine Spezialität der deutschen Zählweise in Bezug auf die Kultur- und Kreativwirtschaft, dass die Mode als Sektor nicht auftaucht. In anderen Ländern ist das nicht so. In der ursprünglichen Aufstellung Abschn. 1.1 aus Großbritannien ist die Mode durchaus aufgeführt. In Deutschland wird sie nur im Rahmen der Designtätigkeit berücksichtigt. In dieser Darstellung wird die Modebranche anders als in den Darstellungen des Bundesministeriums für Wirtschaft unter der Rubrik „Sonstiges" einbezogen.

Die Wertschöpfungsketten im Modebereich waren stets stark durch die industrielle Fertigung geprägt. Anders als in anderen Teilen der kreativen Wirtschaft sind die variablen Kosten pro Stück weiterhin hoch, da die Grundstoffe für Textilien – zum Teil selbst sehr wertvoll – pro Stück neu anfallen. Innerhalb der Modeunternehmen gab es Modedesign und dann Modeproduktion und Modevertrieb, aber im Wesentlichen wurde dies häufig unter einem Dach realisiert (Abb. 2.21).

In den letzten Jahren wurde die Produktion zunehmend aus Deutschland ins Ausland gebracht – allein zwischen 2010 und 2012 wurden 17 % der Produktionskapazitäten ins Ausland verlagert. Die Digitalisierung der Vertriebsstrukturen über den Onlinehandel hat sich auch schon vor der Corona-Pandemie deutlich verstärkt. Von 2012 bis 2019 konnte sich der Onlineanteil auf etwa knapp 10 % verdoppeln. Während der COVID-Pandemie stieg er dann auf über 30 %. Diese Anhebung des Onlineanteils wird sich vermutlich

Wertschöpfungskette Mode

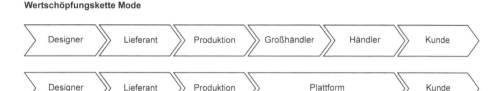

Abb. 2.21 Wertschöpfungskette Mode

nach der Pandemie nicht vollständig zurückbilden, sodass wir von einem Onlineanteil von deutlich über 20 % ausgehen können, der sich wahrscheinlich Jahr um Jahr weiter erhöhen wird. Viele kleinere Läden und Boutiquen mussten aufgeben – auch wegen der fehlenden Unterstützung für den Einzelhandel. Eine Digitalisierung der Produktion mithilfe von 3-D-Druck oder anderen technologischen Modellen, die den Design- und Herstellungsprozess im Sinne einer virtuellen Modeproduktion digitalisieren, wird diskutiert, hat sich aber bis jetzt nicht durchgesetzt. Umgekehrt ist im Marketing der Einfluss von Influencern für den gesamten Kreativwirtschaftsbereich vorbildhaft. Insofern sind die Regeln des *community building* hier wie in der gesamten Kultur- und Kreativwirtschaft anwendbar und sogar exemplarisch (Oxfords Economic und Fashion Council Germany 2021, S. 16).

Im Hinblick auf die Modebranche im *digital shift* bleibt festzustellen, dass die Merkmale von Caves und Kiefer auch hier eingeschränkt weiterhin Gültigkeit haben. Wegen der Besonderheiten bei den variablen Kosten müssen die Regeln in Bezug auf die Fixkostendegression etwas modifiziert werden. Ähnliches gilt für die bildende Kunst.

2.5 Auf dem Weg zur Konvergenz

Die Untersuchung hat gezeigt, dass die von Caves und Kiefer aufgestellten Grundsätze auch nach der Veränderung durch den *digital shift* in den einzelnen Sektoren generell erhalten bleiben. Wenn, dann gibt es eher eine Verschärfung der Merkmale, insbesondere im Bereich der *infinite variety* und der Fixkostendegression. Insgesamt ist durch die vom *digital shift* verursachte Globalisierung eine andere Wettbewerbssituation entstanden. Diese ist für die einzelnen Akteure der Kultur- und Kreativwirtschaft vor Ort eher bedrohlich. Teilweise schlägt die Ausdifferenzierung der Produkte noch stärker durch. Außerdem ist das Verhältnis zwischen besser messbaren Werbeeinnahmen und Konsumentenerlösen im Sinne des Kuppelproduktes neu auszutarieren. Dies gilt auch für Verschiebungen in der Qualitätsdefinition mit einer stärkeren Akzentuierung des Rezipientenverhaltens. Die unsichere Nachfrage ist im Zusammenhang mit Streaming anders einzustellen. Zum Teil gerät die Unikatfunktion des Kunstgegenstands in Konflikt mit der digitalen Reproduzierbarkeit (Abb. 2.22).

Wertschöpfungskette Konvergenz

Abb. 2.22 Wertschöpfungskette Konvergenz

Die Corona-Krise hat die Branche gespalten. Diejenigen Sektoren der Creative Industries, die bereits vor der Corona-Pandemie einen klaren Weg im Rahmen des digitalen Geschäfts kannten, wie zum Beispiel Games oder auch Musik mit Streaming, hatten es während der Corona-Pandemie insgesamt leichter. Besonders katastrophal wirkte sich die Pandemie in den Sektoren aus, in denen nach wie vor ein zwischenmenschlicher Kontakt erforderlich ist, zum Beispiel im Bereich der darstellenden Kunst. Im Mittelbereich gibt es vor allem dadurch eine Bedrohung, dass aufgrund des Projektgeschäfts und der vielen Freiberufler die Kontaktanbahnung und Weiterentwicklungen für neue Produkte unterblieben sind. Da es hier insgesamt wenig wirtschaftliche Rücklagen gibt, kann dies nicht leicht überwunden werden. In einigen Bereichen wie zum Beispiel in der bildenden Kunst und bei Computerspielen, aber auch in der Musik gibt es einen Retrotrend. Die Streamingkataloge werden also nicht mit Neuproduktionen gefüllt, sondern eher mit Werken, die über die letzten Jahrzehnte verteilt entstanden sind. Das bedeutet, dass die scheinbaren Gewinne aktueller Sektoren sich nicht unbedingt auf die Kreativen derselben Branche in derselben Zeit auswirken. Besonders stark ist der Widerspruch in der Musikindustrie, wo einerseits die Backkataloge über Streamingdienste laufen und andererseits Livekonzerte unterbleiben müssen.

Beim Vergleich der Wertschöpfungsketten vor und nach den Veränderungen in der Branche, die durch den *digital shift* und letztlich auch die Corona-Pandemie hervorgerufen wurden, stellt man fest, dass die These der Konvergenz der Wertschöpfungsketten nicht ganz von der Hand zu weisen ist. Aufgrund der Digitalisierung der Distributionsstrukturen, aber auch der Kommunikationsstrukturen innerhalb der einzelnen Wertschöpfungsketten bis hin zu den kreativen Ursprüngen derselben kann man sicherlich von einer Konvergenz dieser Strukturen sprechen. Dies gilt zunächst einmal für die medialen Bereiche der Kultur- und Kreativwirtschaft – Musik, Games, Film und Fernsehen –, denn diese entwickeln sich sehr ähnlich. Aber auch die von der traditionellen Kunst geprägt Bereiche wie darstellende und bildende Kunst werden durch die Digitalisierung den anderen Medienbereichen immer ähnlicher. Und auch angewandte kreationsnahe Bereiche wie Design, Architektur oder Werbung unterliegen mehr oder weniger denselben Gesetzmäßigkeiten. Noch ist die Veränderung nicht so stark ausgeprägt, dass davon auszugehen wäre, dass alle Sektoren der Creative Industries in dieser Hinsicht gleichlaufen. Die Unterschiede bestehen fort. Auch in Details gibt es bemerkenswerte Unterschiede; so investieren gegenwärtig Netflix und andere Filmstreamingdienste massiv in eigene Produktionen, während Spotify und andere

Musikstreamingdienste weniger auf eigene Produktionen setzen. Die Feststellung, dass die Kultur- und Kreativwirtschaft einfach zu heterogen sei, um gemeinsame Entwicklungen festzustellen, greift trotzdem zu kurz. Denn zugleich ist eine starke Tendenz zu einer immer stärkeren Konvergenz dieser Strukturen innerhalb der Wertschöpfungsketten festzustellen. Die zentrale Frage unseres Buches ist, welche Auswirkungen die konvergierenden Wertschöpfungsketten der Kultur- und Kreativwirtschaft auf die Managementebene haben – also was die Tatsache der Vereinheitlichung von Wertschöpfung und Aktionsradius für die Frage, was ein Manager der Kreativindustrie in Zukunft können muss, bedeutet. Diese Frage wollen wir in Kapitel drei diskutieren.

Vertiefungsfragen

1. Beschreiben Sie die sieben Besonderheiten der Creative Industries nach Richard Caves.
2. Welche besonderen Merkmale haben Medienprodukte Marie Luise Kiefer zufolge?
3. In welchen drei Dimensionen vollzieht sich der *digital shift*?
4. Welche Auswirkungen hat der *digital shift* auf die Wertschöpfungskette der Film- und Gamesbranche?
5. Welche Auswirkungen hat die Corona-Pandemie auf die Branchen der bildenden Kunst und der Mode?
6. Gibt es durch den *digital shift* eine Konvergenz der Wertschöpfungsketten in der Kultur- und Kreativwirtschaft? Warum?
7. Erklären Sie den Satz: „Innovation … is fundamentally social."

Literatur

Behrmann M (2005) Kino und Spiele. Medien in Frankreich und Deutschland. Ibidem, Stuttgart

Behrmann M (2017a) In der Innovationsfalle. Überlegungen zu einer zukünftigen Innovationsförderung. Ibidem, Stuttgart

Behrmann M (2017b) Digital Revolutions affecting Distribution within the Game Sector. http://www.etimm.ase.ro/RePEc/aes/jetimm/2017/ETIMM_V01_2017_91.pdf. Zugegriffen: 25. März 2021

Behrmann M (2019) Vorbild Asien? Neue Geschäftsmodelle für Medien und Kommunikation aus Asien für Europa. MedienHaus Babelsberg, Potsdam

Behrmann M (2020) Finanzierung von Computerspielproduktionen in Deutschland und Europa mit öffentlicher Förderung. https://creativeindustries.berlin/portfolio/finanzierung-von-computerspielproduktionen-in-deutschland-und-europa-mit-offentlicher-forderung/. Zugegriffen: 19. Apr. 2021

Beyer A, Carl P (2012) Einführung in die Medienökonomie, 3. Aufl. UVK, Konstanz/München

Blinkist (2021) Das ist Blinkist. https://www.blinkist.com/de/about. Zugegriffen: 2. Mai 2021

BMWi (2020) Monitoringbericht Kultur- und Kreativwirtschaft. https://www.kultur-kreativ-wirtschaft.de/KUK/Redaktion/DE/Publikationen/2020/monitoring-wirtschaftliche-eckdaten-kuk-langfassung.html. Zugegriffen: 12. Mai 2021

Bruce M, Daly L (2006) Buyer behaviour for fast fashion. Manchester Business School, Manchester, UK. J Fashion Marke Manage 10(3):329–344

Caves R (2002) Creative industries. Contracts between art and commerce. Harvard University Press, Cambridge

Dege S (2020) Der Kunstmarkt bleibt im Corona-Fieber. https://www.dw.com/de/kunstmarkt-corona/a-55946104. Zugegriffen: 1. Mai 2021

Eisenstein EL (1997) Die Druckerpresse. Kulturrevolutionen im frühen modernen Europa. Springer, Wien

European Commission (2005) NEM. The birth of a new industry sector – European technology platform for networked and electronic media launched by leading European players. https://cordis.europa.eu/article/id/97210. Zugegriffen: 2. Mai 2021.

European Commission (2017) Mapping the creative value chain. A study on the economy of culture in the digital age. https://op.europa.eu/en/publication-detail/-/publication/4737f41d-45ac-11e7-aea8-01aa75ed71a1. Zugegriffen: 2. Mai 2021.

EY (2014) Creating growth. Measuring cultural and creative markets in the EU. http://www.creatingeurope.eu/en/wp-content/uploads/2014/11/study-full-en.pdf. Zugegriffen: 12. Mai 2021

Florida R (2012) The rise of the creative class revisited. Basic Books, New York

Gustafsson D (2019). Analysing the Double diamond design process through research & implementation. Master Thesis, Universität Aalto, Helsinki

Habermas J (1962), Strukturwandel der Öffentlichkeit, Luchterhand, Neuwied

KEA (2021), Europe's media in the digital decad. https://keanet.eu/wp-content/uploads/Europe-media-digital-decade-KEA-CULT-Committee-2021.pdf. Zugegriffen: 30. Mai 2021

Kenney M, Zysman J (2016) The rise of the platform economy. Issues Sci Technol 32(3):61–69

Kiefer ML (2005) Medienökonomik. Einführung in eine ökonomische Theorie der Medien, 2. Aufl. Oldenbourg, München

Krawczyk K (2021) Immobilienmarketing – Die Covid-19-Pandemie als Beschleuniger der Digitalisierung. Bachelorthesis. https://creativeindustries.berlin/portfolio/immobilienmarketing-die-covid-19-pandemie-als-beschleuniger-der-digitalisierung/. Zugegriffen: 2. Mai 2021

McLuhan M (1964) Understanding media. The extensions of man. Routledge & Paul, London

Oxford Economics und Fashion Council Germany (2021) Status Deutscher Mode 2021. https://www.kultur-kreativ-wirtschaft.de/KUK/Redaktion/DE/Publikationen/2021/status-deutscher-mode-2021.html. Zugegriffen: 12. Mai 2021

Pine BJ, Gilmore JH (1999) The experience economy. Work Is theatre & every business is a stage. Harvard Business School Press, Boston

PWC (2013), E-Books werden in den USA den Print-Markt 2017 überholen. https://www.buch-report.de/news/e-books-auf-der-ueberholspur/. Zugegriffen: 1. Mai 2021

Renner T (2004) Kinder, der Tod ist gar nicht so schlimm! Über die Zukunft der Musik- und Medienindustrie. Campus, Frankfurt a. M.

Schulze G (1992) Die Erlebnisgesellschaft. Kultursoziologie der Gegenwart. Campus, Frankfurt a. M.

Sundbo J, Sørensen F (2013) Handbook on the Experience Economy. Elgar, Cheltenham

Schaefer K (1998) Der FilmFernsehFonds Bayern und die Filmförderung Bayerns. In: Hofmann W (Hrsg) Visuelle Politik und die visuelle Konstruktion des Politischen. Nomos, Baden-Baden, S. 138–150

Zilles K und Cuenca J (2016) Media business models. Breaking the traditional value chain. Peter Lang, New York

Zang L (2014) Intellectual property strategy and the long tail. Evidence from the recorded music industry. https://conference.nber.org/confer/2014/SI2014/PRIT/Zhang.pdf. Zugegriffen: 2. Mai 2021

Management in der digitalisierten Kultur- und Kreativwirtschaft

3

Zusammenfassung

Das vorliegende Kapitel beschäftigt sich mit den konkreten Anforderungen an das Management in der Kultur- und Kreativwirtschaft nach dem *digital shift*. Dabei werden zunächst die Plattform- und die Nutzerorientierung erläutert und anhand von fünf Basisgeschäftsmodellen die verschiedenen Möglichkeiten entwickelt, mit denen ein Revenue Stream gestaltet werden kann. Der zweite Teil des Kapitels widmet sich operativen Fragen. Dabei werden zum einen nach außen gerichtete Themen wie Plattformmanagement, Branding und Netzwerkmanagement angesprochen und zum anderen nach innen gerichtete Managementthemen, die vor allem mit Personal zu tun haben. Dazu gehören Leadership, *soft control* und Toleranz.

3.1 Die Vereinheitlichung der Managementprinzipien

Die Konvergenz der Wertschöpfungsketten in der Kultur- und Kreativwirtschaft verändert auch die Herangehensweise an das Management. Im folgenden Kapitel wollen wir uns mit der Frage beschäftigen, welche Auswirkungen dies hat. Die Antwort auf die Frage, ob es eine übergreifende, verbindende Managementtheorie für die gesamten Creative Industries gibt, liegt nicht a priori auf der Hand, sondern bedarf der besonderen Begründung. Spezifische Kenntnisse der einzelnen Sektoren der Kultur- und Kreativwirtschaft sind nach wie vor wichtig. So sind Milieu, Wertesystem und Etikette, aber auch die Art und Weise, wie wirtschaftlich gehandelt wird, in der darstellenden und bildenden Kunst sowie in der Film- und der Gameswirtschaft und insbesondere der Mode sehr unterschiedlich. Einige Sektoren sind ohne dauerhafte Staatsfinanzierung gar nicht vorstellbar, andere kennen nur den privaten Markt. Einige Milieus sind sehr national oder

© Springer-Verlag GmbH Deutschland, ein Teil von Springer Nature 2021
M. Behrmann, *Creative Industry Management*,
https://doi.org/10.1007/978-3-662-63921-4_3

gar regional, andere Communitys sind weltweit aufgestellt und unterliegen globalen Einflüssen.

Die unterschiedlichen Communitys pflegen unterschiedliche Sprachen Verhaltensweisen und Kleiderordnungen, aber auch unterschiedliche spezifische Kenntnisse, sie erfordern enormes Spezialwissen. Für diese Spezialisten gibt es spezielle Studiengänge. So werden im Rahmen der Gamesausbildung Managementstudiengänge angeboten, ebenso an Filmhochschulen für angehende Filmproduzenten. Es gibt auch Modemanagement-Studiengänge, und an den Kunstakademien und Musikhochschulen haben sich ebenfalls Managementstudiengänge etabliert. Auch im Bereich der neuen Medien, in der Architektur und im Design kann man spezifische Managementstudiengänge absolvieren. Zusätzlich hat sich spezielle Forschung etabliert.

Nach der hier vertretenen Auffassung ist allerdings durch den *digital shift* und die dadurch verursachte Veränderung so viel neues Spezialwissen hinzugekommen, dass die anderen Fragen zwar nicht ersetzt werden, aber bis zu einem gewissen Grad in den Hintergrund treten. Auch der Manager fängt irgendwo an, sein Wissen zu generieren und zu priorisieren. Insofern ist die Frage berechtigt, ob es für einen Manager der Creative Industries nicht vielleicht sogar wichtiger ist, zunächst die spezifischen Bedingungen der Plattformökonomie und der Start-up-Kultur besser zu verstehen und diese dann in seinem spezifischen Sektor als besondere Kenntnisse einzubringen und anzuwenden. Plattformspezifisches Überblickswissen – so meine These – ist gegenwärtig relevanter geworden. Ich schließe nicht aus, dass sich das mittel- bis langfristig auch wieder ändern kann.

Beispiel

Was ich damit meine, lässt sich an einem Beispiel aus meiner Biografie erläutern. Als ich vor der Jahrtausendwende in Frankreich das Masterprogramm „Management der la communication audiovisuelle" absolvierte, lernten wir im Detail die Abrechnungsmodalitäten der unterschiedlichen öffentlich-rechtlichen Fernsehprogramme kennen. Das öffentlich-rechtliche Fernsehprogramm war seinerzeit „die Plattform" schlechthin; seither haben sich die Plattformen sehr stark verändert. Heute wäre so einem Studenten wohl am besten gedient, wenn man ihm erklären würde, wie Spotify sein Geschäftsmodell aus der Gamesbranche adaptiert und in der Musikbranche implementiert hat. ◄

3.1.1 Plattformökonomie

Im Rahmen des *digital shift* hat sich ein neues ökonomisches Paradigma herausgebildet, welches hier als Plattformökonomie (BMWi 2021) bezeichnet wird. In ihren Ursprüngen handelte es sich dabei um Softwareplattformen, die von Unternehmen, wie Intel oder IBM genutzt wurden, um Akteure und Komponenten effizient zusammenzubringen (Shaughnessy 2015, S. 95 ff.). Mit dem Aufkommen des Internet 2.0 und der damit verbundenen neuen Generation des HTML-Standards wurde es möglich, Kommunikation viel effizienter auf Webseiten zu etablieren, ohne über E-Mails zu kommunizieren.

Die Vereinheitlichung der Management-Skills orientiert sich im Wesentlichen an den Anforderungen der digitalen Plattform- bzw. App-Ökonomie. In einer von Emotionen geprägten professionellen Kommunikationskultur ist der Umgang mit stark technisch geprägten Tools und Plattformen von besonderer Relevanz. Im Mittelpunkt steht die Vermittlung von Kontakten und Strukturen über Plattformen, die selbst keine Assets haben, sondern lediglich die Vermittlungsmöglichkeiten zur Verfügung stellen. Plattformen vermitteln im B2B-Bereich und formen die Zusammenarbeit neu. Was ursprünglich über Agenten und Verleger organisiert wurde, findet sich heute selbstständig über den Markt. Dies ist wesentlich effizienter und geschieht in Echtzeit. Plattformen demokratisieren und internationalisieren Wissen über Preise, Vorgehensweisen und Inhalte.

Beispiel

Ein gutes Beispiel ist die Plattform Book a Street Artist,[1] auf der vom Hochzeitssänger bis hin zum Graffitikünstler alles verglichen und gebucht werden kann. Hier werden einerseits Straßenkünstlern gut bezahlte Jobs vermittelt, andererseits können sich Unternehmen und Agenturen mit „coolen" Straßenkünstlern schmücken. Beide Milieus sind so verschieden, dass sich diese Akteure am ehesten über so eine Plattform treffen können. ◄

Die Aufmerksamkeit, die diese Website auf sich ziehen muss, wird sehr relevant. Dabei steht zunächst die Usability, also die einfache Benutzung und der einfache Zugang, im Vordergrund. Jenseits dessen kann Aufmerksamkeit aktiv generiert werden. Dies geschieht durch zwei unterschiedliche Kommunikationskanäle, die eine ähnliche Arbeitsteilung wie Werbung und PR haben. Einerseits wird Werbung gekauft, andererseits entsteht Aufmerksamkeit generisch – viral – vor allem durch emotionale Kontextualisierung. Letzteres wollen wir unten im Rahmen des *community building* behandeln. Der erste Bereich, die Werbung, also die Währung Aufmerksamkeit gegen Zahlung, wird hier zur Schlüsselgröße.

„A key unifying feature of the Creative Industries' recent past, present, and future, and perhaps the greatest single movement in its skills requirements is due to advances in digital technology, transforming the ways in which creative content and creative products are generated and distributed. Digital platforms and processes require not only new technical skills, but also the development of new business models, flexible and adaptive management and visionary creative leadership. Traditional production processes are being questioned, and new techniques rapidly move from ‚cutting edge' to industry standard." (Skillset 2010, S. 25)

---

[1] https://www.bookastreetartist.com.

Im Übergang von der internetbasierten Plattformökonomie zur mobil organisierten App Economy hat das Ökosystem bestimmte Adaptationen durchlaufen. Das Verhältnis zwischen Nutzer und Anbieter ist weniger transparent geworden, weil die App Stores viele Nutzerinformationen zurückhalten. Dabei ist das Wissen um den Nutzer aus Anbietersicht sehr wertvoll, nur so lässt sich der Zugang aus der Sicht der Nutzer optimieren.

3.1.2   Nutzerorientierung

Über den Endkonsumenten treten Plattformen in der *experience economy* immer stärker in den Vordergrund. Wo sich der Konsument von Musik diese früher mühselig zusammensuchen musste, entweder mit dem Kauf oder das Brennen von CDs oder durch das illegale Downloaden von Musik über Plattformen wie Napster, wird der Konsum durch Plattformen wie zum Beispiel Spotify vereinfacht. Dabei wird besonders deutlich, dass die Handlungen der digitalen Nutzer nunmehr immer stärker auf ihrer intuitiven Herangehensweise fußen.

> „*The empowered end-user* ist also das etwas hohle Schlagwort, mit dem schon viele Berater Aufträge gewonnen und doch nichts gesagt haben. Jenseits des Schlagwortes müssen wir aber die beschriebenen Realitäten ernst nehmen. Durch die Digitalisierung rücken wir alle zusammen. Der Konsument wird transparenter, die Anbieter ebenso. Der Konsument nimmt Arbeit ab, er gestaltet mit. Das macht er aber nur, wenn es ihm Freude bereitet, denn er wird ja schließlich nicht fürs Arbeiten bezahlt." (Behrmann 2017, S. 84)

Die Frage ist, wann und warum Nutzer bereit sind, neue Strukturen zu akzeptieren. Ausgangspunkt können bestimmte Faktoren sein, die die Anforderungen an die *customer experience* schlagwortartig umreißen.

Zunächst ist eine **End-to-End-Funktionalität** zwingend erforderlich. Die App, die Software oder das Tool müssen wirklich funktionieren. Technische Fehler oder Bugs sind dabei tödlich. Dabei sollte dem Nutzer idealerweise gar nicht bewusst sein, wie technisch herausfordernd die Angelegenheit ist. Wichtig ist hier die intuitive Steuerbarkeit ohne Anleitungen oder Tutorials.

Für den Nutzer verschwimmen dabei technische Komponenten. Denn die Nutzererfahrung geht über die – selbstverständliche – rein **technische Funktionalität** hinaus. Die Erfahrung muss auch im Realen stattfinden und funktionieren. Ein Vermittlungsmarktplatz für Flirtpartner wie Tinder muss dabei auch tatsächlich Flirtpartner vermitteln. Bei Uber müssen wirklich vor Ort rund um die Uhr Wagen zur Verfügung stehen.

Bequemlichkeit und Vertrauen sind aufzubauen, damit sich die User in der App wie zu Hause fühlen. Die intuitive Nutzerführung und das spielerische Interface halten die Nutzer aktiv. Der Bequemlichkeitsfaktor erlaubt es ihnen, schneller und mit geringerem Aufwand dasselbe Ziel zu erreichen. Um einen Flug zu buchen, muss man beispielsweise heute kein Reisebüro mehr aufsuchen, sondern kann ihn bequem vom Handy aus suchen. Das setzt ein gewisses Vertrauen in die App beziehungsweise in die Software voraus, dass die anvertrauten Daten nicht missbraucht werden. Die Awareness ist in diesem Zusammenhang dramatisch gestiegen, insbesondere in Europa. Mit der Diskussion um die DSGVO-Verordnung hat allein Facebook viele Millionen Nutzer verloren. User sind heute viel weniger bereit, ihre persönlichen Daten offenzulegen.

Wirtschaftliche Vorteile des *digital shift* für den Endnutzer – die sogenannte digitale Dividende – werden häufig unterschätzt. Sie sind die wichtigste Motivation für den Umstieg zu neuen digitalen Lösungen. Nur wenn Unternehmen bereit sind, die digitale Dividende substanziell mit dem Endnutzer zu teilen, haben sie bei ihm eine Chance. Schon bei Napster, dem legendären Tauschportal für Musik, das mit MP3 bereits zur Jahrtausendwende die Disruption in der Musikindustrie ausgelöst hat, standen Kosten für den Endnutzer im Vordergrund. Angesichts der sehr hohen Kosten für Musik war bei vielen in der Abwägung sogar der Rechtsbruch vertretbar.

Der Nutzer entwickelt sich insofern zum Maßstab. Deshalb eröffnet die aufstrebende *user research* im digitalen Zeitalter neue Chancen. Das spielt gerade auch dann eine Rolle, wenn im digitalen Plattformumfeld zielgenaue Analysen die zielgruppenspezifische Verfolgung der Aktivitäten der User – sowohl in Bezug auf Vorlieben und Intentionen als auch auf deren Nutzungsdauer, die Nutzungshäufigkeit und andere Parameter – in Echtzeit ermöglichen. Wenn man sich darauf einlässt, können die Aufmerksamkeit und letztlich die Einnahmen für das Projekt durch ein systematisches Optimieren in Bezug auf den Nutzer erhöht werden. Insofern ist die stärkere Orientierung an Nutzerinteressen und intuitiven Gestaltungsformen, die sich eben auch an erlernten und möglicherweise im Vorfeld schon auf anderen digitalen Plattformen angeeigneten Gewohnheiten orientieren, immer präsenter. Dabei spielen Aufmerksamkeits- und Verarbeitungsprozesse im Gehirn genauso eine Rolle wie das kognitiv-emotionale Gedächtnis der Nutzer. Verhaltensmuster, die auch den unterbewussten und unbewussten Bereich unseres Entscheidungspfades und das Problemlösungsbewusstsein mit einbeziehen, kann man so leicht erreichen. Intuitive Zeichen werden in der Semiotik erforscht.

▶ **Semiotik** ist die wissenschaftliche Auseinandersetzung mit Zeichen, gesprochenen und geschriebenen Zeichen, aber auch Zeichen, die unsere Kommunikation prägen, die weder gesprochen noch geschrieben sind und intuitiv erfasst werden.

So hat das in Abb. 3.1 gezeigte Handzeichen in unterschiedlichen Kulturräumen eine sehr unterschiedliche, gar diametrale Bedeutung. In einigen Teilen der Welt heißt es okay, in anderen ist es eine Beleidigung, und in manchen Ländern ist es eine Zahl.

Die – stark kulturell beeinflusste – Semiotik ist eine besondere Herausforderung für die zunehmende Verwendung von künstlicher Intelligenz. Diese erlaubt es noch immer nicht, alle Werte und grundlegenden Überlegungen einwandfrei zu transportieren. Die verstärkte Quantifizierung vormals qualitativer und künstlerische Entscheidungen

Abb. 3.1 Bedeutung
des O.K.-Zeichens in
verschiedenen Sprachen

O.K.-Zeichen

Bedeutung der Geste:

USA & Taucher: O.K.

Brasilien: Angriff

Japan: Null

Türkei: O.K. oder null

verändert in unserer aktuellen Situation das kulturelle Gestalten und verläuft nicht immer friktionsfrei. An sich ist die Verwendung von künstlicher Intelligenz in diesem Umfeld sinnvoll, sowohl aus der Sicht derjenigen, die sie einsetzen, als auch aus der Sicht der Nutzer, denn sie hilft bei der Filterung der Informationen, die im Zeitalter des Informationsüberflusses auf uns einströmen.

3.1.3   Funnel

Bei der Entwicklung von Produkten und Dienstleistungen sowie bei der Entwicklung und Erschließung der dazugehörigen Märkte ist die professionelle Entwicklung von Geschäftsideen unter Einbeziehung von Methoden wie Design Thinking und Ideenentwicklung von Bedeutung. Design Thinking ist dabei keine rein auf Produkt- oder Grafikdesign reduzierte Herangehensweise, wie die im deutschen Sprachkontext verwendete Vorstellung von Design nahelegen könnte. Sondern es geht dabei um eine designorientierte Denkweise im Allgemeinen. Innovationstheorien und -werkzeuge stellen die Idee in eine Umgebung. Sie begreifen Innovation als komplexen und nicht als eindimensionalen Prozess im Raum. Design Thinking betont dabei den Prozesscharakter in seiner **Multidisziplinarität.** So entwächst Design Thinking der reinen Methode und mausert sich zu einer Schule der Ideenentwicklung. Doch es könnte sein, dass nichtstrategisches Ideendesign echte Ideen, die von innen kommen und den Moment umfassen können, besser widerspiegelt. So entsteht in einem strategischen Kontext Vertrauen.

Zu unterscheiden sind hier auch Nutzer und Kunden. Die Begriffe meinen etwas Unterschiedliches und dürfen nicht synonym verwenden wendet.

Abb. 3.2 Funnel

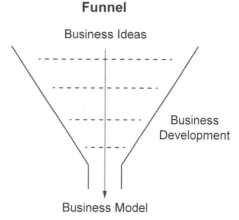

▶ **Definition Nutzer** nutzen ein Produkt oder eine Dienstleistung. Sie stehen nicht notwendigerweise in einem vertraglichen Austausch.

Kunden nehmen ein Produkt oder eine Dienstleistung im Austausch für Geld oder geldwerte Vorteile entgegen.

Beispiel Wenn ich das Netflix-Account der Lebensgefährtin meines Mitbewohners auf meinem Fernseher nutze, bin ich Nutzer, aber kein Kunde.

Die Entwicklung von Geschäftsmodellen orientiert sich wie in einem Trichter – englisch *funnel* – an den Nutzer- und Kundenpräferenzen. Mit unterschiedlichen Fragen, die an die zukünftige Unternehmung oder das Projekt gestellt werden, kann man versuchen, besser zu verstehen, welches Businessmodell am besten passt. Dabei werden vor allem der Nutzer und seine Nutzerfahrung in den Fokus gestellt, siehe Abb. 3.2.

Für die Segmentierung der Nutzerbasis muss man sich einige Fragen stellen, die mit der Wertschöpfung und dem Angebot zusammenhängen. Zunächst gibt es verschiedene Arten von Märkten wie zum Beispiel den Massenmarkt (Imke 2015, S. 5), den Nischenmarkt, aber auch einen segmentierten Markt, in dem nur Teile des Marktes mit speziellen Anforderungen – zum Beispiel Luxusmarken – adressiert werden. Es gibt auch diversifizierte Märkte, bei denen ein Produkt oder eine Dienstleistung zufällig ganz unterschiedliche Märkte bedient. So kann beispielsweise ein SUV einerseits als Geländewagen outdoor verwendet werden, andererseits aber auch innerstädtisch bei furchtsamen Autofahrern für ein Gefühl von mehr Sicherheit sorgen. Bei der Segmentierung der Nutzer sollte auf unterschiedliche rechtliche und kulturelle Rahmenbedingungen wie zum Beispiel Jugendschutz geachtet werden. Im Übrigen kommt es darauf an herauszufinden, was das Projekt für den Nutzer bringen kann, zum Beispiel welche Probleme so gelöst werden können oder ob es zum Beispiel zu einer Imageverbesserung beiträgt, denn in diesem Zusammenhang ist auch die Befriedigung emotionaler Bedürfnisse in den Blick zu nehmen.

Umgekehrt muss man sich auch ansehen, was für einen Nutzer kritische Punkte sein könnten: Ob etwas zu lange dauert, zu teuer oder zu aufwendig ist, ob es frustriert oder anderweitig stört. Denkbar wäre auch, dass im Wettbewerb stehende andere Lösungen in irgendeiner Form nicht funktionieren oder nicht die gewünschten Ergebnisse zeitigen. Dabei sollte man sich auch genau überlegen, welchen Herausforderungen der Nutzer ganz konkret begegnen könnte, ob er sein Gesicht, seine Kraft, seinen Status, Vertrauen oder Geld gefährden würde und welchen finanziellen technischen Risiken er ausgesetzt wird. Dabei kann man an Gesichtspunkte wie Datenschutz und Datensensibilität denken, die immer stärker in den Mittelpunkt rücken. Positive Gesichtspunkte kann man auch zusammentragen, beispielsweise ob der Nutzer Zeit oder Geld gewinnt oder spart. Vor dem Erwartungshorizont des Nutzers bezüglich Performance und Qualität kann es eine Rolle spielen, ob dem Nutzer das Leben einfacher gemacht wird oder seine Kosten sinken.

Ziel dieser Herangehensweise ist, was wir *product-market fit* nennen. Das Projekt bzw. das Unternehmen muss sich als Produkt in den Markt schmiegen. Nur dann kann der Markt die Initiative aufgreifen und viral so verstärken, dass das Produkt erfolgreich wird. Erfolgreiche Unternehmer, die so etwas schon mehrfach gemacht haben, stellen einen Vergleich zum Wellensurfen auf: Man muss sich wie ein Surfer auf dem Wellenkamm positionieren, um dann von der Welle (dem Markt) in den Erfolg getragen zu werden. Um aber an diese Position zu kommen, muss man manchmal ziemlich rudern, und es ist nicht so klar, wo genau sich diese Position befindet.

3.2   Geschäftsmodelle in der digitalisierten Kreativwirtschaft

Obwohl durch die Plattformen eine stärkere Vereinheitlichung der Herangehensweise des Managements in den verschiedenen Gewerken der Kultur- und Kreativwirtschaft zu beobachten ist, haben die Geschäftsmodelle der digitalen Wirtschaft die klassischen Wertschöpfungsketten der Kreativ- und Kulturwirtschaft nur teilweise abgelöst. Doch sie sind stark abgewandelt worden. Im Hintergrund steht dabei die Frage, ob und inwieweit die in Kap. 2 erörterten Wertschöpfungsketten der Kultur- und Kreativwirtschaft durch die neuen Geschäftsmodelle modifiziert bzw. ergänzt werden.

Heute steht bei Plattformen die Vermittlung, also der Austausch, im Vordergrund. Dabei treibt das Geschäftsmodell *advertisement* bis heute große Teile der Plattformökonomie an, insbesondere im Bereich der Aufmerksamkeitsökonomie. Es entwickelten sich gigantische Plattformen wie Facebook und Google, die mit Nutzerdaten gezielt Werbeerlöse erzielen konnten. Im Übergang von der Internetökonomie zur App-Ökonomie wurden erneut wichtige Änderungen vollzogen. Allerdings stellen neuere Plattformen heute häufig das Geschäftsmodell Makler in den Mittelpunkt. So fallen bei Airbnb und Uber beispielsweise Vermittlungsgebühren an. In dieser Phase der Plattformökonomie tritt der offene – API-basierte – Ansatz deutlich in den Hintergrund. In der App-Ökonomie, die die Internetökonomie abgelöst hat, sind hier andere Regeln entstanden. In der aktuellen Phase der Digitalwirtschaft scheint das Geschäftsmodell Abonnement an Bedeutung zu gewinnen.

Natürlich gibt es daneben weiterhin den klassischen Kunsthandel, so wie es weiterhin das klassische Theater geben wird. Dennoch haben sich hier ebenfalls Änderungen ergeben, die nicht unbedeutend sind. Der Kunsthandel über Onlineplattformen greift immer mehr um sich, ähnlich wie zum Beispiel der Castingbereich für darstellende Künstler immer mehr über digitale Plattformen abgewickelt wird. Daneben findet jedoch weiterhin ein Betrieb wie vor dem *digital shift* statt. Andere Teile der Kultur- und Kreativwirtschaft sind von dieser Entwicklung viel stärker betroffen, zum Beispiel die Musik-, die Games- oder die Filmbranche, folglich die klassische Medienindustrie. Scheinbar am wenigsten betroffen von der Veränderung ist bis heute die Modebranche.[2] Hier haben die Entwicklungen mit gewisser Verspätung eingesetzt. Das hängt vor allem auch damit zusammen, dass Mode zurzeit noch schlecht skalierbar ist.

Nun stellt sich allerdings die Frage, wie diese neuen Geschäftsmodelle aussehen. In der Literatur wird immer wieder vorgetragen, es gebe eine große Anzahl von verschiedenen Geschäftsmodellen,und die Geschäftsmodelle hätten sich in der Plattformökonomie vervielfacht. Imke nennt zum Beispiel sieben unterschiedliche Geschäftsmodelle: den Verkauf, Nutzungsgebühren, Abonnement, Miete, Lizenz, Makler und Werbung (Imke 2015, S. 39). Nach der hier vertretenen Auffassung, lassen sich in einer Extremreduktion fünf unterschiedliche Geschäftsmodelle identifizieren: Verkauf *(asset sale)*, Abonnement *(subscription)*, Freemium, Makler *(broker)* und Werbefinanzierung *(advertisement)*. Diese Überlegung ist inspiriert von französischen Forschern wie Pierre Moeglin (2005), die ebenfalls fünf, allerdings etwas anders zugeschnittene Modelle vorschlagen, wie sie etwa Thuillas zusammenfasst: „modèle éditorial, modèle du club, modèle du compteur, modèle du flot, modèle du courtage" (Thuillas 2017, S. 39, 40). Der Versuch von Moeglin, die Angelegenheit methodologisch zu vereinfachen und durch die Reduzierung auch zu entmystifizieren, wird hier ausdrücklich begrüßt. Daher folgt diese Darstellung diesem Ansatz.

3.2.1 Kauf

Der **Kauf** stellt das einfachste Geschäftsmodell dar. Der Kauf ist das Ergebnis einer Transaktion und für den Verkäufer die einfachste Form der Einnahme – im Gegenzug wird physisch oder virtuell ein Gegenstand übereignet. Der Käufer kann dann mit seinem Eigentum machen, was er will. Er kann es nutzen oder weiterverkaufen.

Üblicherweise geschieht dies durch die Überlassung einer Lizenz (kaufähnlich), eines Produktes und/oder einer Dienstleistung gegen eine einmalige Zahlung oder Ratenzahlung,

---

[2]Meine persönliche Prognose ist allerdings, dass diese Branche auch noch von einer 3-D-Druck-imitierenden Digitalisierungswelle erfasst werden wird.

Abb. 3.3 Kauf

Abb. 3.4 Long Tail

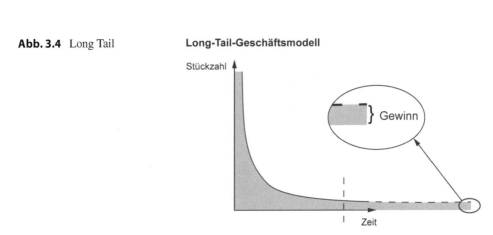

siehe Abb. 3.3. Typischer Anwendungsfall im ursprünglichen analogen Marktsystem wäre der Verkauf eines Bildes oder eines Kino- bzw. Theatertickets. Vor der Vorstellung weiß der Zuschauer typischerweise nicht, was genau ihn erwartet. Er kann nur auf Erfahrungen aufbauen, die er in einer früheren Vorstellung machen konnte, zum Beispiel mit der Leistung eines Schauspielers. Das Spektakel muss zudem auch stattfinden: Wenn zum Beispiel eine Freilichtveranstaltung wegen Regen ausfällt, gibt es ggf. eine Erstattung der Ticketpreise. Insgesamt spricht man hier auch von Erfahrungsgütern (Kiefer 2005, S. 141).

Im Softwarebereich stellt sich die Frage, ob eine Software einmalig verkauft oder eine Lizenz eingeräumt wurde sowie inwieweit eine Verpflichtung zum Liefern von Updates und Patches besteht, wenn nur eine einmalige Zahlung vereinbart wurde. Bei kostenpflichtigen Apps müssen die Nutzer einen Geldbetrag zahlen, um sich die App herunterladen zu können (Lindemann 2016). Die Downloadzahlen bei kostenpflichtigen Apps sind viel geringer als bei Apps, die kostenlos angeboten werden (Sourcebits 2017). Infolgedessen werden die Apps mit hohen Downloadzahlen auch vermehrt heruntergeladen (Kamps 2015, S. 86). Grundsätzlich wirken sich hier Skalen- und Netzwerkeffekte besonders dann aus, wenn – wie im digitalen Sektor – die variablen Kosten gegen Null gehen. In diesem Fall ist Größe an sich relevant. Das wirk sich auch inhaltlich aus, man spricht hier von eine Blockbuster-Strategie: Schiere Größe führt zu noch mehr Größe und Dominanz.

Im Zusammenhang mit dem Kauf tritt in der Internetökonomie aber auch das **Long-Tail-Modell** in Erscheinung (Benghozi und Benahmou 2010, S. 51). *„The Long Tail.*

Abonnementmodell

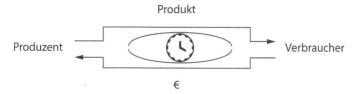

Abb. 3.5 Abonnement

Why the Future of Business Is Selling Less of More" ist ein Buch von Chris Anderson, Chefredakteur der Zeitschrift „Wired". Nach dieser Theorie schafft eine unendliche Auswahl an Produkten eine unbegrenzte Nachfrage. Mit Produkten, die wenig nachgefragt werden, kann man – vorausgesetzt, das Lager und der Vertriebskanal sind groß genug – einen stabilen Marktvorteil gegenüber Konkurrenten aufbauen, die auf aktuelle Bestseller und Blockbuster setzen. Dabei spielt eine Rolle, dass im Onlinehandel angebotsseitig die Lagerkosten signifikant geringer ausfallen als im stationären Handel (Abb. 3.4).

Beispiel

Als gutes Beispiel hierfür ist Amazon anzuführen. Durch das Anbieten von Hits, aber auch Nischenprodukten, die den Long Tail darstellen, wird dem Kunden eine große Bandbreite an Produkten zur Auswahl gestellt. Deren Transaktions- und Haltekosten sind durch die Größenstruktur sehr gering. Es lohnt sich hierbei für Amazon, die Nischenprodukte anzubieten, da Verkäufe nie gegen null gehen, folglich also immer Absatz generiert werden kann. Tatsächlich konnte Amazon nach dem ersten Dotcom-Crash mit der Long-Tail-Theorie seine Anleger beruhigen. Amazon konnte glaubwürdig nachweisen, dass durch die Summe der vielen Nischenprodukte ein mächtiges Inventar aufgebaut werden könnte, dass *hit-driven models* womöglich überlegen wäre. ◄

3.2.2 Abonnement

Beim Abonnement wird ein Dauerschuldverhältnis abgeschlossen, bei dem sich regelmäßig wiederkehrende Zahlungen mit entsprechenden Leistungen kreuzen, vgl. Abb. 3.5. Ein klassischer Fall ist die Miete. So vermietet beispielsweise im analogen Bereich der Filmverleiher die Filmrolle im Wochenrhythmus an den Kinobesitzer bzw. an die Abspielstätten.

Aber auch in der App Economy gibt es zahlreiche Abonnements, bei denen die Nutzung einer App an regelmäßige Zahlungen geknüpft wird. In Zeiten von Cloud Services wird dieses Geschäftsmodell zunehmend auch im B2B-Umfeld bedeutsam. So kann man heute viele Dienstleistungen der Softwarebranche nur noch als Software as a Service (SAAS) und damit als webbasierten Service nutzen. Das hängt zunächst mit Fragen der Piraterie zusammen, denn Softwareprodukte, die auf serverbasierten Geschäftsmodellen beruhen, können ungleich schwerer kopiert werden und laufen daher für den Anbieter sicherer. So muss der klassische Lizenzkauf Abonnementmodellen weichen. Möglicherweise tritt hier eine Servicekomponente hinzu: Produkte und Dienstleistungen sind immer auf dem neusten Stand (fortlaufende Updates bei SAAS), und die Flexibilität stellt den Zugang zu einer bestimmten Problemlösung in den Vordergrund. Damit werden Aktivitäten planbarer, die Kunden besser gebunden. Allerdings verlieren User mit zunehmender Zahl an Abonnements den Überblick.

Abonnementmodelle treten auch häufig auf, wenn sogenannte Premiumsubskriptionen angeboten werden. Wiederkehrende Leistungen werden nur an sogenannte Premiumkunden verkauft.

Beispiel

Ein gutes Beispiel ist der Streamingdienst Netflix (Oat 2013, S. 3), der die vollständige Nutzung seines Dienstes nur gegen monatliche Zahlungen gestattet. Nutzerseitige Zweifel am konsumierten Volumen und Sorgen um zu hohe Rechnungen werden so effektiv ausgeräumt. Die Gebühr ist erschwinglich; im Gegenzug besteht eine unbegrenzte Nutzungsdauer. Eine gekaufte DVD kostet mehr. ◄

Schon vor der Corona-Pandemie ist Musik- und Videostreaming sehr erfolgreich gewesen. Mit dem Lockdown 2020 erfolgte hier der endgültige Durchbruch. Ausweislich des Monitoringberichts 2020 sind die Streamingdienste nachgerade explodiert. Viel davon wird bleiben (BMWi 2020, S. 19). Es ist davon auszugehen, dass dieses Geschäftsmodell noch stärker in den Fokus rückt. Der Einstellungswandel der Konsumenten sagt dem Abonnement eine große Zukunft voraus, denn User beginnen sich daran zu gewöhnen, Inhalte mit wiederkehrendem Nutzen nicht mehr physisch zu besitzen.

3.2.3 Makler

Der Makler vermittelt ein Geschäft und erhält nur im Erfolgsfall einen Maklerlohn als Provision. Damit beteiligt er sich am Risiko. Durch die hohe Skalierbarkeit in der digitalen Wirtschaft wird das Abschlussrisiko sehr stark gestreut, sodass es bei ausreichender Größe möglich wird, strukturierte Geschäftsmodelle aufzusetzen. Makler im Internet stehen als Vermittler zwischen Nutzern und Anbietern (Schneck 2015). Sie verschaffen den Nachfragern eine gebündelte Übersicht über Angebote verschiedener Anbieter.

Maklermodell

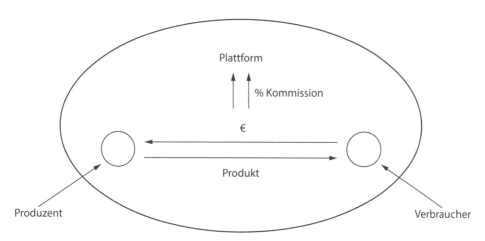

Abb. 3.6 Makler

Mit dem Abschluss eines Vertrages zwischen den vermittelten Parteien wird eine Provision fällig, vgl. Abb. 3.6. Pro Verkauf, Vermietung oder Abschluss eines Vertrages erhalten die Makler eine vereinbarte Beteiligung. Eine Variante dieses Maklergeschäfts ist, dass statt einer finanziellen Provision persönliche Daten zur Verfügung gestellt werden, die dann anderweitig monetarisiert werden können.

Insbesondere soziale Netzwerke beruhen auf diesem Prinzip. Das internetbasierte Maklergeschäft ist gegenwärtig das Herzstück der Plattformökonomie. Dabei wird die effiziente und globale Skalierbarkeit besonders nutzbringend eingesetzt. Dort, wo effizient vermittelt wird, tritt auch Erfolg ein, und nur im Erfolgsfall – wenn die Performance stimmt – muss bezahlt werden. Jeder Beteiligte kann frei entscheiden, ob er einen Vertrag mit akquirierten Kunden abschließt oder nicht. Wichtig ist auch die Unabhängigkeit des Maklers, der stets als Dritter agiert und weder wirtschaftlich noch persönlich mit einem der Vertragspartner verbandelt ist, die er zusammenführt. Er ist insoweit neutral. Die aktuelle Politik der EU-Kommission geht in die Richtung einer stärkeren Haftung der Plattformen in Europa für die von ihnen vermittelten Geschäfte. Daher wird die Haftung hier tendenziell verschärft.

Verträge werden in verschiedenen Bereichen vermittelt. Das Risiko hoher Werbeausgaben verringert sich bei einer Entlohnung nur durch den Abschluss einer Provision. Die Vergütung erfolgt durch festgelegten Fixbetrag. Dem Vermittler bringt das aber auch Daten und damit Marktwissen.

Der Broker wird zum Bindeglied zwischen Affiliate und werbendem Unternehmen. Netzwerkeffekte wirken sich besonders stark in diesem Geschäftsmodell aus. Auch beim Affiliate-Marketing fallen Werbekosten nur bei einer abgeschlossenen Transaktion an. Eine Provisionsausschüttung an den Publisher hängt oft nicht von der Aufmerksamkeit des Kunden auf das Werbemittel ab, sondern vom Verhalten des Nutzers auf der Website des werbetreibenden Unternehmens. Erst dann können performancebasierte Abrechnungsmodelle greifen. Die Vergütungsmodelle variieren stark. Populär ist das Cost-per-Lead-Modell, auch Kontaktvergütung genannt, bei dem man nicht wie beim CPO-Modell einen direkten Vertragsabschluss abrechnet.

▶ **Definition CPL – Cost per Lead** kann zum Beispiel durch die Registrierung für den Newsletter, die Bestellung eines Katalogs oder das Ausfüllen eines Formulars ausgelöst werden.

CPO – Kosten pro Bestellung kann durch Bestellung über externe Webseiten durch Links oder Banner ausgelöst werden.

Die Provision ist meistens ein festgeschriebener Betrag und nicht variabel. Für Vermittler ist diese Abrechnungsform interessant, da die Einnahmen bei qualifiziertem Traffic hoch sind. Anbieter profitieren vor allem durch das geringe Risiko. Klassische Vermittlungssportale wie Uber oder Airbnb setzen hier an.

Beispiel

Das Beispiel Airbnb wurde in einem Verfahren vor dem Europäischen Gerichtshof so beschrieben (Busch 2018, S. 173): „the supply made by the intermediary represents real added value for both the user and the trader concerned but remains economically independent since the trader pursues his activity separately". Airbnb schafft einen Mehrwert, indem es eine Verknüpfung herstellt – wie es ein Makler traditionell macht. Durch die Plattform läuft dies automatisch. Anbieter und Kunde kommen auf der Plattform zusammen. Airbnb ist insofern besonders, als es eine virtuelle Welt schafft, die einem audiovisuellen Erlebnis sehr nahekommt. ◀

3.2.4 Freemium

Ein englisches Sprichwort sagt: „There's no such thing as a free lunch". Das Freemium-Modell ist eine ungewöhnliche Mischung aus Premium und Free. Nur weil eine App gratis angeboten wird, bedeutet dies nicht, dass die App dem Nutzer auch wirklich kostenfrei zur Verfügung steht (Nicholas 2013). Freemium ist ein Geschäftsmodell, bei dem ein Nutzer eine App unentgeltlich herunterladen kann und nur für die zusätzlichen Erweiterungen oder virtuelle Güter Geld bezahlt, vgl. Abb. 3.7 (Mroz 2016, S. 164).

Dieses Freemium-Modell kann man kostenlos wie auch kostenpflichtig nutzen. Die Mischung ist aber für jeden Fall unterschiedlich. Die Bezahlversion kann ein Premiumabonnement mit der Freiheit von Werbefinanzierung (Beispiel Spotify) sein, oder der Nutzer kann virtuelle Gegenstände oder andere spezifische Vorteile kaufen (Beispiel Fortnite).

Freemium-Modell

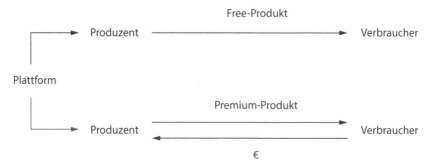

Abb. 3.7 Freemium

Beispiel

Bei Spotify beispielsweise besteht der Unterschied darin, dass bei der kostenfreien Version Werbung zwischengeschaltet ist und der Nutzer nur eine bestimmte Anzahl an Liedern hören kann. Bei der kostenpflichtigen Version erhält man dagegen uneingeschränkten Zugriff auf rund 60 Mio. Songs (Statista 2020). Folglich wurde durch diese Plattform ein finanzierbares, einfaches und legales Modell geschaffen. ◄

Besonders erfolgreich ist Freemium unter dem Titel Free-to-Play in der Computerspieleindustrie. Das Freemium-Modell bietet die Option, im Spiel virtuelle Währungen zu kaufen, um einen Wettbewerbsvorteil gegenüber den anderen Spielern zu schaffen (Mayerhofer 2012, S. 164). Im Gegensatz zu den meisten Konsolenspielen ist es also nicht nötig, vor dem ersten Spielerlebnis für dieses zu bezahlen (Bundesverband Interaktive Unterhaltungssoftware 2016).

Die Hersteller erzielen über kostenpflichtige Zusatzangebote, Werbung oder Abonnements ihre Umsätze. Zu diesen kostenpflichtigen Zusatzangeboten zählen virtuelle Güter wie etwa Spielwährung, Erweiterungen oder spezielle Items, welche dem Spieler einen Vorteil und somit mehr Spielerfolg gewähren. Dieser Vorgang wird zumeist als Mikrotransaktion bezeichnet.

„Dies führt natürlich dazu, dass die Einstiegsbarriere, ein Spiel auszuprobieren, signifikant sinkt. Im gleichen Maße sinken die Marketingaufwände. Der Spieler hat den Vorteil, dass er niemals mit seinen Ausgaben das Gefühl hat, *locked-in* zu sein und deswegen das Spiel nutzen zu müssen, weil er dafür bezahlt hat. Vielmehr steht es ihm frei, jederzeit bei Gefallen ‚Geld einzuwerfen‘." (van Husen in Behrmann 2019, S. 18)

Hier kann man von der Computerspielbranche lernen, denn Kunden wollen Alleinstellungsmerkmale. Mikrotransaktionen können diesen besonderen Mehrwert bieten. So boten zum Beispiel koreanische Gameshersteller während der Fußballweltmeisterschaft in Südkorea und Japan für ihre Spiele virtuelle Fußballtrikots zum Kauf an – mit sehr großem Erfolg (van Husen in Behrmann 2019, S. 17) Piraterie ist kein Thema mehr.

> „So ist z. B. auch keine kriminelle Energie und ein gewisses Maß an technischer Kompetenz mehr notwendig, mit der zuvor häufig der Kopierschutz von Spiele-Software umgangen wurde. Jede Softwarekopie kann vom Zentralserver, zu dem für das Spielen eine Verbindung aufgebaut werden muss, registriert und überprüft werden." (van Husen in Behrmann 2019, S. 17)

Beispiel

Ein gutes Beispiel aus der Praxis ist der finnische mobile Spieleentwickler Supercell. Seit der Gründung 2010 hat das Unternehmen fünf Spiele veröffentlicht, die auf dem Freemium-Geschäftsmodell basieren: Hay Day, Clash of Clans, Boom Beach, Clash Royale und Brawl Stars. Allein die ersten beiden Spiele brachten dem Unternehmen einen täglichen Umsatz von 2,4 Mio. US$ im Jahr 2013. Als Supercell 2013 für rund 1,5 Mrd. US$ an die japanische Softbank verkauft wurde, hatte das Unternehmen gerade einmal 38 Mitarbeiter. Heute gehört Supercell zum chinesischen Tencent-Konzern. ◄

3.2.5 Werbefinanzierung

Die Werbefinanzierung ist das klassische Finanzierungsmodell der Medienindustrie. Reklame entwickelte sich zunächst bei der Presse, wo sie als zweite Einnahmequelle dazu beitrug, dass die gedruckte Presse sich als Kopplungsgut (Kiefer 2005, S. 242) etablieren konnten. Seit ihrer Entstehung hatte Werbung mit sogenannten Streuverlusten zu kämpfen. Der erfolgreiche Geschäftsmann John Wanamaker wird mit den Worten zitiert: *„Half the money I spend on advertising is wasted; the trouble is I don't know which half."* (John Wanamaker 1838–1922). In der Plattformökonomie lassen sich die Werbekunden viel zielgenauer ansprechen. Allerdings setzt Werbung einen Angebots-überhang in einem bestimmten Markt voraus. Das beste Beispiel für klassische Werbe-finanzierung ist das Privatfernsehen:

> „Im Dreiecksverhältnis von Fernsehanbieter, Rezipient und Werbewirtschaft kommt der Fernsehrezipient für die Refinanzierung des von ihm nachgefragten Medienproduktes direkt überhaupt nicht mehr auf, sondern in vollem Umfang der Nachfrager auf dem zweiten Markt, die Werbewirtschaft. ‚Da das Privatfernsehen den Zuschauer nichts kostet, hat dieser auch keinen Anspruch darauf, es zu formen.'" (Roger Willemsen, zitiert nach Kiefer 2005, S. 243)

Bei der Werbefinanzierung bezahlt der Nutzer in der Regel nichts. Allerdings wird seine Aufmerksamkeit auf eine Produktwerbung gezogen, die ihn anregen möchte, das Produkt zu kaufen. Insoweit ist die Aufmerksamkeit die Währung, da der Rezipient im

Werbemodell

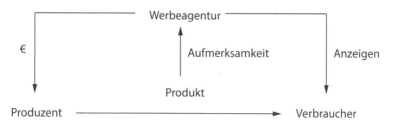

Abb. 3.8 Werbefinanzierung

Austausch für die Mediennutzung der Produktwerbung Aufmerksamkeit schenkt, vgl. Abb. 3.8. Die Werbung wird wiederum von der werbetreibenden Wirtschaft bezahlt.

Traditionell wird zwischen Spotwerbung als klassische Werbeform (30-s-Spot oder Banner) und Product-Placement als integrative Werbeform unterschieden. Bei Letzterem erfolgt die Darstellung oder Nennung von Produkten, Marken etc. gegen Entgelt, und der Zuschauer erkennt die Werbung nicht unbedingt direkt. So können Zielgruppen, die sonst Werbung meiden, erreicht werden. Product-Placement ist europaweit streng reguliert und nur in engen Grenzen erlaubt.

Beispiel

Der Aufbau des Fernsehens, insbesondere in den Vereinigten Staaten, ist mit der Erfindung von Soap-Operas eng mit den Möglichkeiten der Werbefinanzierung verknüpft. Die werbetreibende Wirtschaft, insbesondere die Hersteller von Wasch- und Körperpflegemitteln haben dort früh die Möglichkeiten erkannt, die für die Bewerbung ihrer Produkte im Rahmen des Product-Placements lagen. Ihr finanzielles Engagement hat maßgeblich zum Aufbau des US-amerikanischen Privatfernsehens beigetragen. So sind mit den ersten Soap-Operas auch die ersten Fernsehkanäle entstanden. ◄

Die Kennzahl, die angibt, wie viel Geld bei einer Werbemaßnahme eingesetzt werden muss, um 1.000 Personen zu erreichen, wird Tausenderkontaktpreis (TKP) genannt und war in der Zeit vor dem *digital shift* die „Währung der Werbung". Allerdings hat digitales Targeting die Möglichkeiten, die Nutzergruppe auf Personen einzuschränken, die die Werbung auch tatsächlich ansprechen könnte, substanziell verbessert. Damit kann bei genauere Kostenkontrolle und hoher Transparenz der Erfolg durch Conversion-Tracking sehr gut messbar gemacht werden. Dem Tausenderkontaktpreis als Konzept wurde insoweit durch das CPL- bzw. das CPO-Modell (vgl. Abschn. 3.2.3) Konkurrenz gemacht. Entsprechend mehr muss man aber im Vergleich zum „guten alten TKP" für einen Lead bezahlen.

3.3   Operatives Management

Neben der Geschäftsmodellentwicklung müssen sich Manager in der Zeit nach der Digitalisierung im Bereich der Kultur- und Kreativwirtschaft auch andere Methoden der Unternehmensführung aneignen und diese ausüben. Die Frage ist, welche. Anderie zufolge umfasst das Management folgende Tätigkeiten: „Personalwirtschaft, Beschaffung, Absatz, Verwaltung, Finanzierung etc." (Anderie 2016, S. 77). Dabei liegt hier der Fokus nicht auf Unterschieden in den Teilbereichen der einzelnen Gewerke der Kultur- und Kreativwirtschaft wie Games-, Mode oder Filmbranche oder bildende Kunst und Design, sondern auf den gemeinsamen Anforderungen und Methoden nach dem *digital shift.*

Die folgende Darstellung orientiert sich an gewerkübergreifenden Management-methoden, wie sie in einer von Plattformen und Digitalisierung geprägten Welt unentbehrlich geworden sind. Dazu gehören Aktivitäten, die nach außen wirken, wie Plattformmanagement, Branding, Netzwerkmanagement und *community building,* die weiter unten behandelt werden. Andere Anforderungen haben sich durch die Digitalisierung zwar geändert, aber nur in dem Umfang wie in der Gesamtwirtschaft; das gilt insbesondere für Fragen, die nach innen wirken, wie die des Personalmanagements, also einerseits der Personalführung und andererseits der Kontrolle.

Viele Unternehmen der Kultur- und Kreativwirtschaft sind kleine oder sogar Mikrounternehmen.

„Die Branchenstruktur der Kultur- und Kreativwirtschaft zeichnet sich traditionsgemäß durch eine hohe Zahl von Klein- und Kleinstunternehmen aus." (BMWi 2019, S. 6) Durchhaltevermögen war schon immer eine besondere Fähigkeit, die Unternehmer der Kultur- und Kreativwirtschaft mitbringen mussten. Daher ist neben der Vision und der Planung auch die Exekution von besonderer Bedeutung. *Walk the talk* bedeutet hier die Implementierung der Unternehmensplanung in volatilen Märkten und langfristigen Erfolg. In vielen Bereichen ist das langfristige Überleben, das „Noch-immer-da-Sein" bereits Ausdruck von Qualität und Erfolg. Dies erfordert internationale und hybride Ansätze, ein proaktives, langfristiges *community building* und ein proaktives Netzwerkmanagement. Um den langfristigen Unternehmenserfolg nach der Gründung zu gewährleisten und das Unternehmen erfolgreich am Markt zu halten, spielen langfristige Strategien, die die unterschiedlichen Finanzierungsmodelle mit einbeziehen, insbesondere auch zwischen internationalen und staatlichen Institutionen hin und her agieren, eine besondere Rolle. Dabei bilden sich mitunter ungewöhnliche Konstellationen heraus.

Interessante Beispiele gibt es hierzu im Gamessektor. Die den Computerspielen zugrunde liegenden Technologien können zum Beispiel im Verteidigungsbereich Verwendung finden. Einige Spieleentwickler stabilisieren ihre volatilen Content-Produktionen durch eine „graue Linie", bei der sie unmittelbar mit der Wehrindustrie zusammenarbeiten und ihre Technologien für gutes und vor allem regelmäßiges Geld zweitverwerten. Dies findet oft ohne großes Aufheben statt.

Ein anderes Beispiel ist die Internationalisierung durch Filmkoproduktionen. Filme werden in kleinen europäischen Ländern für kleine Märkte geschaffen. Durch Koproduktionen kann es gelingen, internationale Märkte zu erschließen und damit die Anzahl potenzieller Zuschauer zu vervielfachen. Daher kann es gerade auch für kleine „Indie-Produzenten" sinnvoll sein, früh die internationale Bühne zu betreten.

3.3.1 Plattformmanagement

Der Umgang mit Plattformen ist für alle Gewerke der Creative Industries, soweit sie nach dem *digital shift* aufgetreten sind, neu. Entsprechend wenig Bewusstsein besteht in der Forschung darüber, dass es sich beim Plattformmanagement um eine eigenständige Managementkompetenz handelt. Trotzdem ist heute die Fähigkeit, mit Plattformen umzugehen, sie richtig einzuschätzen und für die Unternehmenszwecke erfolgreich nutzbar zu machen, für den Erfolg insgesamt zentral geworden. Dabei stehen die Plattform und der technische Umgang mit ihr im Vordergrund, dazu kommt die Fähigkeit, den besonderen Zielsetzungen der Plattform auch zu entsprechen.

Diese Plattformen kommen überwiegend nicht aus Europa. In der Regel werden sie aus den Vereinigten Staaten „importiert". Große Teile der Gewinne dieser Plattformen verlassen Europa unversteuert. Sie gehen dementsprechend auch kaum in die Außenhandelsbilanzen ein. Für den Manager bedeutet dies zunächst, dass die vollständig *culture free* (Bolten 2018, S. 141) – also ohne jede kulturelle Rücksichtnahme – zur Verfügung gestellten Plattformen zunächst auf den US-amerikanischen Kunden zugeschnitten ist. Die B2B-Kommunikation findet in der Regel auf Englisch statt. Die Plattform belohnt Verhalten und Produkte beziehungsweise Dienstleistungen, die in ihrem Interesse liegen.

„Im *Kielwasser* der Innovationen an der Westküste der USA hat sich Europa in den letzten 20 Jahren immer wieder dafür entschieden, in einen gemeinsamen Kommunikationsraum ‚des Westens' diese Innovationen zu übernehmen. Das gilt insbesondere auch für neuartige Geschäftsmodelle wie z. B. den App Store, das Betriebssystem, das Flatratemodell, die eine fast noch wichtigere Bedeutung haben als deren technische Grundlagen. Immer wieder ist dabei auch das Phänomen zu beobachten, dass technische Innovationen aus Europa, wie z. B. Skype oder Unity, erst mit der Verlagerung in die USA ihre besondere Bedeutung erlangen. Denn die besondere Bedeutung der *end-user uptake* in Europa orientiert sich an Neuerungen aus den USA. Hier besteht besonders großes Vertrauen der Nutzer in Sicherheit und Fairness, zudem sorgen Netzwerkeffekte für ein gutes Verhältnis bei *value for money*. (…) Insoweit sind wir als Endnutzer in Europa wirtschaftskulturell vorgeprägt. Gerade wir Deutschen sind hier häufig vorbildlich gelehrige Schüler, so ist der Marktanteil von Google im Suchmaschinen-Segment in Europa (…) noch deutlich höher als im Heimatmarkt USA (…). Dabei können wir uns in Zeiten von *america first* auf die Vereinigten Staaten nicht mehr verlassen.

Weniger bekannt in Europa ist die Tatsache, dass viele dieser Neuerungen ursprünglich gar nicht aus den Vereinigten Staaten stammen, sondern aus Asien. Die Innovationskraft Ostasiens ist ungebrochen. Dabei ist zu beobachten, dass sich dort häufig neue Geschäftsmodelle durchsetzen, die, auf der Grundlage anderer interkultureller Prädispositionen, erst auf den zweiten Blick in Europa gangbar erscheinen. Dabei wäre es denkbar, dass eine engere Verknüpfung Europas mit asiatischen Geschäftsmodellen unsere Handlungsspielräume vergrößern könnte und aus dem *Kielwasser* der Vereinigten Staaten, relativ gesehen, herausführen könnte. Wenn die neuen Geschäftsmodelle vor ihrem *Umweg* über die Vereinigten Staaten gleich zu uns kommen, würden wir Europäer nur gewinnen." (Behrmann 2019, S. 7–8)

Im konkreten Umgang helfen diese Überlegungen dem Manager in der Creative Industry wenig. Er muss mit dem umgehen, was er jetzt vorfindet. Dazu muss er zunächst einmal verstehen, wie die Plattform technisch funktioniert, warum sie existiert und welche eigenen Monetarierungsansätze sie verfolgt. Hilfreich ist es dabei, der Plattform gegenüber erst einmal aufgeschlossen zu sein und zu versuchen, die Interessen des Creative-Industry-Unternehmens und der Plattform kongruent laufen zu lassen. Nur wenn eine wirkliche Win–win-Situation besteht, handelt es sich um die richtige Plattform.

Es gibt unterschiedliche Möglichkeiten, die Plattform auszuwählen. Die Reichweite und die Größe spielen natürlich eine Rolle, aber auch die das spezielle Bild des Geschäftsmodells innerhalb des Ökosystems. Von Bedeutung ist auch die Fähigkeit des Unternehmens, auf dieser spezifischen Plattform Aufmerksamkeit für sein Produkt zu erregen. Auch wenn die Endnutzer dazu tendieren, große und bekannte Marken bevorzugen, weil sie sich nicht so stark mit den Einzelfragen beschäftigen wollen, sollte hier genau hingesehen werden. So sind Plattformen häufig nicht konkurrenzlos. User sind allerdings verständlicherweise nur bereit, eine begrenzte Anzahl unterschiedlicher Plattformen zu akzeptieren. Plattformen versuchen wiederum, gegenüber dem kreativen Unternehmen, aber auch gegenüber dem Endnutzer alternativlos zu erscheinen, als eine Struktur, an der man nicht vorbeikommt, wenn man Erfolg haben will. Teilweise trifft das sicherlich zu. Allerdings gibt es in Wirklichkeit viele Konkurrenten oder aber auch bestimmte Insellösungen, die in manchen Bereichen besser funktionieren als eine große Plattform, zum Beispiel Steam als Downloadcenter für die Gamesbranche.

Der Nutzer entscheidet häufig aufgrund von Bequemlichkeits- und Zugangsaspekten; Modelle wie Double Opt-In, zusätzliche Paywalls, komplizierte Zahlungsprozeduren oder einfach nur einer unübersichtlichen Menüführung können tödlich sein. Insofern wird häufig die intuitive Usability unterschätzt.

Beispiel

Beispielsweise ist es sehr viel einfacher, einen Ryanair-Flug zu buchen als einen Lufthansa-Flug. Lufthansa beklagt häufig, dass Fluggäste abwandern, ist aber bei den Zahlungsmodalitäten wenig kunden- bzw. nutzerorientiert. So mag Ryanair einige Fluggäste durch Kreditkartenbetrug verlieren – Lufthansa dagegen riskiert den Verlust von Fluggästen dadurch, dass es außerordentlich aufwendig ist, online überhaupt einen Lufthansa-Flug zu buchen, zumal die Sicherheitsanforderungen im Jahr 2021 noch einmal gestiegen sind. ◄

Neben der klassischen Werbung hat die sogenannte Suchmaschinenoptimierung (SEO) und damit die Verbesserung und Auffindbarkeit von Projekten und Unternehmen im digitalen Umfeld herausgemendelt. Fragen der Suchmaschinenoptimierung sind hoch speziell und unterliegen ständigen Veränderungen. Die einzige Möglichkeit der großen Suchmaschinen, die ständige Optimierung mithilfe von künstlicher Intelligenz unter Kontrolle zu halten, ist, die Richtlinien und Algorithmen ständig im Detail so zu ändern, dass die Optimierung immer wieder neu begonnen werden muss – ein *rat race,* also ein ständiger Wettlauf von Optimierung auf der einen Seite und Richtlinienänderung auf der anderen. Im Ergebnis ist es für den einzelnen Unternehmer schwer nachvollzieh-bar, welche Veränderungen zu einem bestimmten Zeitpunkt zur Optimierung führen können. Deswegen ist es ratsam, sich für die Optimierung professionelle Unterstützung zu suchen.

Das technische Verständnis der Plattform sollte auch andere Veränderungen ein-beziehen. So verändern viele Plattformen ihre Features und Einstellungen auf technischer Basis, um ihr eigenes Geschäftsmodell zu optimieren. Auch aus wirtschaft-lichen Gründen verändern und optimieren Plattformen also ihre Features und die Möglichkeiten, Werbung zu schalten. Das führt zu verschiedenen Säulen in der Aufmerk-samkeitsökonomie: Neben bezahlte Werbekampagnen tritt Content Marketing, das über Influencer oder Portale verbreitet werden kann.

Daneben steht der Plattformwechsel. Gerade die Gamesbranche hat viel Erfahrung mit dem Plattformwechsel. Mit der Einführung der Wii-Konsole zum Beispiel oder aber auch mit der Verschiebung vom Internet zum *Mobile-Bereich,* also mit dem Auf-kommen des iPhones, waren bestimmte Plattformwechsel verbunden. Plattformwechsel verursachen für viele Akteure der Creative Industries existenzielle Probleme, über die sie überhaupt keine Kontrolle haben. Dass sich Plattformen auch verändern oder im Markt-geschehen dynamisch verschwinden oder durch neue, andere Plattform ersetzt werden, ist zunehmend denkbar, etwa im Musik- und Filmbereich. Beispielsweise wird das Musik- und Videostreaming in den nächsten Jahren diversifiziert werden und von unter-schiedlichen Anbietern bereitgestellt werden.

Methoden der digitalen Analyse, wie sie gemeinhin unter dem Oberbegriff „Big Data" zusammengefasst werden, sind die Fähigkeit, mithilfe von Datenanalyse die Positionierung zu optimieren. Die Fähigkeit zur kreativen Analyse von Daten ist eine wichtige Voraussetzung dafür. Metalevel-Kenntnisse über methodische Heran-gehensweisen können in einem sich ständig ändernden Bereich aber nur mit *Hands-on*-Wissen erfolgreich angewendet werden. Die Anwendung dieser Methoden, bei der durch einen ständigen Trial-and-Error-Prozess Markenelemente, vor allem aber Konnotationen optimiert werden, spielt eine zunehmende Rolle. Immerhin wird durch die Digitalisierung Wahrnehmung viel besser messbar. Damit treten die Aufmerk-samkeitsbedürfnisse der Endnutzer unmittelbarer ins Bewusstsein der Kreativen. Das verläuft nicht immer friktionsfrei und verändert kreative Arbeit von Grund auf. Eine oft verwendete Messgröße ist der Customer Live Value (CLV). Er setzt sich aus den vergangenen und den zukünftigen prognostizierten Umsätzen zusammen. Nicht jeder User liefert dem Unternehmen einen einheitlichen Wert. Daher werden die User segmentiert. Im Rahmen einer „Big-Data"-Analyse kann eine solche Segmentierung dabei helfen, die Plattformnutzung zu optimieren.

Beispiel

Ein gutes Beispiel für Big Data liefert die finnisch-deutsche Unternehmung Matchmade.[3] Dieses Unternehmen sammelt weltweit Daten über Influencer und taggt diese nach spezifischen Kriterien. So kann das Unternehmen auf Knopfdruck sagen, welche Influencer weltweit ein spezifisches Genre von Computerspielen oder anderen Produkten, z. B. aus dem Beauty – Segment gut gefunden haben. ◄

3.3.2 Branding

Das Management des Branding, also **die Etablierung und Führung einer Marke,** ist mehr als der Schutz geistigen Eigentums. Marken können Unternehmenskennzeichen, aber auch Werktitel sein (§ 5 MarkenG). Aufbau und die Pflege, also die Führung von Marken tritt in der Plattformökonomie immer stärker in den Fokus. Insofern ist das Business in der Kreativwirtschaft zunehmend ein *intellectual-property*-orientiertes Markengeschäft. Strategische und operative Ansätze der Markenführung sowie rechtliche Fragen sind insoweit immer wichtiger.

Die Marke als **Unternehmenskennzeichen** orientiert sich im digitalen Zeitalter zunehmend am Kriterium der Authentizität, denn Lügen haben im digitalen Zeitalter sehr kurze Beine. Qualitätsmerkmale sind besser vergleichbar, und es ist leichter zu ermessen, was hinter einer Marke steckt. Denn der *digital shift* erleichtert die Beschaffung von Informationen über Unternehmen und macht sie leichter vergleich- und analysierbar.

Daher sollte noch mehr darauf geachtet werden, dass Markenimage und Markenidentität harmonieren. Unter einem Markenimage wird die Gesamtheit der Vorstellungsbilder verstanden, welche mit der Marke assoziiert werden. Es beschreibt das Fremdbild, die Wahrnehmung durch die Zielgruppe. Die Markenidentität spiegelt das subjektive Selbstbild des Markenträgers wider. Markenidentität ist auch ein Führungskonzept, welches die Merkmale einer Marke beschreibt. Künstler und Kreative können auch selbst Markenträger sein. Die sorgfältige Entwicklung und die Positionierung eines Claims als Markenkern bedürfen kontinuierlicher Pflege und Aufmerksamkeit.

---

[3] https://matchmade.tv/case-studies/.

Beispiel

Ein gutes Beispiel ist die Unternehmensmarke Constantin Film. Dieses Filmproduktionsunternehmen wurde von Bernd Eichinger in München unter dem Namen „Neue Constantin" in Anlehnung an eine Firma aus den fünfziger Jahren gegründet, um nach der Autorenfilmzeit im Deutschland der siebziger Jahre wieder eine stärker populäre, am kommerziellen Erfolg orientierte Filmproduktion in Deutschland zu etablieren. Mit Kassenschlagern wie „Wir Kinder vom Bahnhof Zoo", „Das Boot" oder „Der Name der Rose" wurden Filme hergestellt, die auch international erfolgreich sein konnten. Später gelang es dem Unternehmen aufgrund seines anhaltenden Erfolgs, die Marke „Constantin Film" von dem Unternehmen aus den fünfziger Jahren zu kaufen. Das Attribut „neue" wurde dann fallen gelassen. Mit der Insolvenz des Kirch-Konzerns konnte diese Firma viele Projekte in dieser Struktur bündeln und sich zum einzigen deutschen „Mini-Major" etablieren. Heute steht die Constantin Film aus München für qualitativ hochwertige, aber auch populäre Kinoproduktion Made in Germany. ◄

Die Marke ist häufig das wertvollste Attribut eines Wirtschaftsunternehmens in der Kultur- und Kreativwirtschaft. Insofern ist es nicht übertrieben, wenn man die Marke als wichtiges Kapital des Unternehmens bezeichnet. Es ist die Aufgabe des Managements, diese Marke bewusst zu entwickeln, zu führen und zu schützen. Mit der Positionierung der Marke gelingt es nämlich auch, den langfristigen Wert des Unternehmens zusammenzufassen. Ein Markenbildungsprozess, der über ein *mission statement* die ausgesprochenen Grundannahmen des Unternehmens zusammenführt, trägt auch dazu bei, dass sich das Unternehmen und das Management ihrer Handlungsmöglichkeiten und ihres Selbstverständnisses besser bewusst werden.

Beispiel

In dem von mir mit aufgebauten europäischen Verband der Computerspielentwickler (www.egdf.eu) haben wir folgendes *mission statement* verwendet:
„The European Games Developer Federation is committed to the stimulation and development of a stable, vibrant and creative European games development sector that is competitive globally and recognized culturally. The EGDF will act to advance the political and economic interests of the European computer and video games industry by providing a platform for collaboration and discussion between European institutions and game developers." ◄

Marken können sich in den Produkten selbst, auf der Verpackung, aber auch in der Qualität des Produktes wiederfinden. Soweit es sich bei den zu entwickelnden Marken um **Werktitel** handelt, erfolgt die Wahrnehmung zunehmend medien- und genreübergreifend: Merchandisingprodukte, Filme, Games oder Mode werden vom selben Markenbild geprägt, das sich dadurch stetig selbst verstärkt, beim Nutzer besser einprägt und letztlich an Markenwert gewinnt. Auch steht immer häufiger der Mensch im Mittelpunkt.

Influencer, Stars und Sternchen entwickeln sich zunehmend selbst als Marke. Hier spielen Apps und Social-Media-Anwendungen vor allem dann eine Rolle, wenn sie von audiovisuellen Formaten unterstützt werden. Marken werden dann häufig in einem bestimmten Narrativ geführt, das sich zum Beispiel an der Theorie der Heldenreise (Hickethier 2007, S. 100) orientiert.

Beispiel

Ein gutes Beispiel ist das finnische Mobile Game „Angry Birds". Hier gelang es auf der Basis eines sehr erfolgreichen Titels, auch einen Animationsfilm und zahlreiche Merchandisingprodukte sowie weitere Computerspieltitel anderer Genres, aber mit derselben visuellen Sprache und denselben Charakteren zu etablieren. Die Marke des Spiels wurde in mehrerer Hinsicht erfolgreich ausgewertet, dabei wurde der spezifische Stil, das „Look & Feel" konsequent beibehalten. ◄

Der Zweck der Markenpositionierung besteht nicht nur darin, eine beherrschende Stellung im Herzen der Verbraucher einzunehmen, sondern sich vor Konkurrenzprodukten zu schützen. Marken sind vor allem dort entstanden, wo sich Verbrauchsgüter mit einem regelmäßigen Absatz in der Produktqualität nicht mehr unterscheiden konnten, wie zum Beispiel Seifenprodukte. Dort wurde es erforderlich, die Qualitätswahrnehmung beim Käufer durch die Bildung von Marken zu steigern.

> „Der Bereich der Distribution von massenhaft gefertigten Konsumgütern an einen nicht mehr nur lokalen und/oder bekannten Kreis von Abnehmern musste infrastrukturell und organisatorisch auf- und so ausgebaut werden, dass er den sich beschleunigenden Produktionsausstoß aufnehmen konnte. Schließlich, und hier kommen Werbung und Marketing ins Spiel, musste die Ebene des Konsums mit Informations- und Absatzstrategien so weitgehend wie möglich auch stimuliert werden, um die erhofften langfristigen Kapitalrenditen letztlich auch einfahren zu können." (Kiefer 2005, S. 258)

Marken müssen daher Merkmale enthalten, die ein unabhängiges, aussagekräftiges und einzigartiges Match von Attraktivität, Klarheit, Authentizität, Kontinuität und hohen Qualitätsstandards versinnbildlichen – das kann im jeweiligen Kommunikationskontext sehr unterschiedlich sein. Für die Markenglaubwürdigkeit, für Sympathie, Loyalität und Vertrauen in die Marke sollte diese im besten Fall eine positive Konnotation im Bewusstsein des Nutzers schaffen – was in unserer digitalen Welt vor allem stark mit Authentizität zusammenhängt. Moderne Markenführung orientiert sich daher nicht mehr an der Komposition eines spezifischen Markenimages, sondern an der Wirklichkeit und dem Versuch, diese möglichst authentisch und natürlich positiv darzustellen. Plötzlich kommt das Markenimage nicht ohne Wertung aus, denn es basiert auf subjektiven Faktoren. Das Selbstbild steht im Spiegel der Zielgruppen und des Nutzers, der sich für die Marke begeistern möchte und damit auch identifiziert.

3.3.3 Netzwerkmanagement

Die Kultur- und Kreativwirtschaft arbeitet in dem Netzwerk, in dem sie lebt. Es war schon an vielen Stellen in diesem Buch von der Bedeutung des **Peer-Netzwerks** der Kollegen und der Konkurrenten die Rede. Diese sind einerseits Unterstützer und andererseits Kritiker; sie sind Konkurrenten, aber auch Partner. In dieser *co-opetition* zu überleben bedeutet, der professionellen Community im Netzwerk mindestens so viel zu geben, wie man von ihr verlangt. Dann erhält man von der Community auch etwas zurück, wenn auch an anderer Stelle – ein Geben und Nehmen.

Der Aufbau von professionellen Netzwerken zur Kontrolle, Entwicklung und Weiterentwicklung von Akteuren ist nicht neu. Künstler-Communitys existieren seit jeher und bestärken sich in ihrem Wirken. Dabei gibt es verschiedene Aspekte, einerseits die Anerkennung als Fachperson, andererseits die gegenseitige Kontrolle auch im Hinblick auf das Sozialverhalten und letztlich das inhaltliche Streben nach Qualität und Schönheit. Immerhin: Alle Akteure betreiben in der Regel die Kunst um ihrer selbst willen (L'art pour l'art). Insofern legitimiert und begründet die Begeisterung an der Sacharbeit häufig Kooperationen.

Die schon während der französischen Revolution von Henri de Saint-Simon entwickelten theoretischen Grundlagen der Netzwerkaktivitäten (Musso 2010, S. 4) und des Netzwerkmanagements haben vor allem deutlich gemacht, dass Netzwerke ihre besonderen Fähigkeiten in Staatsferne entwickeln. Daher ist es angebracht, zwar den Austausch mit der Politik zu suchen, aber auch in den Netzwerken selbst aktiv zu sein. Unterschiedliche Merkmale der Kooperation können sich an der Wertschöpfungsstufe, der lokalen, regionalen oder globalen Ausdehnung, oder auch beispielsweise in der Bindungsintensität orientieren. Eine genaue Festlegung schafft hier die nötige Identität. Viele Netzwerke organisieren Branchenevents, insbesondere auf der lokalen und regionalen Ebene.

Beispiel

Als gutes Beispiel kann man hier das Medianet Berlin-Brandenburg anführen,[4] einen Netzwerkverein der Medien-, Kreativ- und Digitalbranche. Die Plattform gestaltet gemeinsam mit den Mitgliedern des Netzwerks, der Politik, Wirtschaft und Wissenschaft, ein Miteinander auf Augenhöhe in der Metropolregion Berlin-Brandenburg und über die Landesgrenzen hinaus. Außerdem stärkt media:net die Standorte als Arbeitgeberregionen, ist Impulsgeber, Unterstützer sowie Macher in einem und vernetzt Akteure interdisziplinär auf dem gemeinsamen Weg in die digitale Zukunft. ◀

Dem Manager der Creative Industries ist dringend anzuraten, sich aktiv in solchen Netzwerken aufzuhalten und zur Community beizutragen. Das Besuchen von Branchenveranstaltungen, Netzwerktreffen und Konferenzen ist keine Zeitverschwendung, sondern

---

[4] www.medianet-bb.de.

dient dem Aufbau und der Pflege des Peer-Netzwerks und der Entwicklung neuer Ideen. Manchmal werden sogar gemeinsame Studienreisen unternommen, was den Austausch besonders stärkt. Dabei ist die Verknüpfung Dritter – oft sogar uneigennützig – im Ergebnis langfristig sehr hilfreich.

Zu kooperativen Strukturen gehören auch Netzwerke, die sich spezifisch mit **Forschung und Entwicklung** beschäftigen. Sie werden häufig großzügig öffentlich gefördert, denn solche Kooperationen ermöglichen es, sich schrittweise gemeinsam an sensible Bereiche heranzutasten. Kooperationen erlauben vielen sogenannten Soloselbstständigen oder Klein- bzw. Kleinstunternehmen, gemeinsame Ergebnisse zu erzielen, obwohl die Herausforderungen groß sind. Allerdings fällt auch ein zusätzlicher Abstimmungsbedarf an, und häufig werden die Vorteile der Kooperation unter den Partnern ungleich verteilt. Nicht immer sind die Ergebnisse für das kreative Unternehmen zufriedenstellend.

> „Kleine und mittlere Unternehmen werden bei der Konzeption in der Regel außen vorgelassen. Nur große Konzerne können eine eigene Agenda verfolgen und zugleich eine solche Partnerschaft auf Dauer aushalten. KMU sind jedoch gezwungen, sich der Forschungsagenda anzupassen und verlieren dann ihr eigenes Unternehmensziel leicht aus den Augen. Natürlich werden KMU das aber so nicht offenlegen. Sie machen lieber gute Miene zum bösen Spiel. Bei Verbunds-Forschungsprojekten ist die Antragsstellung zwar mit viel Arbeit verbunden – man muss an zahlreichen Meetings teilnehmen, deren Vorbereitung sehr viel Zeit erfordert und deren Ausgang im Ungewissen liegt –, aber es wäre falsch, pauschal anzunehmen, dass die Durchführung eines solchen Projektes viel Arbeit kostet. Oft stehen die aufgewendeten Kosten in keinem Verhältnis zum tatsächlichen Ergebnis. Sobald ein Forschungsprojekt genehmigt wurde, treten bei großen Firmen Personen auf den Plan, die darauf spezialisiert sind, die Pflichtenkataloge darauf abzuklopfen, dass nur ein Minimum geleistet wird." (Behrmann 2017, S. 147)

Auch **Verbände** können dazu beitragen. Unterschiedliche Akteure können sich in ähnlichen Zusammenhängen abstimmen, und im Zusammenspiel von Wirtschaft und Politik kann es gelingen, Ressourcen zu mobilisieren. Allerdings wird dadurch mitunter die Selbstständigkeit der Akteure eingeschränkt, und alle sind voneinander abhängig. Zusätzliche Aufgaben und Kosten sowie die komplizierten Abstimmungsprozesse machen solche Kooperationen nicht immer einfach. Dies gilt insbesondere auch für die Tatsache, dass das Wissen einzelner Unternehmen in das Kollektiv abfließen kann. Das sollte stets im Bewusstsein bleiben, wenn man in solchen Strukturen operiert.

Beispiel

Ein gutes Beispiel ist der GAME-Bundesverband[5] dienen, den ich von 2003 bis 2010 als politischer Geschäftsführer geleitet habe. Wir haben in dieser Zeit sowohl in Bezug auf den *digital shift* als auch den *mobile shift* vielschichtige inhaltliche Diskussionen angeregt. Und es ist damals gelungen, für Ersteren den Browsergames-

---

[5] www.game-bundesverband.de.

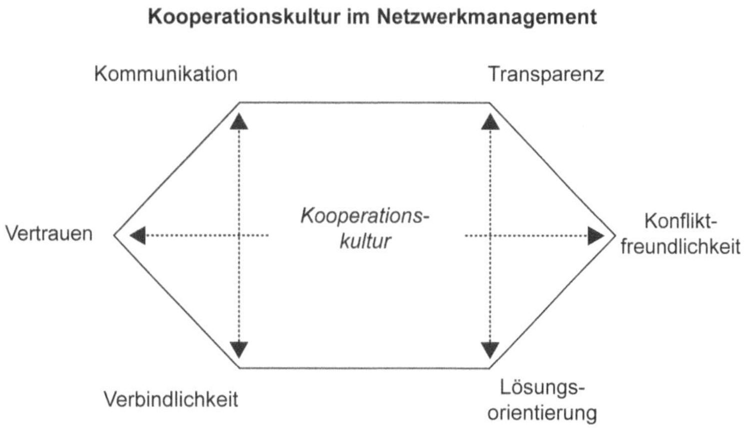

Kooperationskultur im Netzwerkmanagement

Kommunikation   Transparenz

Vertrauen   *Kooperations-*   Konflikt-
                 kultur   freundlichkeit

Verbindlichkeit   Lösungs-
                       orientierung

Abb. 3.9 Kooperationskultur im Netzwerkmanagement. (Aus Dammer 2011, mit freundlicher Genehmigung von © Springer-Verlag Berlin Heidelberg 2011. All Rights Reserved)

Trend aufzugreifen und so stark publik zu machen, dass viele deutsche Unternehmen an einem Strang zogen. Für einige Jahre hatte Deutschland dadurch in der Onlinegames-Branche zusammen mit den Südkoreanern eine weltweit führende Stellung. Später, als dann die Karawane zu den Mobiltelefonen weiterzog, hat Deutschland diese Vormachtstellung wieder an die nordischen Länder abgeben müssen. Immerhin ist sie bis heute in Europa geblieben. ◄

Im **Netzwerkmanagement** sollte man sich von klaren Überlegungen leiten lassen. In der Entwicklungsphase werden Idee, Anstoßmotive und Ressourcen zunächst schnell zusammengetragen. Der Aufbau der Kooperation braucht dann für die Konkretisierung einen langen Atem. Der Netzwerkmanager hat kein Direktionsrecht, sondern er kann nur die Unterschiede der Unternehmen managen und insofern Vertrauen und Selbstverpflichtung in den Vordergrund stellen. In der Arbeitsphase, wenn die Ergebnisse der Kooperation langsam sichtbar werden, muss man sich gegenseitig vertrauen können, um sich mit dem gemeinsamen Geschaffenem zu identifizieren. Dabei kann es sowohl zu Lock-in- als auch zu Lock-out-Effekten kommen, und bestimmte Strukturen und Mechanismen können in solchen Netzwerken auch nicht überstrapaziert werden.

In Abb. 3.9 kann man sechs Paradigmen erkennen (Dammer 2011, S. 37), die den Balanceakt visualisieren, den das Netzwerkmanagement mit sich bringt. Hier stehen sich als psychologische Elemente Vertrauen und Konfliktfreudigkeit gegenüber. Vertrauen ist erforderlich, um überhaupt ein Netzwerk aufzubauen; Konfliktfreudigkeit bedeutet umgekehrt, dass man im Netzwerk auch unterschiedliche Interessen und Positionen einnehmen kann. Von diesen Konflikten profitiert häufig die Gemeinschaft, wenn die Grenzen der Belastbarkeit nicht überschritten werden – so können solche Konflikte ein interner Motor zur Veränderung sein. Strategische Faktoren sind im

Begriffspaar „Lösungsorientierung" und „Transparenz" verortet. Ein Netzwerk muss versuchen, Lösungen herbeizuführen und insofern auch Kooperationsziele zu realisieren. Dafür ist faires, aber zielorientiertes, manchmal auch pragmatisches Handeln erforderlich, das im Einzelfall als ungerecht empfunden werden kann. Daher muss man versuchen, Organisationsdefizite durch regelorientierte Transparenz auszugleichen, denn Demokratie ist vor allem auch in der Achtung demokratischer Regeln begründet; nur so kann man zu einer Win–win-Situation kommen. Die taktische Ebene beschreibt das Spannungsfeld zwischen Verbindlichkeit einerseits und Kommunikation andererseits. Auf der einen Seite muss Verhalten verbindlich sein; auf der anderen Seite ist Kommunikation der Klebstoff – sie ermöglicht den atmosphärischen Mehrwert.

Zudem haben sich auch die Anforderungen an das persönliche Auftreten verändert, da die Sichtbarkeit der Strukturen hinter der digitalisierten Wirtschaft anders justiert ist. Rhetorik und Präsentationsfähigkeiten sind wichtiger geworden, aber auch Präsenz in Social Media. Auch in der Zeit vor der Digitalisierung war das persönliche Auftreten in diesem *people business* von besonderer Bedeutung. Heute sind die Kommunikationsstrukturen stärker standardisiert und orientieren sich häufig an technischen Anforderungen der Business Communication. Nichtsdestotrotz ist auch hier Authentizität das oberste Gebot: In einer Community, in der alle alles voneinander wissen, haben Lügen kurze Beine.

Insgesamt ist in Netzwerken der Weg das Ziel, und die Kommunikationsprozesse verändern uns alle und mit uns auch die Netzwerke selbst. Meine Erfahrung ist, dass Netzwerke innerhalb der Kultur- und Kreativwirtschaft besonders große Bedeutung haben, weil sie die Peer-Strukturen institutionalisieren und dadurch nicht nur gegenüber der Politik, sondern auch gegenüber dem professionellen Umfeld wirken.

3.3.4 Community building

Im digitalen Zeitalter sind der Aufbau und die Pflege von Communitys zu einer Schlüsselkompetenz geworden. Die Medienwirtschaft und die Kultur- und Kreativwirtschaft haben den *digital shift* im Wesentlichen bereits hinter sich und können deshalb für den Prozess der Digitalisierung als „Blaupause" (Behrmann 2017, S. 30–32) für unsere gesamte Wirtschaft dienen. Communitys ermöglichen hier die Wahrnehmung eines Unternehmens und seiner Produkte oder Dienstleistungen und damit letztlich den erfolgreichen Verkauf.

Communitys definieren nicht nur, wie weit wir uns selbst darstellen oder bewegen. In einer plattformbasierten Ökonomie ist sie die entscheidende Größe. Sie ersetzt den Kundenstamm und das Vertriebssystem aus der analogen Welt. Communitys entscheiden auch über die Wahrnehmbarkeit in einer Welt, in der die Grenzen zwischen Produkt und Dienstleistung immer mehr verschwimmen.

Dabei zählen beim Aufbau einer Community das Vertrauen, die emotionale Bindung und die Authentizität. Mit der emotionalen Verknüpfung können vor allem dann authentische Elemente entstehen, wenn die Mitglieder der Community etwas von sich selbst zeigen und damit eine innere Verknüpfung mit den Usern herstellen können. So kann man in der Community ein Zusammengehörigkeitsgefühl erzeugen, also eine emotionale Verbundenheit. Die Widersprüchlichkeit der menschlichen Natur kann dabei ein wichtiges Element sein. Nicht alle Mitglieder müssen derselben Meinung sein, denn auch innerhalb einer Zielgruppe können Kontroversen zu einer höheren Bindung an die Community beitragen. So kann auch das Bedürfnis der Menschen, zu einer Gruppe dazuzugehören, sich integriert und ernst genommen zu fühlen, erreicht werden.

Auch beim Aufbau der Community ist der Weg das Ziel, das heißt es handelt sich hierbei um einen Prozess. Der Aufbau folgt dabei gewissen prozeduralen Regeln. Am Anfang einer Community steht ein Bezugspunkt (Behrmann und Konhäusner 2018, S. 7). Dieser Bezugspunkt kann sich geografisch, demografisch, thematisch oder aktualitätsbezogen ergeben (Pein 2015, S. 150). Er ist der Ausgangspunkt der Community. Er kann auch ein gemeinsames Erlebnis sein, eine Erfahrung, die offline oder online sein kann. Die Bedeutung dieses Bezugspunkts für den Aufbau einer Community hängt entscheidend damit zusammen, inwieweit es gelingt, die Mitglieder derage Community emotional einzubinden. Mitglieder einer Community werden – anders als Arbeitnehmer – nicht dafür bezahlt, dass sie Zeit und Ressourcen aufbringen, um zum Gelingen der Community beizutragen. Sie tun dies aus freien Stücken und in der Regel intrinsisch motiviert. Ihr Antriebsmotor ist die emotionale Verbundenheit, die mit einer besonderen Erfahrung vermittelt wird: „Die emotionale Erfahrung kristallisiert den Erfahrungs- und Interessenhorizont der gemeinsamen Community. Sie ist in einer *experience economy* zentral geworden. (…) Umso emotionalisierter eine Community ist, desto nachhaltiger funktioniert sie und entfaltet Bindungswirkung." (Behrmann und Konhäusner 2018, S. 8).

Voraussetzung ist die genaue Kenntnis der Motivation von Menschen dafür, Mitglied einer Community werden zu wollen. Selbstdarstellung ist dabei häufig nur der Ausgangspunkt. Wichtiger ist das Kennenlernen von Menschen in einer ähnlichen Situation, die Kommunikation oder der Austausch über ein bestimmtes Thema. Mitunter dienen Communitys auch anderen Zwecken wie der Zusammenarbeit in einem professionellen Kontext oder der Dokumentation. Auch politische Diskussionen im Sinne eines offenen Diskurses sind denkbar. Aber auch das reine Unterhaltungsangebot kann im Fokus stehen, bei dem die Betreiber wirtschaftliche Interessen verfolgen. Diese können direkt oder indirekt ausgerichtet sein, und auch Fragen des Networking und der Zugehörigkeit zu einer bestimmten Gruppe können Anknüpfungspunkte sein.

Den Mitgliedern der Community begegnet diese gemeinsame Erfahrung zugleich emotional und rational. Dadurch entsteht das Zusammengehörigkeitsgefühl, wie wir es auch in der analogen Gesellschaft kannten – gerade auch gegenüber den anderen Mitgliedern der Community. Auf die Größe kommt es nicht an: Gemeinsame gesellschaftliche Ereignisse, die Generationen prägten, wie der Zweite Weltkrieg, der Fall der Berliner Mauer oder die sogenannte „Achtundsechziger Revolution", haben immer große Communitys zusammengehalten. Insofern muss die Erfahrung nicht zwingend aus dem

Bereich der Akteure selbst stammen. Es ist möglich, dass sie ohne Zutun der Mitglieder der Community entsteht. Wir kennen diese Phänomene aus Schulklassen und anderen Formen des menschlichen Zusammenlebens. Communitys können auch institutionell organisiert sein wie etwa eine Kirchengemeinde oder eine Partei. Ein wesentliches Problem der Krise solcher analogen Gemeinschaften ist, dass sie es nicht schaffen, mit ihrer Organisationsstruktur die neuen Community-Modelle abzubilden.

Darüber hinaus gilt es, handwerkliche Fähigkeiten zu entwickeln, um Communitys zu halten und zu pflegen. Zwar steht als Ausgangspunkt das gemeinsame Erlebnis oder der Zusammenhalt im Mittelpunkt, genauso wichtig ist aber, dass die Erfahrung die Mitglieder einer Community dann so stark beeinflusst, dass sie bewusst oder unbewusst immer wieder die Anknüpfung an die Gemeinschaft suchen. Mit zunehmender Bedeutung der Community für den User sollte zum Beispiel auch ein höheres Involvement möglich sein. Der Lebenszyklus einer Community-Mitgliedschaft (Pein 2015, S. 149) entwickelt sich vom Besucher über den neuen User zum Hauptuser und dann zum Senior-User, der sich dann irgendwann zu einer Karteileiche entwickelt. Nur eine vitale Community kann ein authentisches Erlebnis erzeugen, das neue Mitglieder zur Wiederkehr bewegt und ihr Wir-Gefühl stärkt. Gleichzeitig muss man den Wortführern die Chance auf Teilhabe an der Community einräumen. Anders als Mitarbeiter handeln Mitglieder einer Community vollkommen freiwillig. Sie werden nicht bezahlt. Trotzdem engagieren sich einige besonders stark. In der Computerspielbranche nennt man diese Akteure *whales*. Sie sind bereit, sehr viel mehr Zeit (und Geld) in die Community zu investieren als andere.

Grundsätzlich kann man das Engagement der Mitglieder einer Gemeinschaft auch aktiv verstärken, indem man positive Rahmenbedingungen schafft und zudem innerhalb der Zielgruppe den richtigen Ton trifft sowie die Diskussion weiter fördert. Dabei spielt das Timing eine Rolle, aber auch die Sprache der Zielgruppen sollte adäquat getroffen sein. Hier ist ein professioneller Manager gefragt, der seine „Pappenheimer" (Pein 2015, S. 165) kennt, Persönlichkeit und Authentizität erkennen lässt und schnell und konsequent reagiert. Wichtig in diesem Zusammenhang ist auch die Offlinekommunikation als zusätzliches Element.

Eine kleine Community ist strategisch auch richtig, aber natürlich unterliegen auch diese Gemeinschaften Netzwerk- und Skaleneffekten, sodass große Communitys Vorteile gegenüber den kleineren besitzen. Auf diese Weise werden kleinere Institutionen verdrängt, was beispielsweise sehr gut an sozialen Netzwerken wie Facebook oder LinkedIn zu beobachten ist. Bei der Umsetzung der Ziele muss man das Spannungsverhältnis zwischen Reichweite und Werbeträger im Auge behalten und somit regelmäßig posten, typischerweise einmal pro Tag. Authentizität ist hier erforderlich.

In einigen Teilen der Creative Industries ist man dazu übergegangen, Nutzer aktiv zu kaufen.

„Vor einigen Jahren führte ich auf der re:publica ein Gespräch mit einem Journalisten. Der hatte sich in einem schmerzhaften Abnabelungsprozess von der Print-Industrie getrennt und sich mutig eine Webseite zugelegt, um darauf zu bloggen. Als ich mit ihm ins Gespräch kam, fragte ich ihn, wie er denn gedenke, Nutzer auf seine Seite zu holen. Er erklärte mir – aus seiner Sicht völlig legitim –, er würde einfach interessante Inhalte anbieten, dann würden die Nutzer schon kommen. Ich sagte, er solle das doch so machen wie in der Spiele-Industrie. Dort würde man sich die Nutzer kaufen. Ich glaube, er hat mich bis heute nicht verstanden." (Behrmann 2017, S. 48)

Die rasante Entwicklung der Informations- und Kommunikationstechnologien (IKT) in ihrer Netzwerkeinbindung und konvergierenden Infrastruktur lässt sich nur wenige Jahre vorausbestimmen, da wir die Zukunft nicht kennen. Der nun immer stärker werdende Datenschutz hat dem – zu Recht – gewisse Grenzen gesetzt.

Beispiel

Ein gutes Beispiel für mit agilen Produktionsmethoden verknüpfte aktive Reich-weitenerzeugung waren in der frühen Facebook-Phase sogenannte Social Games, zum Beispiel des Unternehmens Zynga, das die Möglichkeiten der Nutzermessung für die Weiterentwicklung der Inhalte perfektionierte. Hier wird das Nutzerfeedback gemessen und unmittelbar in den Produktionsprozess zurückgeleitet. Wenn die Nutzer mehrheitlich eine Farbe oder einen Character ansprechend finden und ent-sprechend klicken, wird dieses Feature agil ausgebaut. So entsteht ein Dialog mit der Community und mit dem Nutzerfeedback ein viraler Produktionsprozess. ◄

3.4 Personalmanagement

Neben diesen nach außen orientierten Aktivitäten wirkt der Manager auch nach innen. Hier soll vor allem der Aspekt des Umgangs mit Mitarbeitern im Vordergrund stehen. Dabei sind sowohl freie als auch angestellte Mitarbeiter gemeint. Denn nirgends ist der Übergang zwischen beiden so fließend wie in der Kultur- und Kreativwirtschaft. Die rechtliche Abgrenzung wird im Kap. 5 vorgenommen. Hier müssen wir zwischen Führung einerseits und andererseits Kontrolle unterscheiden.

3.4.1 Leadership

Um mit einem grundsätzlichen Vorteil aufzuräumen: Demokratie und Kreativität passen traditionell – vor allem in der analogen Welt – nicht zusammen. Der „alte Staat" steht ganz im Schatten des **„Meister"- Prinzips.** Das ist Ausfluss des Autorenprinzips, das das Werk in den Mittelpunkt stellt und nicht den Menschen. Für die Umsetzung eines Projektes bedarf es eines *vision keepers,* der in der Regel nicht mit klassischen Mit-bestimmungsmodellen übereinkommt. So ist etwa für den Apple-Mitgründer Steve Jobs das Selbstverständnis, das in folgender Anekdote zum Ausdruck kommt, typisch:

„‚What is it that you actually do?' Apple co-founder Steve Wozniak (Woz) asks in the movie Steve Jobs, after listing the impressive contributions of other Apple team members. ‚Musicians play their instruments', Jobs tells him simply. ‚I play the orchestra.'" (Dave/ Movieleadership 2015)

Selbst in öffentlichen, staatlich finanzierten Strukturen, die mit künstlerischen Themen in Berührung kommen, gilt zum Beispiel im Bereich der darstellenden Kunst und der klassischen Musik, aber auch in Museen das Intendantenprinzip. Der Intendant ist primär ein künstlerischer Gestalter, kein Verwalter oder Organisator. Im privatwirtschaftlichen oder gemischt finanzierten Umfeld kollidiert dies jedoch mit Prinzipien der Wirtschaftlichkeit und der Arbeitsteilung, insbesondere dann, wenn die Tätigkeiten Prinzipien unterworfen sind, die wir aus dem klassischen Wirtschaften kennen. Der Konflikt zwischen der wirtschaftlichen Führung und der inhaltlichen künstlerischen Gestaltung ist ein klassischer Topos bei komplexen Werken. Und die Machtfrage stellt sich auch auf allen Ebenen, vom Leiter eines Laienchores bis zum Intendanten eines Fernsehkanals. Die wirtschaftliche Kontrolle ist insofern Teil der Gesamtkontrolle, auch der inhaltlich-künstlerischen.

Beispiel

Nicht umsonst übernehmen zum Beispiel mit dem Namen verknüpfte Talkmaster wie Markus Lanz, Anne Will oder Harald Schmidt die Herstellung ihrer Produktionen durch ihnen selbst gehörende Firmen. Nur so ist es ihnen möglich, auch wirtschaftliche Entscheidungen zu treffen, die wiederum ihrem Gesamtwerk zugutekommen. ◄

Allerdings bricht sich diese traditionelle Sichtweise häufig mit der Realität. Kreative legen besonderen Wert auf **Autonomie.** Häufig ist es gerade diese Autonomie, die die Quelle ihrer Kreativität darstellt, denn sie schöpfen ihre Kreativität aus der Liebe zu ihrem Schaffen und letztlich zu ihrem Werk (L'art pour l'art). Für die Kultur- und Kreativwirtschaft und insbesondere für das Management von Künstlern und Kreativen wird insofern der Umgang mit ihnen im Spannungsbereich zwischen den wirtschaftlichen Bedürfnissen und autonomen kreativen und künstlerischen Entscheidungen immer wichtiger.

Häufig wird dann getrennt zwischen einer wirtschaftlichen Führung und einer künstlerischen Leitung. In größeren komplexen Produktionen fallen diese Funktionen oft auseinander, so zum Beispiel in der Filmproduktion, im Gamedesign oder auch in der darstellenden Kunst, wenn der Regisseur oder Designer auf der einen Seite und der Produzent oder Intendant auf der anderen Seite steht. Diese Lösung ist häufig konfliktbeladen und fast schon eine Institutionalisierung der Auseinandersetzung.

In der Filmbranche kristallisiert sich diese Auseinandersetzung in der rechtlichen Auseinandersetzung um den Final Cut, die in Kap. 5 angesprochen wird. Filmregisseure bestehen oft darauf, ihre Filme selbst zu Ende schneiden zu können – auftraggebende Filmproduzenten behalten sich auch gerne vor, hier die künstlerische Oberhoheit zu haben. Auch in anderen Teilen der Creative Industries ist hier ein Konflikt angelegt, dessen Auflösung immer Schwierigkeiten mit sich bringt. Das kleine Werk im großen

Werk muss genauso geschützt wie eingebunden sein. Das große Werk muss im wirtschaftlichen Kontext funktionieren.

Auf anderer Ebene geht es noch weiter. Kompetenzen schichten sich mit dem *digital shift* stärker nach Modellen ab, welche eher die **spezifische Fachkompetenz** im Sinne des *Motley-crew* -Prinzips in den Fokus nehmen. Wegen der besonderen Situation der Mitarbeiter der Kultur- und Kreativwirtschaft und insbesondere auch aufgrund der Tatsache, dass die Kreativen eben nicht in einer klassischen Befehlskette arbeiten, sondern sich um ihre kreativen Produkte selbst kümmern wollen, hat das Vor-, aber auch Nachteile. Die Steuerbarkeit der Mitarbeiter kann dann nur noch über inhaltliche Fragen erreicht werden. Dann müssen die Kreativen stets das Gefühl haben, dass sie in einem großen Werk, einem historisch relevanten Projekt mittun können.

Der Stress steigt an, da die Kultur- und Kreativwirtschaft von Schnelllebigkeit und Wandel geprägt ist. Man benötigt ständig neue Ideen, die eine schnellere, billigere und bessere Variante des Arbeitsprozesses darstellen als zuvor. Um kreative Menschen heute erfolgreich zu führen, muss man sie **emotional packen** – das heißt in der Realität, sie zu begeistern und ihre Begeisterungsfähigkeit zu aktivieren. Florida zitiert Peter Drucker, der sagt, man müsse Menschen in der Kreativwirtschaft als *„de facto volunteers"* behandeln (Florida 2012, S. 114). Das bedeutet hier, eine Vision zu entwickeln. Diese Vision muss strukturiert und in sich schlüssig sein. Neben der Vision ist aber auch die Exekution von besonderer Bedeutung, das heißt die Mitarbeiter müssen in jedem Moment daran glauben, dass die Umsetzung auch tatsächlich gelingen wird. Für den Kreativwirtschaftsunternehmer bedeutet dies, dass er neben der Vision auch die Umsetzbarkeit des Projektes gewährleisten muss.

Die Chancen der inhaltlichen Führung bergen die Möglichkeit, auf formale Hierarchien weniger zu betonen. Die kreative Autonomie wird dadurch besser gewahrt. Ein wegweisendes Beispiel für das andere Extrem ist der sehr erfolgreiche US-amerikanische Spieleentwickler Valve, der mit Steam zurzeit den größten Marktplatz für Digital Downloads von Games betreibt:

Beispiel

„When you're an entertainment company that's spent the last decade going out of its way to recruit the most intelligent, innovative, talented people on Earth, telling them to sit at a desk and do what they're told obliterates 99 percent of their value. We want innovators, and that means maintaining an environment where they'll flourish. That's why Valve is flat. It's our shorthand way of saying that we don't have any management, and nobody ‚reports to' anybody else. We do have a founder/president, but even he isn't your manager. This company is yours to steer – toward opportunities and away from risks. You have the power to green-light projects. You have the power to ship products." (Valve 2012, S. 4). ◄

Aus Managementsicht ist dann die Frage, ob es sich um eine angestellte oder Freelancer-Tätigkeit handelt, übergangslos sekundär. Die Festanstellung ist in Deutschland bei Arbeitnehmern nach wie vor beliebt, weil die Möglichkeit der sozialen Absicherung besteht und auch der Kündigungsschutz außerordentlich stark ausgestaltet ist. Überraschenderweise sind aber in der Kultur- und Kreativwirtschaft viele als Freiberufler tätig. Ihnen ist die Freiheit der Gestaltung wichtiger als die soziale Absicherung. Sie wollen nur ihrem Werk verpflichtet und nicht an Weisungen gebunden sein. Dieses Selbstverständnis der kreativen Klasse als selbstbewusste Freelancer stößt in vielen Bereichen unserer Gesellschaft, zum Beispiel bei den Gewerkschaften, auf Unverständnis. Konflikte insbesondere auch rechtlicher Natur sind daher in unserem politischen System vorprogrammiert. Hierzu folgen in Kap. 5 genauere Ausführungen.

Zusammenfassend lässt sich feststellen, dass es mit fortschreitender Digitalisierung im kreativen Milieu nicht mehr genügt, Hierarchien zu bilden. Das Meisterprinzip allein reicht oft nicht mehr aus. Vielmehr bedarf es der Fähigkeit des Managers, sein Team vor allem inhaltlich von seinem Projekt zu überzeugen, damit alle aus ganzen Herzen mittun. Dann kann er getrost weniger auf lineare Hierarchien setzen.

3.4.2 Soft control

Die Kontrolle über das kreative Team wird allgemein als Herausforderung begriffen: Es ist oft wie Flöhe hüten. Die geistige Autonomie und intrinsische Motivation der Mitarbeiter stellt einen wesentlichen Antrieb dar und ist auch häufig der Stoff, aus dem diese ihre Fähigkeit schöpfen, kreativ zu sein. Im Spannungsverhältnis dazu steht die Verpflichtung des Managers, Deadlines und Qualität zu halten und den Anforderungen des wirtschaftlichen Kontextes gerecht zu werden.

Von Kreativität geprägte Aktivitäten verfolgen stärker intrinsische Ziele als die industrielle Wirtschaft, auch wenn sie natürlich finanziell inspiriert bleiben. Ganz im Gegensatz zu den Tätigkeiten in der klassischen industriellen Fertigung am Fließband, wie schon Adam Smith erkannte:

> „The man whose whole life is spent in performing a few simple operations (…) has no occasion to exert his understanding or to exercise his invention. (…) He naturally loses, therefore, the habit of such exertion, and generally becomes as stupid and ignorant as it is possible for a human creature to become." (Smith in Florida 2012, S. 26)

Dem gegenüber steht der Kreative, der seine Fähigkeit zum Schöpfen geradezu kultiviert. Autonomie und persönliche Entwicklung beeinflussen seine Leistungsfähigkeit. Kreative Mitarbeiter fühlen sich wohl in stabilen Arbeitsbedingungen, offener Kommunikation und fairer Behandlung. Sie wollen mitgenommen werden. Was sie nicht wollen, sind zu detaillierte Vorgaben oder gar Befehle, sie verlangen nach Leitlinien für ein selbstbestimmtes, beinahe freiwilliges Handeln. Ihr Engagement und ihre Motivation kommen von innen, sind also intrinsisch. Aus diesem Grund sollte versucht werden, auf emotionaler Ebene mit ihnen zu kommunizieren, und zwar auf der Basis von Selbstverwirklichung (Florida 2012, S. 125).

Denn der Mitarbeiter in den Creative Industries arbeitet zuvörderst, um zu schaffen (L'art pour l'art), nicht um zu leben. Durch das meritorische System fühlen sich die Kreativen nicht in erster Linie dem Geld verpflichtet, sondern der Kunst. Deswegen sind finanzielle Anreize, anders als im klassischen industriellen Bereich, weniger wirkungsvoll. Florida berichtet von einer Mitarbeiterumfrage, die er zu diesem Thema durchgeführt hat:

> „From our first glance at the data, one bottom line was clear: money was an important but insufficient motivator. Base pay ranked fourth as a key factor, selected by 38.5 percent of respondents. Nearly twice as many selected the top-ranked factor, ‚challenge of job/ responsibility.‘ Interestingly, the ability to share in the financial upside through stock options did not even make the top twenty." (Florida 2012, S. 98)

Florida hat eine klare Vorstellung: *Soft control* ist die Antwort. Weil das Kontrollregime in der Kultur- und Kreativwirtschaft weniger stringent sein kann, stellt sich die Wertefrage umso stärker. Wichtig ist eine schlüssige, authentische und am Menschen orientierte Wertewelt, die eine inhaltlich überzeugende Führung ermöglicht. Ein guter Manager in der Kultur- und Kreativwirtschaft überzeugt durch seine hohen moralischen Standards die Mitarbeiter davon, mit ihm auf diese Reise, diese Unternehmung, dieses Abenteuer zu gehen. Dabei steht das Erlebnis im Vordergrund, das Erlebnis, an diesem Kreationsprozess teilnehmen zu können. Das erfordert von der Unternehmensleitung einerseits große Offenheit, andererseits moralische Selbstdisziplin. Während in der industriellen Wirtschaft Hierarchie auch bedeutet, Wahrheiten aktiv zu gestalten, bedeutet authentische Führung in der Kultur- und Kreativwirtschaft maximale Transparenz und Aufrichtigkeit. Dann kann sich die Leitung darauf verlassen, dass die eigene innere Stimme und die intrinsischen Kräfte der Mitarbeiter zum Mitdenken führen.

In Anlehnung an Caves versteht Biel unter *soft control* etwas anders: Sie stellt eher darauf ab, dass innerhalb der Kultur- und Kreativwirtschaft weniger geschriebene Verträge, sondern mehr mündliche Handschlagverträge stattfinden (Biel 2020, S. 82). In der Sache stimmt auch dies, aber der Bezug zum Thema fehlt weitgehend. Offen bleibt daher, ob Florida das mit *soft control* gemeint haben kann. Bei ihm wird eher auf die wertebasierte Führung abgestellt, wenn von *soft control* gesprochen wird.

Mikromanagement kommt in der Kultur- und Kreativwirtschaft nicht gut an. Wichtiger ist, dass man loslassen kann und den intrinsisch motivierten Mitarbeiter sein eigenes Ding machen lässt. Ansonsten fühlt er sich nicht vertrauensvoll behandelt, und das ist eher unangenehm. Dann sinkt die Motivation, das Engagement reduziert sich. Stress wird ausgelöst, der zu einem Innovationsrückschritt führt.

Umgekehrt sollten die Mitarbeiter in der Kreativmannschaft nicht mit Gimmicks wie zum Beispiel Tischtennisplatten, der Mitgliedschaft in einem Fitnessstudio oder Obst abgespeist werden. Insbesondere dann nicht, wenn sie gleichzeitig eine riesige Zahl an Überstunden schieben, keine Pausen machen können und abends lange am Arbeitsplatz zubringen müssen, um ihre Arbeit zu schaffen. Dann sind diese Gimmicks eher zynisch und werden negativ aufgefasst. Eine tatsächlich persönliche, verständnisorientierte

Herangehensweise ist allemal besser. Der Manager, der das Individuum in seiner Einzigartigkeit versteht und seine spezifischen Schwächen schützt, wird am weitesten kommen.

Zusammenfassend lässt sich sagen, dass durch einen hohen moralischen Anspruch des Managers an sich selbst seine Glaubwürdigkeit und Authentizität deutlich wird. Damit erleichtert er den Mitarbeitern eines Unternehmens der Kultur- und Kreativwirtschaft die Identifikation mit Projekt und Unternehmen.

3.4.3   Toleranz als Managementprinzip

Letztlich scheint es so zu sein, dass Toleranz im Management von kreativem Personal das wichtigste Leitprinzip wird.

Das bezieht sich zunächst auf Fragen von Raum und Zeit. New Work bedeutet eine Veränderung und Flexibilisierung der Arbeitswelt einschließlich des Ermöglichens von Homeoffice. Flexiblere Arbeitszeiten orientieren sich mehr an den intrinsischen Bedürfnissen der Mitarbeiter. Arbeitsumgebungen können stärker selbst gestaltet werden. Durch die Corona-Pandemie ist hier vieles selbstverständlich geworden, was vorher nicht vorstellbar war.

Aber Toleranz als Managementprinzip greift noch weiter:

> „Tolerance – or, broadly speaking, openness to diversity – provides an additional source of economic advantage that works alongside technology and talent. The places that are most open to new ideas and that attract talented and creative people from across the globe broaden both their technology and talent capabilities, gaining a substantial economic edge. Most economists tend to see technology and talent as fixed stocks, like raw materials or natural resources, but the reality is that they are flows. Unlike seams of coal or natural harbors, talented people are not forever wedded to one place; they are mobile factors – they can and do move around. The fact that some places are better than others at generating, attracting, and holding onto talent has everything to do with how open, diverse, and tolerant they are. Our work finds a strong correlation between, on the one hand, places that are welcoming to immigrants, artists, gays, bohemians, and socioeconomic and racial integration, and, on the other, places that experience high-quality economic growth. Economists speak of the importance of industries having low entry barriers, so that new firms can easily enter and keep the industry vital. Similarly, I think it's important for a place to have low entry barriers for people – that is, to be a place where newcomers are accepted quickly into all sorts of social and economic arrangements. Such places gain a creativity advantage." (Florida 2012, S. 233)

Um zu verstehen, wie er auf diesen Ansatz kommt, verweist Florida auf die fundamentale Spannung zwischen Organisation einerseits und Kreativität andererseits, die sich in der Diskussion der beiden befreundeten New Yorker Intellektuellen William Whyte und Jane Jacobs kristallisierte. Whyte untersucht in seinem Buch „The *organization man,* welche Wirkung Organisation und Bürokratie auf die Individualität und Kreativität haben. Dabei zeigt er auf, dass die Big Player der damaligen Zeit lieber

Personen einstellten, die mit dem Strom schwimmen, als Personen, die eher dazu neigen, dagegen zu schwimmen (Florida 2012, S. 27). Das Ergebnis war also eine „Generation of Bureaucrats" (Whyte 2013, S. 64). Insbesondere für die Forschungs-Community hat man jedoch schon früh erkannt, dass man gegenüber intrinsisch motivierten Kreativen nur mit größerer Toleranz weiterkommt. Schon in den sechziger Jahren – so Whyte – haben die Forschungseinrichtungen, in denen Individualismus, Ermutigung und Toleranz vorherrschten, ihre Mitarbeiter am besten verstehen können. Dabei steht der Profit nicht im Fokus, sondern mehr das Wohlfühlen des Mitarbeiters, solange die Interessen gleichlaufen.

> „As the universities have accepted more research contracts, they have relinquished control over the direction of research. The government sets the tune; committees responsible to it specify the problems, pass on the work and appoint the personnel. The universities provide the setting and the essential housekeeping services. University scientists still do most of the research, but increasingly the allegiance of many is to the ‚research center‘, a quasi-academic institution which draws its heat and light from the university, its directions from elsewhere." (Whyte 2013, S. 219)

Im Gegensatz zu der von Whyte festgestellten Konformität und Homogenität der Generation war Jane Jacobs Umfeld geprägt von Individualität, Diversität und sozialer Interaktion. In ihrem Buch „Death and Life of Great American Cities" forderte sie eine Rückbesinnung auf die zentralen Bezirke von Städten wie zum Beispiel Greenwich Village: „The creative community (…) required diversity, an appropriate physical environment, and a certain kind of person to generate ideas, spur innovation, and harness human creativity. " (Florida 2012, S. 27–28).

Der Sektor der Creative Industries ist also in besonderem Maße in toleranten Städten wie Berlin, New York, San Francisco, Schanghai oder Tel Aviv erfolgreich. Das bezieht sich auf den LGBTQ-Bereich, aber auch auf Fragen der Interkulturalität. Diese Städte sind *melting pots* – seit Langem. In Berlin beispielsweise sprachen zur Zeit Friedrichs II. 25 % der Bevölkerung Französisch als Muttersprache. Insofern ist die interkulturelle Dimension für die Managementstrukturen von besonderer Bedeutung. Es ist wichtig, sich dessen bewusst zu sein, dass interkulturelle Kompetenzen integraler Bestandteil sind.

Bis zum Zweiten Weltkrieg hatten die Staaten Europas ein ethnozentristisches und an klassischen Rollenbildern orientiertes Selbstverständnis, nach dem ihre Kultur höhergestellt war als andere. Im 18. Jahrhundert verstand der Philosoph Herder die Kultur eines Landes als Kugel (Bolten 2018, S. 49), die in einer Art virtuellem Billardspiel mit den Kugeln anderer Länder kommunizierte. In dieser ersten Moderne entstanden Nationalstaaten, die sich in ihrer eigenständigen kulturellen Verfasstheit voneinander abgrenzten und mehr oder weniger wohlwollend voneinander wussten. Mit dem Ende des Zweiten Weltkriegs brach die zweite Moderne (Bolten 2018, S. 48) an, ein Zeitalter, in dem Ungleichzeitigkeiten zur Norm wurden und der interkulturelle Austausch in den Vordergrund trat. Heute verstehen wir kulturelle Einheiten und Nationen nicht mehr als spezifische Sprach- oder Kulturräume, sondern orientieren uns eher an Prozessen; wir haben Verständnis für die kulturellen Unterschiede in einer interkulturellen Gesellschaft. Ganz ähnlich hat sich das Denken auch in Bezug auf LGBTQ verändert.

> „Heute sind wir ein freies und sehr liberales Land. Es ist nun schon einige Jahre her, dass hier eine konservativ-liberale Bundesregierung mit einer Frau aus Ostdeutschland an der Spitze, mit einem offen homosexuellen Außenminister, einem vietnamesisch-stämmigen Wirtschaftsminister und Vizekanzler und einem Innenminister im Rollstuhl regierte. In meiner Kindheit wäre das undenkbar gewesen. Heute sind wir noch weiter gekommen: Das Parlament hat die Ehe für Alle beschlossen und die Bundesumweltministerin kündigte an, nun ihre Frau heiraten zu wollen. 25 Jahre nach der deutschen Wiedervereinigung müssen Gründer dieses Land nicht mehr verlassen, weil sie anderswo freier leben und denken können, AfD hin oder her.“ (Behrmann 2017, S. 181)

Unser Wahrnehmungsapparat verarbeitet die durch das Auge und die anderen Sinne einfallenden Informationen auf einer *Perceptas*-Ebene und legt sie dann auf einer *Konzeptas*-Ebene – einer Art innerem Auge – ab. Die Konnotation und die Gedächtnisfunktion des Menschen funktionieren teilweise emotional. Bolten argumentiert deshalb, dass Stereotype und Vorurteile der Menschen untereinander unvermeidbar seien (Bolten 2018, S. 104). Insofern sind tradierte kulturelle Einflüsse wie emotionale Abwehrreaktionen gegenüber anderen Lebensformen, wie sie in weniger toleranten Gesellschaften üblich sind, zunächst Teil der menschlichen Überlebensstrategie. Allerdings können wir diese Einflüsse dann begrenzen und vielleicht sogar teilweise überwinden, wenn wir sie klar benennen und nicht unserem Unbewussten überlassen – das über unser menschliches Handeln große Macht hat. Das Ergebnis ist ein eher prozesshaftes Denken, das in einem ständigen Aushandlungsprozess neue Entwicklungen wirklich toleriert, ohne dabei die alte Vorstellung von Kultur in ihrer Diversität verdrängen zu wollen.

Für den Manager bedeutet dies, dass er sich aktiv und fortlaufend mit diesen Fragen auseinandersetzen muss; die Chancen, die in diesen Spannungsfeldern liegen, erspürend, sollte er Diversität zulassen und zum Nutzen des gesamten Unternehmens aktivieren. Voraussetzung dafür ist, dass er mit seinem eigenen Unterbewusstsein ergebnisoffen umgehen lernt. Toleranz als Managementprinzip ist vor allem eine Absage an Anpassungskultur und Konformität in jeglicher Hinsicht. Authentizität als Vorbild – auch in seiner menschlichen Widersprüchlichkeit – überzeugt allemal mehr.

Zusammenfassend lässt sich sagen, dass im Bereich der Kultur- und Kreativwirtschaft Toleranz als Managementprinzip konkret und aktiv gelebt und implementiert werden sollte.

Wiederholungs- und Vertiefungsfragen

1. Erklären Sie die besonderen Herausforderungen, die die Plattformökonomie und die damit einhergehende Nutzerorientierung an das Management in der Kultur- und Kreativwirtschaft stellt.

2. Welche fünf Geschäftsmodelle können wir als ursprüngliche Geschäftsmodelle in der Plattformökonomie ansehen?
3. Wie hat das Modell vom Long Tail unsere Sicht auf klassische Blockbuster-Strategien in der netzbasierten Wirtschaft verändert?
4. Welche besonderen Kenntnisse des Plattformmanagements sind für alle Manager in den Creative Industries heute notwendige Voraussetzung für ihr Handeln?
5. Warum ist die Bedeutung des Branding nach dem *digital shift* gestiegen?
   Erklären Sie die sechs Paradigmen der Kooperationskultur, die es in Balance zu halten gilt.
6. Welche Entwicklung im Selbstverständnis von Leadership ergibt sich aus der Digitalisierung?
7. Erläutern Sie, auf welche Weise *soft control* und Toleranz für den Management-erfolg in der Kultur- und Kreativwirtschaft entscheidend sind.

Literatur

Anderie L (2016) Games idustry management. Gründung, Strategie und Leadership – Theoretische Grundlagen. Springer, Berlin

Anderson C (2006) The long tail: Why the future of business is selling less of more. Hachette Books, United States, S. 1 ff.

Behrmann M (2017) In der Innovationsfalle. Überlegungen zu einer zukünftigen Innovations-förderung. Ibidem, Stuttgart

Behrmann M und Konhäusner P (2018) Community Building mit Influencern. Kommunikations-wirtschaft in der Plattformökonomie. WeltTrends, Babelsberg

Behrmann M et al. (2019) Vorbild Asien? Neue Geschäftsmodelle für Medien und Kommunikation aus Asien für Europa. WeltTrends, Babelsberg

Benghozi und Benahmou (2010) The long tail. Myth or reality? https://www.researchgate.net/publication/49941451_The_Long_Tail_Myth_or_Reality. Zugegriffen: 13. Mai 2021

Biel B (2020) Management in der Kreativwirtschaft. SpringerGabler, Wiesbaden

BMWi (2019) Monitoringbericht Kultur- und Kreativwirtschaft 2019. https://www.bmwi.de/Redaktion/DE/Publikationen/Wirtschaft/monitoringbericht-kultur-und-kreativwirtschaft-2019-kurzfassung.html. Zugegriffen: 13. Mai 2021

BMWi (2020) Monitoringbericht Kultur- und Kreativwirtschaft 2020. https://www.kultur-kreativ-wirtschaft.de/KUK/Redaktion/DE/Publikationen/2020/monitoring-wirtschaftliche-eckdaten-kuk-langfassung.pdf?__blob=publicationFile&v=4. Zugegriffen: 15. Mai 2021

BMWi (2021) Digitale Plattformen. https://www.bmwi.de/Redaktion/DE/Artikel/Digitale-Welt/digitale-plattform. Zugegriffen: 13.05.2021

Bolten J (2018) Einführung in die interkulturelle Wirtschaftskommunikation. Vandehook & Ruprecht (UTB), Göttingen

Bundesverband Interaktive Unterhaltungssoftware (2016) Free-to-Play-Games: vom Smartphone in die eSports-Arenen. https://www.biu-online.de/blog/2016/05/18/free-to-play-games-vom-smartphone-in-die-esports-arenen/. Zugegriffen: 13. Mai 2021

Busch C (2018) The sharing economy at the CJEU. Does Airbnb pass the „Uber test"? Some observations on the pending case C-390/18–Airbnb Ireland. Eur Consum Mark Law 7(4):172–174

Dammer I (2011) Gelingende Kooperation („Effizienz"). In: Becker T et al (Hrsg) Netzwerkmanagement. Springer, Heidelberg, S 36–47

Dave/Movieleadership (2015) Playing the orchestra. Lessons from Steve Jobs. https://www.movieleadership.com/2015/11/23/playing-the-orchestra-lessons-from-steve-jobs/. Zugegriffen: 13. Mai 2021

Florida R (2012) The Rise of the Creative Class – Revisited, 2. Aufl. Basic Books, New York

Hickethier K (2007) Erzählen mit Bildern. Für eine Narratologie der Audiovision. In: Müller C (Hrsg) Mediale Ordnungen. Erzählen, Archivieren, Beschreiben. Schüren, Marburg, S. 91–106

Imke S (2015) Applying the business model canvas. KSI Enterprise, Monument, CO

Kamps I (2015) Einstieg in erfolgreiches Mobile Marketing. cayadaPress, München

Kiefer ML (2005) Medienökonomik. Eine Einführung in die ökonomischen Theorien der Medien, 2., vollst. überarb. Aufl. Gruyter, Oldenbourg

Lindemann L (2016) Apps in Geld verwandeln. 5 Monetarisierungsformen. Apps in Geld verwandeln. 5 App-Monetarisierungsmodelle (app-entwickler-verzeichnis.de). Zugegriffen: 13. Mai 2021

Mayerhofer J (2012) Apps erfolgreich verkaufen. Vermarktungsstrategien für Apps auf iPhone, iPad, Android und Co. Carl Hanser, München

Mroz R (2016) App-Marketing für iPhone und Android. Planung, Konzeption, Vermarktung von Apps im Mobile Business, 2. Aufl. MITP, Frechen

Musso P (2010) Saint-Simon, l'industrialisme contre l'État. Éditions de l'Aube, La Tour-d'Aigues

Nicholas K (2013) Freemium-Apps. So viel Geld kann man mit „kostenlosen" Apps machen (Infografik). https://www.giga.de/apps/android-market/specials/freemium-apps-so-viel-geld-kann-man-mit-kostenlosen-apps-machen-infografik/. Zugegriffen: 13. Mai 2021

Oat E (2013) Analysis of Netflix architecture and business model. http://www.cse.tkk.fi/fi/opinnot/T-109.4300/2014/luennot-files/oat.pdf. Zugegriffen: 15. Mai 2021

Pein V (2015) Der Social Media Manager. Rheinwerk, Bonn

Moeglin P (2005) Outils et médias educatifs. Une approche communicationnelle. Presses Univ. de Grenoble, Grenoble

Pine BJ, Gilmore JH (1999) The experience economy. Work is theatre & every business a stage. Harvard Business Press, Boston

Schneck O (2015) Makler-Definition. In: Lexikon der Betriebswirtschaft, 9. Aufl. Beck, München. https://www.finanzen.net/wirtschaftslexikon/Makler/9. Zugegriffen: 13. Mai 2021

Shaughnessy H (2015) Shift. A leaders guide to the platform economy. Tru Publishing, Boise

Skillset (2010) Strategic Skills. Assessment for the Creative Industries. https://www.screenskills.com/media/1522/skillset_strategic_skills_assessment_for_the_creative_media_industries_in_the_uk_2010.pdf. Zugegriffen: 30. Mai 2021.

Sourcebits (2017) Free vs. Paid Apps. http://sourcebits.com/app-development-design-blog/free-vs-paid-apps-pros-cons/. Zugegriffen: 13. Mai 2021

Statista (2020) Anzahl der verfügbaren Songs auf Spotify in ausgewählten Monaten von August 2014 bis September 2020. https://de.statista.com/statistik/daten/studie/378806/umfrage/anzahl-der-verfuegbaren-songs-auf-spotify/. Zugegriffen: 13. Mai 2021

Thuillas O (2017) Les formes publiques de courtage informationnel. Université Paris, Diss, S 13

Valve (2012) Handbook for new employees. A fearless adventure in knowing what to do when no one's there telling you what to do. Valve Press, Washington. https://media.steampowered.com/apps/valve/Valve_Handbook_LowRes.pdf. Zugegriffen: 15. Mai 2021

Whyte WH (2013) The Organization Man. University of Pennsylvania Press, Pennsylvania

Wi JH (2009) Innovation and strategy of online games. Imperial College Press, London

Finanzierungsstrategien

4

Zusammenfassung

Von der Finanzierungsstrategie hängt es ab, ob ein Projekt wirklich realisiert wird oder nicht. Das macht diese Fragestellungen so wichtig und ist der Grund dafür, dass ihnen ein eigenes Kapitel gewidmet ist. In den letzten zwanzig Jahren habe ich viele Unternehmer beraten und lasse die Ergebnisse dieser Tätigkeit in das folgende Kapitel einfließen, um Ihnen das etwas komplexere Thema der Finanzierung möglichst praxisnah zu schildern. Wenn Sie dieses Kapitel gelesen haben, sollten Sie grundlegende Vorstellung davon haben, wie man an die Finanzierung eines Projekts im Bereich Kultur- und Kreativwirtschaft herangeht.

„Banker reden über Kunst, Künstler reden über Geld". In diesem Ausspruch wird deutlich, dass die Frage der Finanzierung in der Kultur- und Kreativwirtschaft sehr häufig die entscheidende Frage ist. Aufgrund der „infinite variety" (Caves 2002, S. 136) ist es, wenn die Finanzierung steht, möglich, fast jedes Projekt umzusetzen. Deswegen ist die Finanzierung einerseits ein wichtiger Filter, andererseits eben auch ein ganz zentraler Baustein des Managements.

Die Realisierung eines Projektes aus der Kultur- und Kreativwirtschaft entwickelt sich häufig zu einem Unternehmen. Oft ist das zunächst einmal gar nicht gewollt, aber derjenige, der das Projekt umsetzt, ist dann doch schnell selbstständig und damit Unternehmer. Dabei vertrete ich die Meinung, dass ein erfolgreiches Projekt, wenn es eine erfolgreiche Unternehmung werden möchte, mehr zu bieten haben muss als bloßes Investment. Investment ist zwar ein wichtiger Teil einer solchen Strategie, aber mit dem alleinigen Abzielen auf Investment ist es noch nicht ganz getan. Zuerst braucht es Kunden, Partner und – wenn möglich – öffentliche Förderung. Erst dann ist Investment an der Reihe. Auch ein Investor wird immer zuerst fragen, ob ein Unternehmer seine Hausaufgaben gemacht hat. Diesem Gedanken folgt daher auch die Darstellung.

© Springer-Verlag GmbH Deutschland, ein Teil von Springer Nature 2021
M. Behrmann, *Creative Industry Management*,
https://doi.org/10.1007/978-3-662-63921-4_4

Abb. 4.1 „Das
4-Wände-Modell" der
Finanzierungsstrategien in der
KKW

**„Das 4-Wände-Modell" der
Finanzierungsstrategien in der KKW**

Das vorliegende Kapitel umfasst im Wesentlichen vier Wände zur Finanzierung eines Projekts (siehe Abb. 4.1): Einerseits das Gewinnen von Kunden, also die Entwicklung von Kundenbeziehungen im Sinne des Business Development über Mittelsmänner und die Wert- bzw. Preisbildung. Die zweite Wand ist die Entwicklung von Partnern, die keine Kunden sind. Das ist eine heterogene Gruppe, zu ihr gehören Koproduzenten, Werbepartner und insbesondere auch Plattformen. Die dritte Wand bildet die öffentliche Förderung, ein Bereich, der nur in bestimmten Teilen der Kultur- und Kreativwirtschaft – dort aber dann besonders – wichtig ist. Die vierte Wand betrifft Investments. Hier wird das Unternehmen selbst Gegenstand der Interaktion.

4.1   Kunden

4.1.1   Kundenakquise

Kundenakquise beschreibt den **Aufbau neuer Kundenbeziehungen.** Dieser ist für die Entwicklung neuer Produkte und Dienstleistungen im Bereich der Kultur- und Kreativwirtschaft von besonderer Bedeutung, da gerade hier ein direkter Übergang zum Projektgeschäft besteht (Forsmann 2008, S. 606). Bei Produkten, deren unmittelbarer Gebrauchsnutzen bzw. Wert wenig oder schwierig darstellbar ist, bedarf es besonderer Anstrengungen. So zum Beispiel im Kunsthandel: Der Verkauf eines Bildes durch einen Galeristen ist ein emotionaler Prozess. So soll eine Galerie „naturgemäß dem Kontakt zwischen Kunst und Publikum dienen und eine Verbalisierung der Kunst betreiben" (Mauer 2020, S. 23). Neben dem Verkaufsumfeld und der Fachexpertise kommt es darauf an, den Sammler zum Träumen zu bringen, auch wenn dies heute zunehmend über Messen und Auktionen stattfindet (Kobel 2020, S. 24). Ähnlich wie Kunsthändler gehen andere Agenten in der Kultur- und Kreativwirtschaft vor, zum Beispiel Literaturagenten, Schauspieleragenten oder aber Modelagenten.

Kunden sind entscheidend für die Weiterentwicklung des Unternehmens. Dabei stehen sie in der Realität oft in Konkurrenz zu anderen Finanzierungsformen. Ein wichtiger Grundsatz lautet: Kunden sind in der Regel billiger, vor allem billiger als Investoren. Häufig wird von Gründern und Unternehmen angenommen, dass sie zunächst den Investor überzeugen sollten, um sich dann um die Kundenentwicklung zu kümmern. In außergewöhnlichen Fällen, in denen die Produktentwicklung selbst eine große Rolle spielt und etwas Neues, noch nie Dagewesenes schafft, kann dies denkbar sein. Aber dies ist eine Ausnahme – in der Praxis sehen Investoren gerne, dass bereits Kunden existieren. Vom Gründer wird dies oft als Henne-Ei-Problem empfunden, denn er ist bestrebt, zunächst Investoren zu sichern. Umgekehrt aber lassen sich mit Kunden Investoren wesentlich leichter finden.

Grundsätzlich lassen sich Kundenbeziehungen in **B2B** (Business-to-Business) und **B2C** (Business-to-Consumer) einteilen. In der Kultur- und Kreativwirtschaft ist die **B2B-Kundenbeziehung** die häufigere.

Beispiel

„Ein Kollege bei meinem ersten Job in Südkorea in der Trickfilmbranche erklärte mir damals das B2B-Geschäft aus seiner Perspektive – wir machten damals Zeichentrick-filme für europäische Produktionsfirmen. Er sagte:,Malte, du hast recht, wir schließen nur Verträge mit Produzenten und diese nur mit Fernsehsendern. Was wir machen, ist reines B2B-Geschäft, uns kommt es primär darauf an, dass diese Geschäfts-partner zufrieden sind. Aber neben diesen B2B-Kunden müssen wir immer an die Kinder, unsere Endkonsumenten, denken. Nur wenn diese lächeln und glücklich sind, ist unser Produkt gut und wir werden die nächsten Aufträge bekommen.' Selbst das B2B-Geschäft kommt am Endnutzer nicht vorbei." (Behrmann 2017a, S. 84). ◄

Wir kennen im Bereich der Kultur- und Kreativwirtschaft jedoch auch B2C-Beziehungen. Der Kunsthandel pflegt zunächst beispielsweise Endnutzerbeziehungen. Aber auch hier werden über Agenturen und andere Partner Vertrauensstrukturen ein-gesetzt, die in einem dichten **Peer-System** Qualität zu sichern scheinen.

Im B2B-Geschäft ist der Kunde zugleich Risikopartner. So werden Computer-spiele an Computer-Publisher, Kinofilme an Fernsehsender und Kinoverleiher verkauft bzw. lizenziert. Der Endkonsument als Nutzer des Werkes ist nicht direkter Kunde des Herstellers. So werden die Produktionsrisiken besser geteilt. Von Rimscha unterscheidet zwischen Produktionsrisiken, Entwicklungsrisiken, Reputationsrisiken und Konsum-risiken (von Rimscha 2009, S. 75–101). Das hat Konsequenzen: Besonders im Fern-sehfilm ist dies augenfällig: Der freie TV-Produzent trägt das Fertigstellungsrisiko, die anderen Risiken nimmt ihm der Sender ab. Er kann auf seiner vollen Bezahlung bestehen, auch wenn der Film floppt.

Eine Risikoanalyse einzelner Deals fand zunächst in Buchverlagen statt (Caves 2002, S. 147–160): Ein Vertrag zwischen Autor und Verlag beinhaltet häufig Vorschüsse und üblicherweise 10 % der Lizenzgebühren (**Royalty**).

▶ **Royalties** Im Rahmen der Lizenzvereinbarung erwirbt der Distributor die Rechte an dem Projekt. Im Gegenzug wird die Zahlung eines Prozentsatzes auf die Einnahmen, sogenannte Royalties (Weitnauer 2018, S. 66–69), vereinbart. Dieser Austausch einer Lizenz gegen prozentuale Anteile ist die übliche Herangehensweise für einen Distributor. Das hat zunächst einmal den ökonomischen Hintergrund der Risikoreduktion. Der Distributor poolt das Risiko mehrerer Projekte. Er beteiligt sich nur begrenzt am Herstellungsrisiko, übernimmt aber vollends das Vermarktungsrisiko.

Im Zuge der Digitalisierung wurde dieser Prozentsatz in der Plattformökonomie häufig abgesenkt. Nach dem Verlagsgesetz ist in Deutschland vorgeschrieben, dass ein Buch, für das ein Verlagsvertrag unterschrieben wurde, auch erscheint. Für den Autor ist es zudem bedeutsam, dass der Verlag das Buch lieferbar behält; das ist durch die Digitalisierung einfacher geworden, weil der Nachdruck durch digitale Plattformen erleichtert wurde.

Ähnlich ist das Verhältnis zwischen Künstler und Musiklabels: Hier spielt der kreative Input des Künstlers eine große Rolle, wenn er neben der Autorenschaft auch die Darbietung übernimmt. Das Label dagegen bezahlt für die Produktion und organisiert die Distribution. Insofern investiert das Unternehmen in den langfristigen, nachhaltigen Aufbau des Künstlers und Werbung für ihn. Dieser mittel- bis langfristige Aufbau des Künstlers als Marke ist in diesem Fall die Garantie für zukünftige Erlöse und Kunden, sogenannte Fans. Der Aufbau einer Community von Fans als Basis der Endkundenstruktur ist im Musikbereich exemplarisch darstellbar. Für jeden Künstler wird aufs Neue ein Markt aufgebaut.

Niemand weiß bei Erscheinen, ob das Projekt erfolgreich ist oder fehlschlagen wird (*Nobody-knows*-**Prinzip**). So hat auch diese Branche mit Unsicherheiten zu kämpfen, die die Vorschüsse und Werbeaufwendungen beeinträchtigen. Im Rahmen des Marketings kommt es insoweit darauf an, in Bezug auf Produkt, Platzierung, aber auch in Bezug auf Preise und Promotion strategisch den richtigen Mix zu finden, um das Produkt erfolgreich am Markt zu platzieren. Dabei ist die Variationsmöglichkeit insbesondere auf Produktebene ausgesprochen hoch. Auch die Platzierung ist bedeutsam, denn viele Kanäle werden genau kontrolliert. Im klassischen Standardvertrag bildet die Option, eine gewisse Sicherheit für beide Seiten.

Ein weiteres Modell – sogenannter Pre-Sale – ist, dass der Händler das Werk schon im Vorfeld abkauft und sich damit am Risiko beteiligt, aber im Falle eines höheren Verkaufs auch einen höheren Gewinn erzielen kann. Im Falle eines Vorabverkaufs beteiligt sich beispielsweise der Fernsehsender nur am Vertriebsrisiko, nicht aber an dem Fertigstellungsrisiko. Erst wenn sich der Partner an beiden Risiken beteiligt, kann man wirklich von einer Koproduktion sprechen. In der Praxis häufig anzutreffen ist auch das

Kommissionsgeschäft. Hierdurch wird zum Beispiel der Galerist berechtigt, Werke in eigenem Namen auf Rechnung des Künstlers zu verkaufen, um dann die vereinbarte Provision zu verdienen (vom Berg 2018). In der Praxis existieren auch Stipendien, die einen automatischen Deal auf das gesamte Portfolio des Künstlers eröffnen – ein sogenannter **Output-Deal.** Diese sind zwar äußerst lukrativ für den Kunden, allerdings bedeuten sie häufig ein hohes Risiko für den Mittelsmann.

Werbekunden stellen teilweise einen bedeutsamen Teil der Finanzierung. In Teilen der Kultur- und Kreativwirtschaft wird Produktwerbung geschaltet, mit der große Teile des Projektes bzw. gar das gesamte Projekt finanziert wird. So sind beispielsweise das private Radio und Fernsehen vollständig aus Werbung finanziert. Auch die Tagespresse hat einen – wegen der Digitalisierung deutlich abnehmenden – Anteil von Werbeinnahmen. Die Literatur spricht hier von **dualen Gütern (Kuppelprodukt)** (Kiefer 2005, S. 154).Wesentliche Teile der werbetreibenden Wirtschaft stellen Verbrauchsgüter für den täglichen Bedarf her, deren objektive Qualität sich nur schwer steigern lässt; über die Werbung kann hier Markenbildung dazu beitragen, dass sich die Produkte von der Konkurrenz abheben.

4.1.2 Marktentwicklung

Letztlich ist das **Business Development** die Entwicklung eines Marktes für ein Produkt, welches es so noch nicht gibt – weshalb es auch den Markt in dieser Form noch nicht gibt. Deshalb geht es nicht nur darum, neue Kunden zu generieren, sondern sich in einem ganzen Markt zu etablieren.

Beispiel

Erinnern wir uns an die Einführung des iPads: Bis zum iPad waren Tablets nicht wirklich erfolgreich. Die potenziellen Kunden blieben bei Laptops oder Smartphones. Das bedeutete, die Nachfrage – und somit ein neuer Markt – musste überhaupt erst einmal entwickelt werden. Dies gelang Apple durch eine sehr klare Vorstellung von einem verbesserten Verhältnis zwischen Mensch und Maschine und einer klaren Markenpositionierung. Diese Vorstellung war so überzeugend, dass die Nachfrage nach dem iPad da war und die Neuentwicklung vermarktet werden konnte. Damit war das iPad erfolgreich auf dem Markt etabliert und beispielsweise für Studenten nicht mehr aus dem Vorlesungssaal wegzudenken. ◄

Gerade in der digitalisierten Kreativwirtschaft ist die **Entwicklung neuer Märkte** besonders wichtig. Der Business Developer muss einen Weg suchen, um einen neuen Markt zu eröffnen, auf dessen Basis neue Chancen entwickelt werden können. Dies erfordert ein höheres Maß an Kreativität und Flexibilität, da man in der Lage sein muss, die intrinsischen Interessen der Endnutzer miteinander zu verknüpfen.

Caves modelliert die Suche nach Kunden zunächst bei einfachen kreativen Gütern (Caves 2002, S. 19). Dazu analysiert er beispielhaft den Sektor der bildenden Kunst. Die künstlerischen Endprodukte, die entstehen und dann abgesetzt werden, gelten als Unikate – das gilt sowohl im Hinblick auf ihre Marktstruktur als auch auf die Produkte selbst. Innerhalb des Kunsthandels spielt der Vermittler des Künstlers also eine bedeutende Rolle: Er bildet nicht nur das Bindeglied, sondern er entwickelt den Markt für den Kreativen. Der Händler ist Agent und Promoter des Künstlers zugleich und repräsentiert ihn möglichst gut auf Messen und anderen Ausstellungen. Caves nennt als Beispiel für die Erschließung neuer Märkte im Bereich der bildenden Kunst die Erfindung der Kunstrichtung des Kubismus. Der Agent des damals noch mäßig bekannten Pablo Picasso erfand den Begriff „Kubismus" (Caves 2002, S. 194) letztlich wie ein Marketingkonzept, um die Kunst Picassos griffiger verständlich und damit besser verkaufbar zu machen (siehe Abb. 4.2). Erst mit dieser Erfindung des Kubismus als Marketingkonzept wurden Picasso und sein Agent wirklich erfolgreich. Ein ähnliches Phänomen beschreibt Michel Houellebecq in seinem Roman *Karte und Gebiet* (Houellebecq 2011): Mit der Erfindung einer neuen Kunstgattung kann der Markt für einen Künstler entwickelt werden – ein kulturgeschichtlicher, aber eben auch ökonomischer Vorgang.

Für nachhaltige Einnahmen haben Künstler die Möglichkeit, zwischen verschiedenen Galerien oder Agenturen zu wechseln. Es nutzt dem Kreativen vordergründig, wenn er mit verschiedenen Vermittlern arbeitet, allerdings sinkt dadurch auch seine Motivation, eigene Investitionen vorzunehmen. Daher arbeitet die Branche in der Regel mit einer – zeitlich befristeten – **Exklusivität.** Die einen übernehmen die Aufgabe, junge Künstler aufzubauen, andere entwickeln bereits etablierte Künstler weiter. Inhaltliche und stilistische Spezialisierungen orientieren sich am Markt (Caves 2002, S. 48–49).

Umgekehrt hängt der Verkauf in der Regel unmittelbar mit dem kreativen Prozess zusammen. Und so dient der Mittelsmann auch als Scharnier und Filter. Anders als in der industriellen Fertigung liegt die Verkaufsverhandlung dichter an der kreativen Schöpfung und der sie repräsentierenden Personen. Insofern ist das kreative Element stets gefragt – auch in Person. Grundsätzlich gibt es – entsprechend den Grundsätzen der *infinite variety* – ausreichend Nachschub von künstlerischen Werken. So schaffen Mittelsmänner erst die Marktvoraussetzungen (Caves 2002, S. 37 f.); ein Prozess, den die Künstler allein wohl nicht bewältigen könnten.

Abb. 4.2 Kubismus

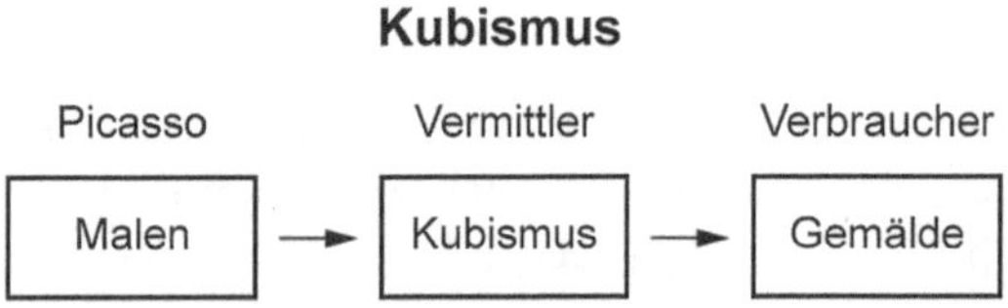

Eine andere Funktion des Agenten ist die des **Filters,** wie in Abb. 4.3 zu sehen ist. Neben der Koordination steht die Vorauswahl, die im Spannungsverhältnis zwischen Kunst und Verwertung sehr individuell ausfällt. Nur einer von 15.000 Autoren wird Caves zufolge von Verlagen akzeptiert (Caves 2002, S. 53). Ein Literaturagent ist daher nicht nur relevant, weil er weiß bzw. wissen sollte, welcher Verlag gerade welche inhaltlichen und formalen Prioritäten setzt. Er sortiert auch aus, indem er nur solche Künstler akzeptiert, die er auch für vermarktbar hält. Die Gründe für die Ablehnung durch einen Verlag liegen nicht nur in Qualität und Originalität, sondern auch in der Arbeitsspezialisierung und der Pipeline innerhalb des Verlages. Insofern sind Agenten willkommene Helfer, um die Kosten im Verlagsbereich zu senken, wenn sie nur Vorschläge machen, die auch der tatsächlichen konkreten Nachfragesituation entsprechen (Caves 2002, S. 67). Außerdem kann der Agent auf den Autor Einfluss nehmen, um bestimmte Veränderungen des Manuskripts zu erreichen, um dieses besser vermarkten zu können.

Je mehr Kreative ein Agent betreut, desto weniger Service kann er seinen Schützlingen bieten. Dabei handelt sich um ein Vertrauensverhältnis, da für den Kreativen keine Absicherung möglich ist, dass von der Seite des Mittelsmannes auch genügend Anstrengungen unternommen werden. Grundsätze der Integrität im spezifischen Milieu erlauben es in der Regel nicht, auf beiden Seiten des Tisches zu sitzen und sozusagen als Agent des Künstlers und des Verwerters mitzuverdienen. Dieses ist grundsätzlich tabu und nach Caves lediglich in der in der klassischen Musik üblich (Caves 2002, S. 70). Superstars der A-Liste können Säle füllen und rechtfertigen damit auch die höheren Einnahmepreise. Daher generieren sie auch höhere Gewinne, selbst wenn sie wesentlich mehr kosten.

In Verträge der Mittelsmänner finden auch Erwägungen Eingang, die verhindern sollen, dass er selbst umgangen wird. In Deutschland ist eine solche Vereinbarung rechtlich nicht ohne Weiteres möglich, da die AGBs oft rechtswidrig sind (Palandt 2017, § 307 Rz 29). Oft finden sich Provisionsvereinbarungen zwischen 25 % und 50 %.

Abb. 4.3 Agent als Filter

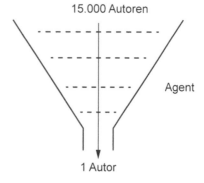

Agent als Filter

In den Verträgen wird zur Errechnung der Bemessungsgrundlage allerdings einiges an Aufwänden abgezogen, denn die Parteien teilen oft nur den Nettogewinn: Werbeaktivitäten, Training, Ankündigung oder Kataloge bleiben ungeteilt, genauso wie zum Beispiel Reisen, Verpflegungsaufwendungen und andere Werbekosten. „Daneben werden die Modalitäten der Kostentragung für Ausstellungen, Transport, Versicherungen und Werbung im Vorfeld, sowie der Rückgabe oder in Kommissionsnahme im Nachhinein der Ausstellung geregelt." (vom Berg 2018).

Durch die Digitalisierung der Märkte können verschiedene Wertschöpfungsstufen wegfallen. Die Konkurrenzsituation im Rahmen des Business Developments verändert sich durch die Abkürzung diverser Wertschöpfungsketten, die im analogen Wettbewerb deutlicher waren (Kap. 2). Das Agenturgeschäft wird schneller und digitaler und weniger an bestimmten kulturellen Orten und persönlichen Beziehungen orientiert. Insgesamt hat sich der Markt durch die Plattformökonomie und die zunehmende Bedeutung von großen Messen stark verändert (Kobel 2020, S. 34). Die Strukturen sind transparenter geworden: Preise und Werte sind weltweit vergleichbar. Die Arbeit des einzelnen Agenten wird durch Plattformen herausgefordert. So leicht lassen sich erfahrene Agenten zwar ihr B2B-Geschäft nicht aus der Hand nehmen. In fast allen Sektoren innerhalb der Kultur- und Kreativwirtschaft gab es aber Versuche, über Onlineplattformen den Agenturprozess zu automatisieren. Es hat sich viel verändert, Showreels von Schauspielern sind beispielsweise heute online verfügbar und nicht mehr auf Videokassette. Dadurch hat sich die Beziehung zwischen Castingagent und Schauspieleragent verändert.

4.1.3 Wertbildung

Die Frage, welchen Preis die Güter der Kultur- und Kreativwirtschaft kosten, ist stark subjektiv. Die Herstellungskosten selbst sind für die Wertbildung sekundär.

Beispiel

Dazu erzähle ich gerne folgende Geschichte, die sich in meiner Studentenzeit zugetragen hat: Mein Mitbewohner lebte im Wesentlichen von den Bilderverkäufen seiner Lebensgefährtin, einer Malerin. Sie veranstalteten Atelierabendessen mit potenziellen Käufern, die typischerweise Zahnärzte, Steuerberater und vergleichbare Berufe ausübten. Jeden Monat mussten sie ein Bild verkaufen, um ihr Leben zu finanzieren. Eines Abends fragte ein potenzieller Käufer während des Essens, was das Bild denn koste, mein Mitbewohner antwortete daraufhin „eins fünf". Er meinte damit den üblichen Preis, nämlich 1500,– DM. Der Käufer, ein Steuerberater, ließ sich am Ende des Dinners die Kontonummer geben und nahm das Bild mit. Weiter wurde über das Thema nicht gesprochen. Er überwies 5000,– DM, denn er hatte offenbar verstanden, dass das der Preis für ein Bild sei. – So quodlibetär kann die Preisbildung sein. ◀

Gerade komplexe, reproduzierbare Werke sind wirtschaftlich besonders wertvoll. Ihr Wert liegt vor allem im geistigen Eigentum, *intellectual property*, nicht im einzelnen Werkstück. Durch die Skalierbarkeit entsteht ein besonderer Wert. Das Werk verbraucht sich nicht durch die Benutzung, sondern steigert sogar noch seinen Wert. Eine seltene Jazzrichtung wird erst über die Zeit einen neuen Fan überzeugen: Ist er aber überzeugt – und hat sich „eingehört"–, wird er noch andere Aufnahmen derselben Gruppe bzw. Richtung erwerben. Richtig aufgesetzt, kann ein *intellectual property* (IP) sehr wertvoll sein und langfristige Renditen einspielen. Überdies sei angemerkt, dass sich in diesem Fall der Wert der Musik (IP) nicht nur mit dem Konsum nicht verbraucht (Nichttrivalität im Konsum), sondern sogar steigern lässt.

Eine besondere Herausforderung besteht insbesondere, wenn das Werk bzw. das Produkt noch gar nicht existiert. Gerade in der Architektur, aber auch im Film sowie im Gamesbereich werden die wichtigsten Verträge auf der Basis einer Präsentation oder eines Prototyps geschlossen, und das Werk selbst wird erst im Rahmen des Werkvertrages (siehe Kap. 5) im Nachgang vollendet.[1] Das ist eine Wette auf die Zukunft, sodass häufig der Verkäufer bzw. Agent in besonderem Maße für die Qualität, die er versprochen hat, geradestehen muss. Hier liegt wohl die Hauptursache dafür, dass innerhalb der Kreativwirtschaft häufig ein dichtes Netzwerk von Vertrauenspersonen bzw. Peers besteht, das den einzelnen Akteur dazu zwingt, aufrichtig zu agieren und seine Versprechen einzuhalten.

Die Community-Orientierung der Kreativwirtschaft hat also durchaus ökonomische Gründe, sie stellt das **Peer-Netzwerk.** Sie sorgt dafür, dass in einem Metier, in dem häufige Träume und Visionen verkauft werden, die oft noch gar nicht existieren, deren Realisierung konkret möglich erscheint. Nur ein bekannter und bewährter Akteur kann hier überzeugen, und er muss sich dann auch anstrengen, die Qualität zu halten, denn er hat in der Community einen Ruf zu verlieren. Daher sind der Technisierung des Verkaufsprozesses hier Grenzen gesetzt: Die Emotionalität und Branchenerfahrung sowie das immer wieder aktualisierte Kontaktnetzwerk lassen sich kaum technisch reproduzieren. Zugleich nimmt diese Community-orientierte Herangehensweise oft rituelle Züge an, die mit regelmäßigen Messen, Preisverleihungen und anderen Zusammenkünften der Branche einhergeht. Künstler beginnen ihre Laufbahn als Kunststudenten, die neben dem Talent auch Professionalität, Originalität, Ästhetik und andere Qualitäten wie professionelle Naivität mit sich bringen müssen. Sie bewähren sich in ihrem unmittelbaren pädagogischen Umfeld und entwickeln ein Peer-Netzwerk, siehe Abb. 4.4.

Für die Kontrolle der **Qualität** und Zuverlässigkeit bleibt auch nach der Ausbildung die Peer-Struktur zentral. Insoweit sind fachliche Agglomerationen notwendig, um die Ausbildung und den Prozess des Übergangs ins Berufsleben zu ermöglichen. Hier bilden sich erste Filtermechanismen, die die Spreu vom Weizen trennen, die Kunst von

---

[1] Bei einem Werkvertrag gem. § 631 BGB ist es typisch, dass zum Zeitpunkt des Vertragsabschlusses das Werk nicht vorhanden ist, MüKoBGB/Busche, BGB § 631 Rn. 1.

Abb. 4.4 Künstler-Peer-
Netzwerk

Künstler-Peer-Netzwerk

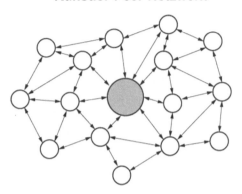

der Routine, den Job von der Berufung. Hier ist die eigentliche Bedeutung von räum-
lichen Kunstclustern verortet. Für größere Investitionen sind Sammler bereit, in die Stadt
zu fahren, in der es bessere Aussichten auf bessere Kunst gibt. Das bedeutet, dass hohe
Lebenshaltungskosten in zentralen kulturellen Hubs möglicherweise gerechtfertigt sind
(Caves 2002, S. 34).

Die bipolare Unterscheidung zwischen Handwerk und Kreativität zielt auf den Qualitätsbegriff. Die Qualität ist für die Wertbildung zentral und lässt sich aus verschiedenen
Perspektiven bestimmen:

> „Mindestens drei unterschiedliche Perspektiven können eingenommen werden: die des
> Produzenten, des Rezipienten und des Kritikers. Bei den verschiedenen Qualitätsvor-
> stellungen könnte zum Beispiel die handwerkliche Umsetzung, der Erfolg beim Rezipienten
> oder die künstlerische Leistung im Vordergrund stehen." (Behrmann 2017a, S. 33)

Der Ansatz einer Motivation des L'art pour l'art beschreibt die Situation sehr treffend:
Hohe ästhetische, aber geringe ökonomische Ansprüche. Da der Community-Faktor
sehr stark ist, geht es ohnehin um moralische Verpflichtungen bzw. um den Handschlag.
Das funktioniert weitgehend nonmonetär bzw. meritorisch. Dabei ist die handwerkliche
Qualität die Beurteilung aus Produzentenperspektive. Vermutlich gewann der Begriff der
handwerklichen Qualität erst mit dem Entstehen moderner Kunstakademien im 19. Jahrhundert an Bedeutung (Caves 2002, S. 25). Die Werte der Kunstakademien orientieren
sich noch heute an den romantischen Idealen des Künstlers, die realen ökonomischen
Strukturen stehen dazu fast im Widerspruch.

4.2   Partner

Der folgende Abschnitt beschäftigt sich mit **Partnern,** die keine Kunden sind, denn
auch sie können wichtig für die Finanzierung eines Projekts sein. Solche Partner
können sehr unterschiedlicher Art sein und gewinnen insbesondere in der digitalisierten

Welt an strategischer Bedeutung. Sie sind allerdings schwerer greifbar und trotzdem außerordentlich wichtig. Partner lassen sich im Bereich der Finanzierung und Risikominimierung, in Bezug auf Öffentlichkeit und Vertrieb oder in anderen Kontexten identifizieren.

Eine Gemeinsamkeit und gleichzeitig herausstechende Charakteristik aller Partner ist, dass sie keine Kunden sind und trotzdem an der Seite des Unternehmens stehen, dessen Finanzierungsstruktur dadurch zunehmend komplexer wird.

Hier werden folgende fünf verschiedene Arten von Partnern vorgestellt, die Sie nach diesem Kapitel besser kennen und mit deren Unterschieden Sie vertraut sein werden:

- Werbepartner und PR-Netzwerkpartner
- Risikominimierungspartner: Koproduktion
- Plattformen
- Blockchain
- Crowdfunding

4.2.1 Werbepartner und PR-Netzwerkpartner

Die Werbung nutzt die Nähe zum kreativen Produkt und die damit entstehende Aufmerksamkeit für eigene Zwecke. Soweit Werbepartner selbst als Kunden geführt werden, wurden sie oben schon behandelt (siehe Abschn. 4.1).

Beim klassischen Sponsoring (siehe Abb. 4.5), wie es zum Beispiel in der darstellenden Kunst vorkommt, kaufen Sponsoren für Geld Aufmerksamkeit und bringen sich so in Projekte ein. Das kann mit Dienstleistungen, aber auch mit Barmitteln passieren oder aber durch das Bereitstellen von Gegenständen oder Räumlichkeiten. Getränke- oder Automobilhersteller unterhalten ganze Abteilungen, die eine Vielzahl kultureller Veranstaltungen durch Beistellungen unterstützen können.

Beispiel

Ein gutes Beispiel hierfür ist der Hersteller des berühmten Energydrinks Red Bull. Das Unternehmen sponsert eine Vielzahl sportlicher Veranstaltungen, vor allem im Bereich Extremsport, bei Autorennen wie Formel 1 oder DTM und im Fußball. Der Name ist bei diesen von Red Bull gesponserten Veranstaltungen Programm. Ob auf der Kleidung, auf den Sportgeräten (z. B. dem Rennauto), als Banner oder als Produkt selbst – der Red Bull ist überall zu sehen, und das Getränk selbst wird sowohl von den Veranstaltern als auch den Sportlern und dem Publikum getrunken. Selbst der Fußballclub RB Leipzig wurde umbenannt – offizieller Begriff: „Rasenball". ◄

Der Übergang ist fließend. Viele Werbepartner finanzieren aber nicht die Herstellung, sondern in der Aufmerksamkeitsökonomie entstehen Werbepartnerschaften jenseits

Abb. 4.5 Sponsorpartner

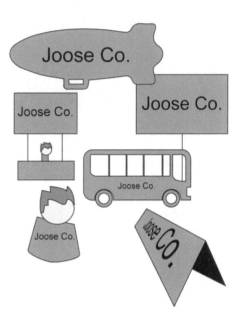

Sponsorpartner

monetärer Ströme im engeren Sinne: **Barter-Deals.** Danach wird die Beistellung von Produkten mit Sichtbarkeit getauscht. Diese Strukturen spielen schon lange eine große Rolle; sie nutzen die besondere Glaubwürdigkeit und Aufmerksamkeit, die kreativen Akteuren entgegengebracht werden, für Werbezwecke. In der Welt der Influencer haben sich diese Strukturen noch einmal deutlich verfestigt.

Hintergrundinformation Barter-Deals

„Ein Barter-Deal bezeichnet ein Tauschgeschäft, bei dem eine Ware oder eine Dienstleistung gegen eine andere Ware oder Dienstleistung getauscht wird. Gelder fließen dabei nicht. Der Begriff ‚Barter' stammt aus dem Englischen und bedeutet ‚Tausch'. Bei einem Barter-Deal gilt das Prinzip ‚Quid pro Quo'. Dies bedeutet aus dem Lateinischen übersetzt ‚dieses für das' und bezeichnet einen Rechtsgrundsatz. Dieser umfasst, dass eine Person, die einer anderen etwas gibt, eine entsprechende Gegenleistung erhalten soll.

Die Besonderheit beim ‚Bartering' in der Geschäftswelt ist, dass jede Partei Lieferant und Kunde zugleich ist. So entsteht eine Win–win-Situation für beide Unternehmen.

Besonders häufig werden Barter-Deals im Kontext von Online-Marketingmaßnahmen geschlossen. Hier vereinbaren zum Beispiel zwei Online-Plattformen den gegenseitigen Austausch von Links und/oder Content. Dies geschieht gern in Form von Gastbeiträgen." (Gründerlexikon).

Ein weiteres gutes Beispiel ist hier die Kinofilmindustrie. Der Abspann eines Kinofilms zeigt, wie viele Partner für die Produktion erforderlich sind. Hier werden viele Barter-Deals abgeschlossen, zum Beispiel die Vermietung on Autos.

Weitere Partner sind für den gesamten Bereich der Public Relations von Bedeutung. Das Marketing funktioniert – gerade im B2B-Umfeld der Kreativwirtschaft – hauptsächlich im Peer-Netzwerk. Insofern muss ein erfolgreicher Akteur im Milieu ständig auf Konkurrenten und Kollegen referieren. Die gegenseitige Anerkennung ist die Währung seines Erfolges. Das „miteinander sehen und gesehen werden" spielt insoweit nicht nur in der darstellenden Kunst eine Rolle, sondern letztlich in allen Bereichen der Kreativwirtschaft.

PR-Netzwerke gibt es nicht nur im digitalen Raum. Schon in analogen Zeiten waren solche Strukturen sehr erfolgreich. Die Zirkel beispielsweise, in denen sich Künstler aufhalten, dienen auch nicht nur dem kreativen Austausch, sondern bilden auch Strukturen, die Seilschaften in der Politik nicht unähnlich sind. Sie entstehen in Ausbildungsinstitutionen, aber auch in Künstler- und Autorengruppen wie der Gruppe 47 (Arnold 2007, S. 4 ff.). Mitglieder dieser Gruppe von deutschsprachigen Schriftstellern nach dem Zweiten Weltkrieg wurden sehr erfolgreich, auch weil sie dieser Gruppe angehörten. Der PR-Effekt dieser Gruppe war sensationell, gerade weil dies im Milieu nicht unbedingt betont wurde.

Zur Gruppe 47
„Obwohl sie seit fast einem halben Jahrhundert nicht mehr existiert, geistert sie noch immer durch die Debatten: mal als Popanz, mal als Vorbild, mal als abschreckendes Beispiel. Was es mit ihr auf sich hatte, wissen die meisten allenfalls noch durch Gerüchte und meinungsstarke Thesen. Großen Einfluss auf die Art und Weise, wie über diese Autorenvereinigung gesprochen wird, hat zudem die Tatsache, dass einige ihre Protagonisten im Grunde bis heute den literarischen Diskurs bestimmen. Wenn Günter Grass, Marcel Reich-Ranicki oder Martin Walser auftreten oder anderweitig ihre Ansichten kundtun, findet das immer noch den stärksten Widerhall in den Medien. Sie sind Debattenkönige, Auslöser für Streitgespräche und Artikelserien. Sie mögen polarisieren, aber ihnen gehört immer noch die Aufmerksamkeit." (Böttiger 2012, S. 9).

4.2.2 Risikominimierungspartner: Koproduktionen

Bei der Herstellung von Produkten der Creative Industries ist es kennzeichnend, dass niemand vorher weiß, ob sie erfolgreich sein werden oder nicht (*Nobody-knows*-Prinzip) (Caves 2002, S. 3, 109, 137). Trotzdem müssen für die Produktion hohe Fixkosten geschultert werden. In einer Hit-getriebenen Wirtschaft können so Risiken besser verteilt und durch Hits – also Produkte, die durch die Decke schießen – kompensiert werden. Tritt dies ein, sind sie sehr leicht zu vervielfältigen und erzeugen dadurch besonders hohe Gewinne (Skaleneffekt). Hier lässt sich eine Normalverteilung nach dem **Pareto-Prinzip** identifizieren. Pareto hatte anhand der Landwirtschaft nachgewiesen, dass „etwa 20 % der Projekte in einem Portfolio überproportional hohen Gewinn machen, während 80 % unter diesem Niveau liegen. In diesem Zusammenhang wird von einem ‚The winner takes it all'-Phänomen gesprochen." (Behrmann 2020, S. 2.)

Um die Risiken der Pareto-Verteilung zu tragen und gleichzeitig an den trotzdem entstehenden Gewinnen zu partizipieren, haben sich Ökosysteme herauskristallisiert, die die Risiken so aufteilen, dass sie beherrschbarer erscheinen. Bei der Suche nach Partnern haben sich insbesondere im Bereich der Film- und Fernsehproduktionen besondere Strukturen herausgebildet, die sogenannten **Koproduktionsstrategien.**

▶ **Koproduktionsstrategien** zeichnen sich dadurch aus, dass die Koproduzenten das hohe Risiko gemeinsam tragen, aber auch den Gewinn teilen: Daher lautet die Definition einer Koproduktion, dass sowohl Profite als auch Risiken der jeweiligen Koproduktionspartner gemeinsam getragen werden. Die wichtigsten Koproduktionspartner sind in Deutschland Fernsehsender.

Filmkoproduktionen sind ein sehr gutes Beispiel dafür, wie man mit Partnern Projektfinanzierungen realisieren kann. Mit dem Risiko kommt aber eben auch möglicherweise der Profit – sozusagen die Kehrseite die Medaille –, Profit und Risiko gehen stets Hand in Hand.

Beispiel Hollywood

Um zu verstehen, warum das Koproduktionssystem im Film entstanden ist, lohnt sich der Blick auf die Geschichte Hollywoods: Mit der Einführung des Tonfilms etablierte sich nach dem Ersten Weltkrieg das Zentrum der Filmwirtschaft in den Vereinigten Staaten (Caves 2002, S. 88) – mit Hollywood als lokalem Zentrum. Die Produktion erfolgte in großen, integrierten Produktionsstätten, sogenannten Studios, die der von Ford entwickelten Fließbandproduktion nacheiferten. Technische Innovationen wie die Einführung des Tonfilms konnten so leicht etabliert werden. Das Oligopol von sechs großen Studiofirmen und zwei kleineren Unternehmen kontrollierte auch wesentliche Teile der Kinoketten im Land. Das Geschäftsmodell sah vor, Unbekannte zu Stars aufzubauen, um mit ihrer Hilfe Langspielfilme zu vermarkten. Alle Künstler wurden vom Studio fest angestellt und hatten ein enges vertragliches Korsett, das ihnen nicht gestattete zu entscheiden, wo sie eingesetzt wurden, zu kündigen oder ein höheres Gehalt zu verhandeln (Caves 2002, S. 89). Im Erfolgsfall konnten sie gelegentlich einen zusätzlichen Bonus erzielen. Erst nach sieben Jahren lief der Vertrag aus und konnte neu verhandelt werden. Teilweise liehen sich die Studios gegenseitig ihre Vertragsschauspieler aus – das war dann aber auch das höchste der Gefühle.

Im Studiosystem waren die Aufgaben hochspezialisiert: Fest angestellte Drehbuchautoren bildeten fachliche Nischen wie zum Beispiel Witze aus. Spezialisierte Handwerker statteten in Festanstellung die Filmproduktionen entsprechend aus. Neben Friseuren und Kostümspezialisten hatte man auch besondere Handwerker im Baubereich sowie Stuntmen. Es gab qualitativ unterschiedlich gute A/B-Teams. Organisatorisch wurde unterschieden zwischen dem Producer, der für Einzelprojekte verantwortlich war, und dem Regisseur, der die künstlerische Leitung übernahm. Der

Herstellungsleiter überwachte die gesamte Produktion. Rechte an Drehbüchern hielt das Studio selbst und entwickelte die Inhalte nach Befinden weiter. Die Herstellung des Films erfolgte erstmals nicht chronologisch, sondern wurde nach Effizienzgesichtspunkten organisiert: Als Maßeinheit etablierte sich die Anzahl der Seiten in einem Drehbuch. Dem Zeitplan wurde die Qualität untergeordnet: „Willst du es gut oder willst du es am Dienstag" (Caves 2002, S. 91) war ein geflügeltes Wort.

Nach dem Zweiten Weltkrieg lösten sich diese klassischen Strukturen schrittweise auf. An dieser Stelle wurde das Studiosystem durch ein Partnernetzwerk ersetzt, welches zur Finanzierung viele Partner erforderte, die keine Kunden waren. Konkret macht Caves aber drei Ursachen für den Zusammenbruch des Studiosystems verantwortlich: Stars gründeten aus steuerlichen Gründen eigene Beratungsfirmen. Bei Paramount griffen die Kartellbehörden durch: Sie zwangen Paramount, die integrierten vertikalen Kartelle aufzugeben und ihre Kinoketten zu verkaufen. Zugleich wurde es verboten, Filmtheater über Blockbuchungen zu binden. Es musste jedes Kino gleich behandelt werden.

Die hier entwickelten Grundsätze sind später in der Debatte zur Netzneutralität des Internets wieder aufgetaucht. Das wichtigste Thema war allerdings das aufkommende Fernsehen, das B-Filme aus den Kinos verschwinden ließ (Caves 2002, S. 92). Das Kino reagierte mit technischen Innovationen wie Breitwand oder ähnlichen Weiterentwicklungen. Inhaltliche Innovation betrafen besonders die Fragen des Storytellings. Während 1949 nur 20 % der Filme von Independents produziert wurden, waren es 1957 bereits 57 % (Caves 2002, S. 94). Die Studios entwickelten sich zu Vertriebsstrukturen, die ihre Studiogelände als Service vermieteten. Die Steuerung der Produktionen wurde allerdings von kleineren Unternehmen, die flexibel agieren konnten, durchgeführt. Es entstand ein Cluster unabhängiger Serviceunternehmen, hochspezialisierter Fachleute, die auf Zuruf zulieferten (zum Beispiel Stuntmen). Die Dezentralisierung führte zum Absenken von Eintrittsbarrieren. Es gab eine Veränderung in der Gewinnstruktur: Statt an langfristigen Talentstrategien orientierte man sich zunehmend an einer modern verstandenen Qualität der Filme. Dies wurde durch das Aufkommen von Filmhochschulen, die die Ausbildung in den Studios ersetzte und unabhängige Ausbildungsinstitutionen schufen, unterstützt. Zugleich entstanden Messen, in denen qualitativ hochwertige Filme produziert wurden, sodass es zum Beispiel in Cannes oder in Las Vegas möglich war, eine eigene unabhängige Welt an Vertriebsnetzen aufzubauen. ◄

Abb. 4.6: Betrachten wir die klassische Kinofinanzierung schematisch, entlang der Wertschöpfungskette und aus Sicht des Zuschauers, lässt sich schnell erkennen, dass von einer Kinokarte, die ursprünglich 20 € gekostet hat, 50 % an die Kinobesitzer direkt gehen. Die andere Hälfte geht an den Verleiher, und letztlich 2,5 % gehen an den Produzenten. Somit sind alle Beteiligten am Erfolg und Risiko beteiligt.

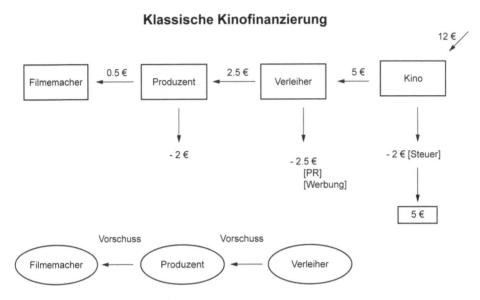

Abb. 4.6   Klassische Kinofinanzierung

Diese Finanzierungsform von Projekten hat vor allem die Limitierung von potenziellen Risiken im Auge. Risikominimierungspartner unterstützen finanziell oder durch Beistellungen einen Anteil am Risiko für das Herstellen des Produktes (Hübner 1998).

▶ **Fertigstellungsrisiko** Diese Risikoposition beschreibt alle Risiken, die mit der Fertigstellung des Produktes verbunden sind. Bei der Filmproduktion sind das beispielsweise Risiken, die auftreten können, wenn wichtige Schauspieler oder der Regisseur plötzlich erkranken oder versterben oder wenn aufgrund höherer Gewalt, wie zum Beispiel durch den Ausbruch einer Pandemie, die Dreharbeiten abgebrochen werden müssen.

▶ **Vertriebsrisiko** Diese Risikoposition beschreibt alle Risiken, die mit dem Erfolg des Produktes beim Endkunden zusammenhängen. Bei der Filmproduktion ist dies beispielsweise der Erfolg an der Kinokasse (Box Office).

Für die Absicherung des Fertigstellungsrisikos gibt es spezialisierte Versicherungsunternehmen, sogenannte **Completion Bonds** (Hübner 1998). Diese übernehmen das Risiko der Fertigstellung. Wird der Film oder das Computerspiel nicht fertiggestellt, beispielsweise weil der Hauptdarsteller verstirbt, springt die Verssicherung ein. Voraussetzung für einen solchen Completion Bond ist eine Due Diligence (Kerry London 2020), also eine Untersuchung des Herstellers des Medienproduktes auf seine Fähigkeit hin, das Produkt tatsächlich fertigzustellen. Das damit zusammenhängende Gutachten ist in der Regel

Abb. 4.7 Fertigstellungs- und
Vertriebsrisiko

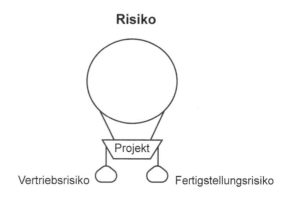

die Eintrittskarte für finanzielle Investoren. Wenn ein Completion Bond erteilt wurde, tun sich Finanzinvestoren wesentlich leichter, denn das Risiko, dass das Medienprodukt überhaupt nicht fertig wird, ist damit abgesichert. Ob ein Film oder ein Game im Markt reüssieren wird, ist zwar noch ungleich schwerer einzuschätzen, für einen Investor aber ist dies ein eher handelbares Risiko, da er um das Risiko weiß. Wogegen das Fertigstellungsrisiko aus Sicht eines Investors wenig durchschaubar ist und die Gefahr birgt, dass das gesamte Investment ohne irgendeinen Gegenwert verloren geht (Abb. 4.7).

Bei der Finanzierung komplexer kreativer Güter wie zum Beispiel im Kinofilm oder bei Computerspielen haben sich Minimumgarantie-Zahlungen als wesentliches Finanzierungsinstrument bewährt (Caves 2002, S. 112). Mit der Zahlung der Minimumgarantie beteiligt sich der Filmverleiher an dem noch nicht produzierten Kinofilm. Er ermöglicht die Produktion, weil der Produzent mit diesem Vorschuss auf zukünftige Einnahmen aus der Verwertung des Filmes rechnen kann. Der Verleiher beteiligt sich jedoch nur begrenzt auf die Höhe der Minimumgarantie an den Risiken und ist damit nicht als Koproduzent qualifiziert. Scheitert die Umsetzung des Projekts, dann verliert der Verleiher zwar seine Garantiezahlung, aber er haftet nicht unbegrenzt.

Beispiel

Mit dem Aufkommen des Kinos und der sich damit entwickelnden Filmwirtschaft haben sich frühzeitig Filmverleihunternehmen entwickelt: Die Erfindung des Cinématographen durch die Brüder Lumière erregte in Paris schnell große Aufmerksamkeit. Es stellte sich jedoch heraus, dass die Investoren sich zunächst auf die Errichtung von Kinosälen konzentrierten und die Herstellung neuer Inhalte vernachlässigten (Behrmann 2017a, S. 19). So entstand ein Engpass. Es war eine Idee des französischen Unternehmers Jacques Pathé, die hier maßgeblich Einfluss auf die Entwicklung nahm: Der Filmverleih wurde geboren, der den Produzenten eine Minimumgarantie an Produktionskostenvorschüssen leistete und die Filme im Wochenrhythmus an verschiedene Kinos verlieh. ◄

Das Modell ermöglicht eine begrenzte Risikobeteiligung der Vertriebsstrukturen und erlaubt damit eine relativ klare Abgrenzung der Risiken. Bei der Minimumgarantie wird die ausgezahlte Summe als Vorschuss für die nachfolgende Produktion behandelt. Sie wird gegen die prozentualen Einnahmen aus dem Projekt gegengerechnet *(recoupt)*. Im Gamingbereich nennt man diese Konstruktion „Advance-against-Royalties-Deal", im Filmbereich heißt sie PFD *(production financing and development agreement)*. Diese Herangehensweise bewirkt eine begrenzte Risikoteilung, die in der Regel keine echte Kundenbeziehung ist, sondern eher partnerschaftliche Züge aufweist.

▶ **Wichtig**
   Die Gegenrechnungsstrategien sind vielfältig. Im Wesentlichen sind hier drei wichtige Ansätze zu unterscheiden:
   1. Entweder werden die Einnahmen nach der Generierung des Vorschusses geteilt oder nur auf den Anteil des Produzenten heruntergebrochen (ein wesentlich besserer Deal für den Geldgeber).
   2. In Einzelfällen gibt es auch die Variante, dass man den Vorschuss nicht als rückzahlbaren Vorschuss behandelt, sondern als Vorauszahlung, und dass die Einnahmen unmittelbar nach Eintreffen geteilt werden (Kap. 5) – dieses Modell ist bekannt als: Beteiligung ab der „ersten Kopie".
   3. Ein anderes Modell der Beteiligung ist der Vorabverkauf, der sogenannte Pre-Sale der Lizenzrechte, welcher ebenfalls im Film- und Fernseh-geschäft häufig – in der Regel mit Fernsehsendern – stattfindet (Baker 1995, S. 90). Bei einem Vorabverkauf findet keine vollständige Risiko-teilung statt.

Bei Fernsehsendern können wir noch eine andere Form der Koproduktion beobachten: Die echte Fernsehkoproduktion. Nach den öffentlich-rechtlichen Regelungen unserer europäischen Staaten, wie zum Beispiel der AVMDRL (Europäischen Union 2010, Artikel 13, Rn. 64) sind die Fernsehsender gehalten, Filmproduktionen mit unabhängigen europäischen Produzenten durchzuführen. In Deutschland werden die Ergebnisse solcher indirekten Nachwuchs- und Spielfilmförderungen eher verschämt und mitten in der Nacht gesendet (zum Beispiel die ZDF-Reihe „Das kleine Fernsehspiel", welches montags nach Mitternacht ausgestrahlt wird). Hier teilt sich das Koproduktions-modell nach Anteilen auf: Einerseits gibt es einen investitionsähnlichen Koproduktions-anteil des Senders: Dabei erhält der Sender anteilig Rückflüsse (Revenue Shares) bei weiteren Lizenzierungen an Dritte – insofern ist der Sender ein Koproduktions-partner. Andererseits wird dieser ähnlich wie bei einem Vorabverkauf für einen Teil des Koproduktionsbudgets gegengerechnet.

Neben Konstruktionen mit diesen beiden Hauptpartnern gibt es im Bereich der Film-koproduktion auch viele andere Finanzierungsmodelle mit weiteren Partnern, zum Bei-spiel Videovertrieb oder der Handel mit Auslandsrechten. Von zunehmender Bedeutung ist auch die Partnerschaft mit Internetplattformen. Hier bilden sich hybride Modelle

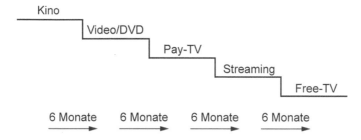

Abb. 4.8 Klassische Auswertungskaskade

heraus, die einerseits nach den Regeln der **Plattformökonomie** funktionieren, andererseits aber auch Koproduktionsmodelle aus dem klassischen Fernsehgeschäft übernehmen. Während im Bereich der Videodistribution und im internationalen Weltvertrieb
ähnlich wie im Kinoverleih mit Minimumgarantien gearbeitet wird, orientieren sich die
Strukturen in der Plattformökonomie eher an den Koproduktionsmodellen der Fernsehsender. Allerdings zu wesentlich schlechteren Bedingungen für die Produzenten, wie
zum Beispiel einem *total buy out* von Lizenzrechten[2], was in Deutschland rechtlich
kaum möglich wäre. Aktuell wird die klassische Auswertungskaskade, die in Abb. 4.8 zu
sehen ist, immer häufiger durch die Streamingplattformen durchbrochen.

4.2.3 Plattformen

In den letzten Jahren haben sich insbesondere **Plattformen als Partner** hervorgetan, diese
sind allerdings schwerer einzuordnen. So ist ein App Store für die wirtschaftliche Applikation
ein Partner, kein Kunde. Gleichzeitig sind hier die Kundenbeziehungen virtualisiert und
werden faktisch durch den Partner vermittelt. Der Entwickler bekommt das Geld vom App
Store, während er seine Kunden gar nicht kennt. Insofern sind virtuelle Plattformen heute
Partner, die wichtige Kundenfunktionen übernehmen – aber das eben nur teilweise. Die Rolle
eines App Stores unterscheidet sich insoweit vom klassischen Verlag, Publisher oder Filmverleiher. Ein Verlag oder Verleih würde eigene Risiken übernehmen und konsequent seinen
Anteil am Risiko des Projektes tragen. Die Plattform stellt lediglich eine Möglichkeit zur
Verfügung, die Transaktion durchzuführen. Dabei werden die Regeln der Plattformen eindeutig und einseitig durch die Plattform festgelegt. Als Vorläufer dieser Strukturen könnte
man Konsolen im Gamingbereich ansehen. Insofern spielt es eine Rolle, dass die Plattformen durch ihre Marktmacht und ihren Markenschutz die Möglichkeit einräumen, die

---

[2] Das heißt, alle Rechte am Werk werden weiterverkauft.

Applikationen entsprechend einzustellen. Die Plattformökonomie verändert also die Risiko-struktur. Das erlaubt die ungeheuren Gewinne bei überschaubaren Risiken für die Plattform selbst. Ein Vorteil der Plattform bzw. des App Stores ist die weltweite Transparenz. Wirklich erfolgreiche „gute" Produkte können sichtbar und sehr erfolgreich werden: Alle Hersteller sind zunächst gleich – die Platzierungsvorteile sind zunächst weniger wichtig. Allerdings ist dieses Phänomen fast schon wieder obsolet – mittlerweile gelingt es den großen Content-Anbietern auch in der Plattformökonomie, Platzierungsvorteile zu realisieren.

Beipiel

Als ich vor rund 20 Jahren in die Gamesbranche kam, gab es einen großen US-amerikanischen Publisher, der etwa 50 % des Marktanteils innehatte. Er leitete daraus – wettbewerbswidrig – das Recht ab, auch 50 % der Regalflächen in den Geschäften für sich zu beanspruchen. Wettbewerbswidrige Blockbuchungen im Kinobereich sowie teilweise auch im Fernsehen sind ebenfalls üblich: Danach bekommen Kinos nur dann sehr erfolgversprechende Filme, wenn sie bereit sind, auch andere, weniger große Marken im Paket mitabzunehmen. ◄

Dabei gilt es zwischen den Plattformen im Internet und der sogenannten App Economy, die Plattformen im mobilen Netz zur Verfügung stellt, zu unterscheiden. Wir verwenden hier definitorisch die Begriffe **App-Ökonomie** für das mobile Ökosystem und **Internet-ökonomie** für das stationäre. Dabei wissen wir, dass die Grenze manchmal nicht so ein-deutig zu ziehen ist.

Die grundlegenden Unterschiede der Plattformökonomien im mobilen bzw. stationären Ökosystem wurden bislang – obwohl sie von entscheidender Bedeutung sind – nur wenig erforscht.

„After the year 2008 we then saw the market moving in a direction few had predicted: the mobile revolution had begun. What is often forgotten when discussing digitization today is that over the past ten years, two very different revolutions have occurred: first, the digitalization of distribution over the Internet, and then the shift to mobile platforms. In the old days, mobile developers had a hard time surviving in the ecosystem. They were depending on telephone operators who took control over the market and took high margins." (Behrmann 2017b, S. 120)

In der zunehmend integrierten Plattformökonomie orientieren sich die Fragen der Partnerschaften neu. Besonders wichtig ist, dass das Websystem offen und damit auch international ist, während die US-Dominanz im Bereich der mobilen App-Ökonomie in der westlichen Welt frappierende Ausmaße angenommen hat. Teilweise handelt es sich um komplett geschlossene Ökosysteme, die keine anderen Akteure zulassen und reine End-to-End-Lösungen darstellen, insbesondere bei Apple (Behrmann 2013, S. 9). Mit-unter werden sie für politische Zwecke missbraucht. So wurden beispielsweise iranische

Applikationen nach Einführung der US-Sanktionen aus den App Stores (Google Play und Android) entfernt. Damit wurde dieses Land faktisch vom Weltmarkt der App- Ökonomie abgeschnitten. In China zum Beispiel gibt es dagegen eine Vielzahl konkurrierender App Stores (Roitzheim 2019, S. 43 ff.) – hier besteht der Dualismus Android – IOS so nicht.

Zurzeit gibt es in unseren Breiten vor allem zwei App-Ökonomie-Systeme:

▶ Der **Apple-App-Store** (Abb. 4.9) ist der Wegbereiter der App-Ökonomie. Er nimmt in der Regel 30 % (derweilen 15 %) Provision für die Datenübertragung über seine Platt-form und die finanzielle Abwicklung. Im App Store sind keine anderen Finanzierungs-helfer zugelassen. Das System ist geschlossen und proprietär.

▶ **Android** ist die Plattform von Google. Sie ist offen, das heißt, jeder Hersteller von Mobiltelefonen kann das Betriebssystem kostenlos übernehmen, muss sich dann aber an die Spielregeln von Google halten. Innerhalb des Android-Ökosystems gibt es jedoch mehr Spielraum für Bezahlsysteme und Traffic Provider von Drittanbietern.

Auf der Oberfläche dieser und anderer Plattformen haben sich eine Vielzahl von **Over-the-Top(OTT)**-Services etabliert, siehe Abb. 4.10. Dazu gehören Streamingdienste wie Spotify und Netflix genauso wie Unternehmen der Aufmerksamkeitsökonomie wie Facebook oder Instagram, die durch ihr Netzwerk und die in Communitys gebundenen User für neue Projekte Reichweite erzeugen können.

Abb. 4.9 Der Apple-App-Store

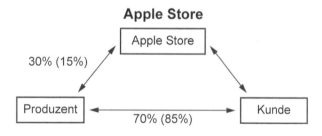

Abb. 4.10 OTT-Services

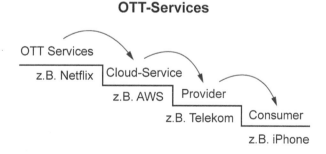

▶ **„Over-the-Top (OTT)** bezieht sich auf Film- und Fernsehinhalte, die über eine Hochgeschwindigkeits-Internetverbindung und nicht über einen Kabel- oder Satellitenanbieter bereitgestellt werden. Zuschauer, die nicht gerne für gebündelte Inhalte bezahlen, werden oft als Kabelschneider bezeichnet." (Halton 2021; Übersetzung des Autors).

Die Entwicklung der Geschäftsmodelle wurde bereits in Kap. 3 dargestellt; hier geht es um die **Finanzierungsseite in der Plattformökonomie.** Plattformen sind Partner, aber keine Kunden. Die Kunden sind die Endkunden, denen durch die Plattform ermöglicht wird, mit dem Anbieter zusammenzutreffen. Dies hat eine ganze Reihe von rechtlichen Konsequenzen, da die Plattformen häufig nicht rechtlich verantwortlich sein wollen. Sie vertreten den Standpunkt, dass die angebotenen Dienstleistungen oder Waren vom Anbieter selbst angeboten werden und sie diese Transaktion nur vermitteln. Da sie als Plattform nur als Vermittler auftreten, lehnen sie die Haftung ab, was ihren Partnerstatus legitimieren würde. Ein großer Teil wirtschaftlichen Erfolgs der Plattformökonomie – bzw. der Plattformen – hängt damit zusammen, dass zahlreiche Verpflichtungen, die mit klassischen Wertschöpfungsstrukturen und -ketten zusammenhängen, in der Plattformökonomie entfallen, zum Beispiel die Steuerpflichten, wie sie bei klassischen Strukturen existieren. Dies gilt aber auch für Fragen zum Arbeitsschutz, zur gesetzlichen Zulässigkeit (zum Beispiel beim Glücksspiel) und zur Regulierung von wirtschaftlichen Strukturen.

In diesem Bereich gibt es seit Jahren Diskussionen über politische Veränderungen. So hat die EU- Kommission erst kürzlich einen Vorschlag zur Regulierung der Plattformen gemacht.

> „The new rules are proportionate, foster innovation, growth and competitiveness, and facilitate the scaling up of smaller platforms, SMEs and start-ups. The responsibilities of users, platforms, and public authorities are rebalanced according to European values, placing citizens at the centre. The rules
>   – Better protect consumers and their fundamental rights online
>   – Establish a powerful transparency and a clear accountability framework for online platforms
>   – Foster innovation, growth and competitiveness within the single market". (Europäische Union 2020)

Aus meiner Sicht bemerkens- und unterstützenswert war die französische Initiative einer Mindestbesteuerung US-amerikanischer Plattformen in Europa (Fried und Pantel 2019). Leider ist Deutschland Frankreich hier in den Rücken gefallen und hat auf Druck der Lobbyisten der US-Plattformen diesen Vorschlag in internationale Gremien und damit auf den Sankt-Nimmerleins-Tag verschoben. Solange aber hier kein grundlegender Paradigmenwechsel stattfindet, gilt es mit den existierenden Strukturen zu leben.

Die Frage, inwieweit der App Store Funktionen übernimmt, entscheidet auch darüber, ob weitere Partner nötig und möglich werden. So können Payment-Partner die Cashflow-Beziehung nur dann übernehmen, wenn der App Store dies überhaupt zulässt. Ob aber solche Payment-Partner überhaupt wünschenswert sind, hängt sehr vom Einzelfall ab.

Apple erlaubt keine Payment-Partner und nur sehr eingeschränkt Traffic Provider[3]. Die Kontrolle über die Apps und ihr objektives Ranking behält sich ein Unternehmen vor, das – jedenfalls bisher – nicht vom Content selbst profitierte. Zurzeit ist es aber dabei, dieses zu ändern. Mit neuen Content-Stores steigt Apple selbst in den Content-Bereich ein, um OTT-Diensten wie Netflix Konkurrenz zu machen. Auch die Hoheit über das Payment scheint zu bröckeln: In diesem Zusammenhang laufen mehrere Rechtsstreitigkeiten, deren Ausgang noch offen ist.

Beispiel

Beispielhaft hierfür ist der Rechtsstreit zwischen Epic (Fortnite-Entwickler) und Apple.

„Der Streit entbrannte ursprünglich um die Verteilung der Einnahmen bei In-App-Käufen auf iPhones und iPads. Apple nimmt von Anbietern eine Abgabe von 30 % bei Käufen innerhalb von Apps auf seinen iPhones und iPads. Das gilt seit der Einführung des App-Stores 2008. Bis auf wenige Ausnahmen müssen Inhalte in Apps über Apples System laufen. Epic bot die Möglichkeit an, virtuelle Artikel in ‚Fornite‘ günstiger bei der Spielefirma selbst zu kaufen – und die App wurde von Apple prompt von der Plattform verbannt." (Frankfurter Allgemeine Zeitung 2020). Allerdings ist stand heute eine Rückkehr vom Gericht nicht angeordnet worden. ◄

Android ist in dieser Hinsicht viel offener aufgestellt. Das Betriebssystem erlaubt gewisse Modifizierungen, die, ähnlich wie im Internet, das Andocken weiterer App Stores, Payment-Anbieter und Traffic Provider ermöglichen.

Das Erstaunliche ist, dass aus Sicht der Projektfinanzierung das geschlossene System von Apple besser funktioniert, weil es tatsächlich dafür sorgt, dass ein Großteil der Einnahmen an den Entwickler gehen. Das offene System von Android ist da viel flexibler, sodass wesentlich mehr Einnahmen „unterwegs versickern" (siehe Abb. 4.11):

„,Flurry calculates that the difference in revenue generated per active user is still 4 times greater on iOS than Android. […] In short, Android delivers less gain and more pain than iOS'. From a game developers point of view only one thing really counts: Return on Investment." (Behrmann 2013, S. 13)

---

[3]Traffic Provider sind Unternehmen, die auf unterschiedliche Weise Leads verkaufen und damit Traffic auf Inhalte leiten.

Abb. 4.11 Google vs. Apple
Store

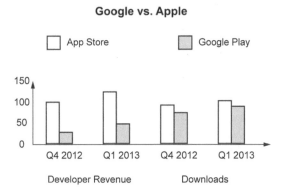

Finanzierungsstrategien in der Plattformökonomie orientieren sich in der Regel an B2B-Kunden und Endkonsumenten, die nicht unmittelbar Plattformen sind. Genau wie die Plattformen keine Kunden sind, sind sie in der Regel auch keine klassischen Finanzierungspartner. Allein die Partnerschaft mit ihnen ermöglicht den Marktzutritt. Daher sind Partnerschaften im Konzert der Finanzierungsmöglichkeiten nicht zu unterschätzen, sie sind die Eintrittskarten. Das gilt auch für Insights, also Zahlen.

Das Besondere an der Plattformökonomie ist die Personalisierung auf die Bedürfnisse des Einzelnen. Zu Recht setzte der Datenschutz hier klare Grenzen; zugleich haben die Effizienzvorteile aber auch positive Seiten für die Endkunden: Ihre Interessen werden gehört. Im Konzert der Kultur- und Kreativwirtschaft bilden sich Communitys mit speziellen Interessen. Darin, diese zu identifizieren und zu bedienen, liegen die besonderen Chancen der Plattformökonomie.

Projekt- und Finanzierungsstrategien orientieren sich ja zunächst an den Geschäftsmodellen selbst. In Zusammenarbeit mit *prosumer communities* entstehen allerdings Möglichkeiten, die erst mit weiteren Partnern, zum Beispiel Traffic Providern umgesetzt werden können. Dabei muss genau darauf geachtet werden, dass die Angebote der Traffic Provider auch tatsächlich wirtschaftliche Vorteile generieren. Denkbar ist, dass Traffic Provider Garantien für Mindest-Userzahlen abgeben und bei Nichterreichen finanzielle Sicherungen anbieten. In Einzelfällen beteiligen sich die Plattformen selbst an der Produktion, insbesondere wenn eine Neuerung eingeführt werden soll (zum Beispiel Apple Arcade, Oculus etc.). Die wichtigste Finanzierungsstrategie, die sich gegenwärtig als nachhaltig erweist, ist die **Investmentstrategie,** die wir in Abschn. 4.4 als eigenständige Säule der Finanzierungsstrategien besprechen. Allerdings gibt es zwei Entwicklungen, die als Ansätze vielversprechend wirken, sodass sie als alternative Finanzierungsmodelle angesehen werden könnten, das **Crowdfunding** und die **Blockchain.**

4.2.4 Blockchain

▶ „Blockchain wird oft als unveränderliche Echtzeit-Aufzeichnung von Transaktionen und Besitzverhältnissen bezeichnet (…). Im Prinzip ist es eine zuverlässige, schwer zu manipulierende Aufzeichnung von Transaktionen – und die Dokumentation, wem was gehört. (…) [Die Informationen sind hierbei] in Blöcken gespeichert (…). Diese Blöcke können kopiert und auf einzelne Computer repliziert werden. Sie sind alle identisch und miteinander synchronisiert. Fügt jemand Daten hinzu oder entfernt sie, ändert dies die Informationen in allen Blöcken." (SAP 2021)

Eine Blockchain an sich ist also eigentlich kein Finanzierungstool, sondern eine Dokumentationstechnik. Es geht darum, dass Transaktionen oder Strukturen innerhalb des Internets dokumentiert werden, um alle Transaktionen zu jeder Zeit nachvollziehen zu können. Das ständige Anhängen neuer optimierter Blocks ergibt hier ein endlos langes Gerüst aller in der Vergangenheit und aktuell getätigter Transaktionen. Da die Blockchain für alle transparent einsehbar ist, kann jeder User nachvollziehen, welche Transaktion zu welcher Zeit durchgeführt wurde. Dadurch, dass alle möglichen Personen jeden Schritt überwachen und einsehen können, entsteht eine maximale Transparenz und Datenintegrität, die – so die Theorie – auf eine ganz eigenständige Weise Werte schaffen. Zugleich erfordert diese maximale Transparenz hohe Ressourcen, vor allem Rechenkapazität und Arbeitszeit. Durch diese Tatsache, dass es sich hierbei um Strukturen handelt, die Aufwand erfordern, entsteht ein Gegenwert.

Der Blockchain-Ansatz ist noch immer am Anfang, und eine nachhaltige Finanzierungsform für die Kultur- und Kreativwirtschaft ist so noch nicht offensichtlich. Es ist allerdings ein Bereich, den zu beobachten sich lohnt.

Beispiel

Ein interessantes Beispiel ist die Kooperation des Spieleentwicklers Cipsoft aus Regensburg mit der Litecoin-Währung. Hier besteht die Möglichkeit, neben Geld auch diese Währung im Spiel zu verwenden und damit indirekt zu konvertieren. Zugleich ist das Computerspiel hier eine Art Werbeplattform. Ob sich das Projekt als erfolgreich erweisen wird, bleibt abzuwarten. ◄

4.2.5 Crowdfunding

Virtuelle Plattformen können weitere Akteure oder Kunden vermitteln. Viele Broker-Modelle haben sich in den letzten Jahren etabliert. Dies geschieht auch mit Finanzierungspartnern, zum Beispiel im Rahmen von Crowdfunding-Plattformen. Umgekehrt gibt es allerdings auch Plattformstrategien, die sich selbst über Finanzierungsfragen Gedanken machen. Hier geht es um das sogenannte Crowdfunding,

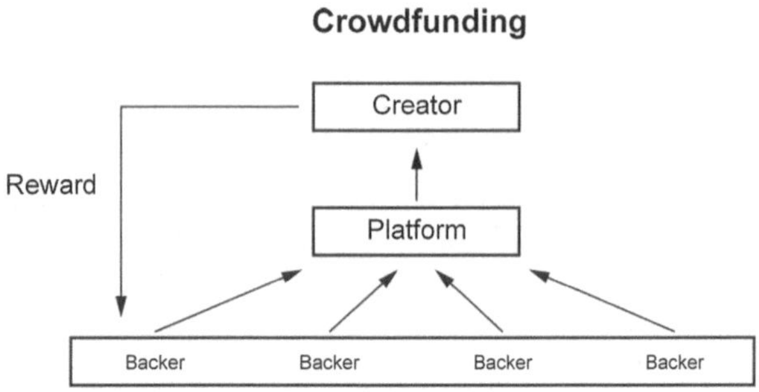

Abb. 4.12 Crowdfunding

Crowdfunding

siehe Abb. 4.12. Die Idee einer Crowdfunding-Finanzierung ist es, die Projektfinanzierung mit den Mitteln der Plattformökonomie innerhalb dieser zu ermöglichen
(Rauda 2013, S. 288)

Crowdfunding ist also eine wahrlich plattformbasierte Finanzierungsform. Spezifische
Portale bieten die Vermittlung von kleinen Investitionen und Beiträgen an, die für die
Entwicklung von Start-ups und neuen Projekten genutzt werden können; dabei sind drei
unterschiedliche Formen des Crowdfundings etabliert, anhand derer wir letztlich unterscheiden:

▶ **Definition** ***Reward-based crowdfunding*** funktioniert so, dass der Unternehmer
dem Sponsor im Gegenzug zu seiner Unterstützung lediglich einen ideellen *reward*
zukommen lässt. Letztlich steht hier die Begeisterung als Fan im Vordergrund.

Equity-based crowdfunding bietet die Möglichkeit, tatsächlich Geschäftsanteile zu
erhalten. Dieses Modell wird in Deutschland nur eingeschränkt angewendet, hauptsächlich in der Immobilienfinanzierung. Wegen der notariellen Beurkundungspflicht bei der
Übertragung von Geschäftsanteilen und der in Deutschland stark etablierten Prospekt-
haftung bestehen hohe formale Hürden.

Loan-based crowdfunding vermittelt Gründern statt Anteilen Wandelanleihen und
Kredite, um die formalen Hürden des *equity-based crowdfundings* zu umgehen. An sich
ist dieses Vorgehen konsequent, konnte sich aber nur begrenzt durchsetzen. Kredite sind
offenbar nicht so beliebt.

Viele Crowdfunding-Projekte scheitern daran, dass Unternehmer die Bedeutung der
eigenen Community für den Erfolg einer Crowdfunding-Kampagne unterschätzen. Für
den Erfolg ist nämlich entscheidend, dass das Projekt in der Öffentlichkeit genügend
Unterstützer findet, die aus Begeisterung in der Community „das Projekt *backen*". Das
ist harte Arbeit und kommt nicht von ungefähr: Nur wer im *community building* alles
richtig gemacht hat, sollte hier antreten.

Umgekehrt ist dies für das Marketing von Bedeutung, in Bezug auf Kommunikation, aber auch Platzierung des Produkts. Insofern handelt es sich bei Crowdfunding um eine gute Möglichkeit, gerade im Bereich der Creative Industries, wenn man sich unmittelbar an Endkonsumenten richtet und gleichzeitig auch ein gewisses Umfeld stattfinden soll.

Beispiel

So gelang es einem schwedischen Wodka-Start-up mit einer Kampagne über das Portal „funded by me", die neue Wodka-Marke mit der Unterstützung der *backer community* in den staatlichen Alkoholgeschäften im Sortiment durchzusetzen, weil die Unterstützer in den einzelnen Geschäften nach dem neuen Produkt verlangten. ◄

Ich persönlich warne aber davor, die Möglichkeiten des Crowdfundings zu überschätzen. Keinesfalls können sie öffentliche Förderung ersetzen. Und man sollte auch nicht glauben, dass Crowdfunding-Kampagnen in größerem Umfang andere Finanzierungsformen ersetzen können. Sich für den Start eines Projektes auf eine solche Kampagne zu verlassen, ist sehr riskant. Insofern sind die Namen der Crowdfunding-Portale wie „kickstarter" oder „startnext" etwas irreführend.

In einem Finanzierungsmix kann eine solche Kampagne aber durchaus Sinn machen, nämlich dann, wenn man auf das eingespielte Geld nicht zentral angewiesen ist. Dann kann die Kampagne als zusätzliches Marketingtool sehr sinnvoll sein: Der Aufmerksamkeitsbonus, der durch die Kampagne entsteht, generiert treue und loyale Fans. Gerade bei Computerspielen, aber auch bei Musikproduktionen und künstlerischen Projekten haben sich solche Aktionen bewährt, wenn die Budgets überschaubar geblieben sind. Für kleinere Projekte, die in einem Cluster eines gut aufgestellten Community-Umfelds stattfinden, können sie erheblich zur Reichweite beitragen.

Beispiel

Dem Berliner AMAZE-Festival (https://amaze-berlin.de), einem weltweit führenden Festival für Computerspielkunst, gelang mit einer kickstarter-Kampagne 2019 eine Zwischenfinanzierung, die wesentlich zur Realisierung des Festivals beigetragen hat, siehe Abb. 4.13. Das Festival wurde weltweit von Fans der Computerspielkultur *gebackt*. ◄

4.3   Öffentliche Förderung

Die öffentliche Hand ist im Bereich der Kultur- und Kreativwirtschaft in vielfältiger Weise aktiv, denn der Ruf nach staatlicher Unterstützung ist in einem Staat, der mehr als ein Nachtwächterstaat sein möchte, immer wieder auf unterschiedlichste Art präsent. Bei

Kampagnenseite

Campaign Page   FAQs   Updates   Comments   Community

Pledge €3 or more

Punk of the Digital Age

YEAH! Your contribution means a lot
us! You will receive all updates of
this campaign and can decide later
if you like to upgrade to a higher
pledge.

INCLUDES:

- You are amazing and forever
  punk.
- Pick up a #AMazeNotDead pin
  at A MAZE. / Berlin designed by
  Nomi

ESTIMATED DELIVERY
Apr 2020

89 backers

A MAZE. NOT DEAD	Raised: 57,749 €
Berlin, Germany Games	Target: 50,000 €
	# of Donators: 529

Pledge €11 or more

Punks love to dance.

The legendary ritual is a go!
Thorsten S. Wiedemann, the founder
and artistic director of A MAZE.(aka
DJ Storno), closes the festival every
year with his 180% full energy club
mix. The recording of his set is now
for your party (mp3 and

Abb. 4.13 Crowdfunding. AMAZE-Kampagne. Mit freundlicher Genehmigung des AMAZE-Festivals 2019

der Unterstützung der Kultur- und Kreativwirtschaft kann der Staat sowohl selbst aktiv werden als auch mithilfe privater Unternehmungen.

Handelt der Staat selbst, spricht man **von öffentlichen Gütern,** die der Staat selbst betreibt und wahrscheinlich auch selbst betreiben muss bzw. sollte, wie zum Beispiel einen Leuchtturm, eine Verteidigungsarmee oder eine andere lebenswichtige Sicherheits- oder Versorgungsstruktur (Beck 2011).

Meritorische Güter haben wir ja bereits ausführlicher in Kap. 1 behandelt. Da sie aber auch zur öffentlichen Förderung gehören, folgt hier noch mal eine kurze Darlegung. **Meritorische Güter** sind Güter, die zwar in privater Hand, aber seitens des Staates oder der Öffentlichkeit gewollt sind. Das heißt, es handelt sich um private Organisationen, deren wirtschaftliche Lebensfähigkeit alleine aus dem Markt heraus nicht gewährleistet werden kann. Hier entscheidet sich der Staat im Einzelfall dafür, mithilfe von Förderung tätig zu werden.

Ein Manager eines Unternehmens der Kultur- und Kreativwirtschaft sollte den „Förderdschungel" vor allem auch als Markt verstehen, der mit anderen Finanzierungs-modellen gleichrangig ist. Das ist eine Erkenntnis, die häufig nicht ernst genug genommen wird. In der Praxis wundern sich viele Antragsteller aus der Kultur- und

Kreativwirtschaft, dass sie im selektiven Prozess nicht berücksichtigt werden. Wenn man aber genauer nachfragt, stellt man fest, dass sie sich mit den damit verbundenen Fragen vorab nicht in dem Umfang befasst haben, wie sie es beispielsweise bei einem Kunden aus der privaten Wirtschaft tun würden.

▶ **Wichtig**

Um den Bereich der öffentlichen Förderung zu verstehen, sollte man sich mit drei verschiedenen Aspekten befassen, die im Folgenden genauer erklärt werden, nämlich mit:
1. der Ebene der staatlichen Förderung,
2. den inhaltlichen Kategorien der staatlichen Förderung,
3. der professionellen Antragstellung.

4.3.1 Ebenen staatlicher Förderung

Die Ebenen staatlicher Förderung unterscheidet man nach **kommunaler Ebene, Länderebene, Bundesebene und Europaebene** (siehe Abb. 4.14). Jede dieser Ebenen hat ihre Eigenheiten, daher ist es wichtig, kurz die unterschiedlichen Hauptkennzeichen hervorzuheben.

Grundsätzlich ist festzustellen, dass die Entscheidungsfindung auf den verschiedenen Ebenen immer abstrakter wird, das heißt je höher die Ebene liegt, desto weniger spielen persönliche Beziehungen eine Rolle. Im Management der öffentlichen Förderung wird es immer wichtiger, tatsächlich gut formulierte, strukturierte Gedanken in Antragsform abzuliefern.

Das hat vor allem auch damit zu tun, dass die größeren Einheiten andere Qualitätsvorstellungen mit sich bringen (Behrmann 2008, S. 285). Je höher, desto abstrakter und objektiver wird die Vorstellung von Qualität. Qualität bzw. ihre Synonyme sind letztendlich in allen Fördermodellen Dreh- und Angelpunkt. Umgekehrt kann man sich immer

Abb. 4.14 Ebenen staatlicher Förderung

Ebenen staatlicher Förderung

Abb. 4.15 Qualitätsbegriff

Qualitätsbegriff

Handwerkliche Qualität

Qualität Endnutzer   Qualität Kritiker

dann, wenn nur auf Qualität rekurriert wird, klar vorstellen, dass hier große Spielräume für die Entscheidungsstrukturen existieren. Denn der Qualitätsbegriff ist ein in hohem Maße ausfüllungsbedürftiger unbestimmter Begriff. Seine spezifischen Konnotationen sind höchst unterschiedlich (Abb. 4.15).

Für die kommunale Ebene gilt der unmittelbare persönliche Kontakt und die persönliche Einbindung im Cluster als wichtiger Indikator. Hier finden Förderungen für die Kultur- und Kreativwirtschaft häufig auch indirekt statt, etwa über das Bereitstellen von Räumen und Netzwerken, verbilligte Mieten, regelmäßige Auftragsverhältnisse usw. Für die kommunale Förderung ist das relevante Peer-Netzwerk vor Ort weniger fachlich spezialisiert, dafür umso stärker persönlich. Es geht ums kulturelle Wohlergehen vor Ort, und es kommt auf die persönliche Beziehung und den unmittelbaren, persönlichen Impact an. Die kommunale Förderung ist häufig eine freiwillige Leistung der Kommunen, zu der keine gesetzliche Verpflichtung besteht. Insoweit sind hierzu auch nur diejenigen Kommunen in der Lage, die ausreichende Steuereinnahmen haben. Ansonsten ist der Bereich wenig reguliert und erlaubt hohe Flexibilität.

Die Länderebene ist etwas abstrakter. Die Bundesländer entwickeln in der Regel eigene, landesspezifische Policies, bei denen unterschiedliche Schwerpunkte gesetzt werden: Nicht jedes Bundesland bildet die gesamte Kultur und Wirtschaft einheitlich ab, insbesondere in Deutschland wollen die Bundesländer aufgrund der verfassungsrechtlich garantierten Kulturhoheit[4] eigene Schwerpunkte setzen.

Insoweit gilt, dass bestimmte Bereiche in manchen Bundesländern einen höheren Stellenwert haben als in anderen. So ist die Landschaft im Land Berlin deutlich anders strukturiert als zum Beispiel in Bremen oder Baden-Württemberg. Auf diese Weise entsteht eine spezifische kulturelle Schwerpunktsetzung, die im Gesamtkonzept durchaus Sinn macht. Schwerpunkte können beispielsweise die Förderung der Sorben durch das Land Brandenburg und der verschiedenen Landesmannschaften durch Bayern

---

[4] Die Kulturhoheit der Länder ergibt sich aus der Kompetenzregelung des Grundgesetzes, vgl. Art. 30 GG.

und Baden-Württemberg sein. Auch kann ein Bundesland zum Beispiel entscheiden, den Animationsfilm in besonderem Maße zu fördern.[5] Häufig sind jahrhundertealte Traditionen für diese Strukturen mitverantwortlich, so ist die klassische Musik, insbesondere die Opernmusik, im katholischen Bayern stark verwurzelt, während die klassische Malerei in Baden-Württemberg viele Sammler findet. Berlin mit seiner jahrhundertealten Tradition der Toleranz ist an der Speerspitze der Interkulturalität, während das bevölkerungsreichste Bundesland Nordrhein-Westfalen in Köln einen deutschen Fernseh-Hub aufgebaut hat. Verständlich ist auch, dass sich kleine Bundesländer wie die Stadtstaaten oder das Saarland nicht im gleichen Umfang für Kultur und Wirtschaft engagieren können wie größere Bundesländer.

Interessant ist allerdings, dass der Standortwettbewerb unter den Bundesländern die Unterschiede niedriger ausfallen lässt, als man vermuten würde. Wenn man das mit den Regionen des zentralstaatlichen Frankreich vergleicht, fällt die Spezialisierung innerhalb der Bundesländer weniger deutlich aus, als man erwarten würde (Behrmann 2008, S. 280–281). Diese Schwerpunkte beziehen sich aber stets auf Details, denn generell besteht in Deutschland überraschend große Einheitlichkeit. Viele bieten ein komplettes Portfolio an, auch wenn beim genaueren Hinsehen spezielle Branchen oder Güter mehr unterstützt werden. Innerhalb Deutschlands wäre es sicherlich sinnvoll, noch stärkere Spezialisierungen zuzulassen und einen dynamischen Prozess zu schaffen, der durch die Standortkonkurrenz der Bundesländer stark befördert werden kann.

In spezifischen Branchen sind die landesweiten Netzwerke allerdings in der Regel noch klein genug, um einen engen und regelmäßigen Austausch zu ermöglichen. Das bedeutet, dass für das Ergattern von Förderungen erfahrungsgemäß der persönliche Kontakt besondere Bedeutung hat. Die regionale „Brille" ist eben vor allem auch dem Standort vor Ort geschuldet. Qualität bedeutet hier weniger handwerkliche Qualität; auch orientiert sich der Qualitätsbegriff nicht an Kritikern. Qualität bedeutet hier vor allem **Vorteile für den Standort** (Behrmann 2008, S. 286), und das schlägt sich in wirtschaftlicher Entwicklung und Arbeitsplätzen nieder. Für den Antragsteller bedeutet dies, dass sich auf Länderebene besonders zwei Elemente als bedeutsam erweisen: Der persönliche Kontakt einerseits und die Förderung von Kultur und Wirtschaft im Lande aus einer letztlich arbeitsmarktpolitisch orientierten kurz- oder mittelfristig orientierten Perspektive.

Nationale Förderung für die Kultur- und Kreativwirtschaft ist in Deutschland stets verfassungsrechtlich kompliziert. Das Grundgesetz verleiht den Bundesländern die Kulturhoheit und teilt dem Bund nur ausnahmsweise Kompetenzen wie den Schutz gegen die Abwanderung von Kulturgut ins Ausland zu (GG Art. 73 Abs. 1 Nr. 5a). Hier hat sich unsere gelebte Verfassung aber weiterentwickelt. Zunächst gibt es traditionelle Aktivitäten, die vor allem Themen abbilden, die vor den Weltkriegen das gesamte Reich betrafen, etwa die Stiftung preußischer Kulturbesitz oder die Wagner-Festspiele

---

[5] Konkret in Baden-Württemberg und Thüringen.

Bayreuth. Auch in der Filmwirtschaft besteht schon seit Jahrzehnten die Förderung des Bundes, die sogar noch immer weiter ausgeweitet wurde. Sie wird schon seit den sechziger Jahren auf die verfassungsrechtliche[6] Wirtschaftskompetenz gestützt (Behrmann 2008, S. 70 ff.). Einige andere Institutionen, die mit dem Erbe der Nazidiktatur zu tun haben, beispielsweise das Germanische Nationalmuseum in Nürnberg, wurden mit der Zeit aus der Bundesförderung in die Landesförderung übertragen.

Insgesamt hat sich die Bundesebene nach der Wiedervereinigung ausgeweitet. Seit der rot-grünen Koalition unter dem Bundeskanzler Schröder ist der Bund im Bereich der Kultur- und Kreativwirtschaft aktiver geworden. Das neu geschaffene Amt des Bundesbeauftragten für Kultur und Medien im Kanzleramt (BKM) organisiert die kulturelle Arbeit des Bundes, sodass zunehmend eine eigenständige deutsche Bundesförderung wie zum Beispiel die Kulturstiftung des Bundes, eine Organisation der Bundesfilmförderung oder aber die Initiative des Bundes zur Kultur- und Kreativwirtschaft entsteht. Anders als ursprünglich vom Deutschen Bundestag intendiert, ist das Kompetenzzentrum des Bundes für die Kultur- und Kreativwirtschaft jedoch ein reiner Beratungsapparat und fördert selbst nicht.

Anders als auf Länder- oder kommunaler Ebene tritt bei der Bundesförderung operativ das abstrakte Element der handwerklichen Qualität in den Vordergrund (Have 2005, S. 63). Dabei geht es weniger um den Standort als um eine überörtliche Vorstellung von Qualität, die nicht mehr mit dem unmittelbaren Netzwerk in Verbindung steht. Hier werden thematische Calls aufgerufen, die sich stärker an professionelle Fördernehmerstrukturen richten. Für die klassischen Unternehmen der Kultur- und Kreativwirtschaft sind diese Förderungen nur dann wirklich sichtbar, wenn sie sich unmittelbar an sie richten, wie zum Beispiel im Fall der Computerspielförderung „de minimis" 2019[7] (Behrmann 2020, S. 3). In den meisten Fällen sind die Förderungen aber nur für professionelle Förderconsultants erreichbar. Insoweit kann zusammenfassend festgestellt werden, dass auf der Bundesebene wohlformulierte und durchdachte Anträge wesentlich größere Bedeutung haben als auf Landesebene oder gar im kommunalen Raum.

Die europäische Ebene ist in vielerlei Hinsicht eine besondere Ebene. Die Kompetenz ist von vornherein **supranational.** Viele Programme sind explizit daran geknüpft, dass Partner aus verschiedenen Mitgliedstaaten der EU zusammenarbeiten. Die europäische Zusammenarbeit wird zum Teil Gegenstand der Qualität. Das wirkt sich auch auf die Inhalte aus, die Entwicklungen betonen, die über die Grenzen der Mitgliedstaaten hinausgehen könnten. Mehrsprachigkeit wird ebenso unterstützt wie die Zusammenarbeit unterschiedlicher europäischer Staaten. In der Evaluation spielen Fragen wie die Ausgewogenheit des Konsortiums innerhalb unterschiedlicher EU-Mitgliedstaaten eine

---

[6]Art. 74 Abs. 1 Nr. 11 GG (Recht der Wirtschaft).

[7]Förderung des Bundesministeriums für Verkehr und digitale Infrastruktur (BMVI). Ziel ist, den Entwicklerstandort in Deutschland zu stärken.

Rolle. Zugleich wird mehr Wert auf den Impact gelegt. Projekte werden auch daran gemessen, ob sie überhaupt eine Chance auf Marktrealisierung haben. In Zukunft wird es wahrscheinlich noch bedeutsamer werden, ob die Förderanträge einen Beitrag zu einem unabhängigen europäischen Ökosystem leisten können.

Die Förderstrukturen sind allerdings sehr viel genauer und präziser ausgerichtet, und das europäische Antragswesen läuft wesentlich formalisierter ab als nationale oder gar regionale Förderungen. Die europäische Förderung hat sich aufgrund der Größe der Struktur dafür entschieden, ganz konkrete Arbeitsprogramme zu erlassen, die regelmäßig überarbeitet werden. In diesen Arbeitsprogrammen werden konkrete Aufrufe niedergelegt, auf deren Gegenstand man sich bewerben kann. Häufig scheitern europäische Anträge, weil sie in ihrer Substanz zwar voller europäischer Leidenschaft sind, aber die konkreten Anforderungen des Förderaufrufs nicht erfüllen. Positiv anzuführen ist, dass die Europäische Union ein Gesamtprogramm für die gesamte Kultur- und Kreativwirtschaft aufgelegt hat – das sogenannte Programm „Kreatives Europa" (Europäische Union 2014 ff.). Daneben werden in dem Programm „Horizon Europe" technologische Aspekte der Creative Industries unterstützt.

Dabei spielt es auch eine Rolle, dass typischerweise besonders viele Anträge aus den ärmeren südlichen oder östlichen Mitgliedstaaten eingehen, die bei der Antragstellung im Zweifel nicht proportional berücksichtigt werden können. In diesen Ländern sind europäische Fördermittel häufig die einzige Möglichkeit. Politisch wird darauf geachtet, dass Anträgen aus Staaten, die deutlich mehr in das Budget der EU einzahlen, auch hinreichend Beachtung geschenkt wird. Zwar zahlen diese netto in die Gemeinschaft ein, aber das Missverhältnis soll nicht zu hoch ausfallen. Vergleichsweise gut gestellt sind Antragsteller aus Ländern, die keine EU-Mitgliedstaaten, aber an einem Assoziierungsabkommen beteiligt sind, wie beispielsweise Island, die Schweiz, Norwegen, gelegentlich auch Israel und die Türkei. Diese Akteure werden gezielt unterstützt, um sicherzustellen, dass die Assoziierungsabkommen eingehalten werden. Zu beachten ist bei der europäischen Förderung auch die Länge der Antragsfristen.

Für den Manager in der Kultur- und Kreativwirtschaft bedeutet das, dass die handwerkliche Qualität der Antragstellung noch stärker als auf Bundesebene tatsächlich eine elementare Bedeutung hat. Es kommt nicht so stark darauf an, die richtigen Akteure zu kennen, sondern vielmehr abstrakt eine gute Idee optimal darzustellen. Die Evaluation ist tatsächlich anonym und sehr kompetitiv – allerdings geht es hier auch um viel höhere Beträge. Daher ist die europäische Struktur vor allem für erfahrenere Antragsteller gedacht. Zugleich wird sehr darauf geachtet, eine neutrale und inhaltlich orientierte Evaluation durchzuführen, die sich nicht an persönlichen Kontakten orientiert. Dies ist ein deutlich anderes System, als wir es aus der Länderebene kennen, wo persönliche Verbindungen mehr Bedeutung haben. Zu vergleichen ist dies höchstens mit der Bundesförderung, wo die persönlichen Kontakte zu den Strukturen schon eine deutlich geringere Rolle spielen.

4.3.2 Inhaltliche Kategorien staatlicher Förderung

Nähert man sich der öffentlichen Förderung thematisch, stellt man zunächst fest, dass sich Themen der Creative Industries, nach denen öffentliche Förderprogramme ausgerichtet werden, immer im Dreieck Kultur, Technologie und Wirtschaft (siehe Abb. 4.16) bewegen.

Soweit Förderprogramme kulturell motiviert sind, komplementieren sie die Aktivitäten, die der Staat ohnehin in Eigenregie betreibt, wie Museen, Gärten, Theater und Opern. Hier handelt es sich um kulturelle Daseinsvorsorge, die der Staat unterhält und gegen eine nicht kostendeckende Gebühr jedermann anbietet. Diese Finanzierung der öffentlichen Güter entzieht diese naturgemäß einer antragsbezogenen Förderlogik. Hierzu kommen auch noch kommunale Einrichtungen wie zum Beispiel das Starnberger Heimatmuseum.

Darüber hinaus fördert der Staat auf vielfältige Weise kulturelle und kreative Aktivitäten, die von Privaten initiiert werden. Sie werden als meritorische Güter unterstützt, deren Bedeutung der Staat anerkannt hat (Kiefer 2005, S. 139). Dies kann beispielsweise so aussehen, dass die darstellende Kunst oder die Ausbildung für darstellende Künstler unterstützt wird. Auch ein lokaler Zusammenhang kann eine besondere Bedeutung haben, wenn etwa ein Mundarttheater oder ein kommunales Kino in privater Trägerschaft gefördert wird und damit natürlich ein unmittelbarer kultureller Nutzen für die Fläche entsteht. Denkbar ist auch ein Museum in privater Trägerschaft, das mit öffentlichen kommunalen Zuschüssen oder mit Landeszuschüssen betrieben wird.

Auf höheren Ebenen wird die Zielsetzung häufig abstrakter. So setzt das Engagement des Bundes bei den Wagner-Festspielen in Bayreuth die Einsicht voraus, dass es sich bei dieser Veranstaltung um ein Ereignis von nationaler Bedeutung handelt, das durch ein reines Engagement des Landes Bayern nicht abgebildet werden kann. Ähnlich kann man das Engagement des Bundes bei der Stiftung preußischer Kulturbesitz begründen. Hier

Abb. 4.16 Das Dreieck der
Creative Industries

**Das Dreieck der
Creative Industries**

Technologie

Wirtschaft   Kultur

handelt es sich um Gebäude und Institutionen, die Deutschland als Ganzes in seinem Geschichtskontext betreffen und deren Finanzierung die Länder Berlin und Brandenburg überfordern würde.

Daneben besteht stets die Möglichkeit, die Förderung über wirtschaftliche Motive zu legitimieren. Auf kommunaler und auch auf Landesebene ist die direkte Förderung als konkrete Unterstützung vor Ort häufig und auch denkbar. Regionale Ansiedlungsförderungen wie zum Beispiel von Berlin Partner geben häufig auch wertvolle nonmonetäre Unterstützung. Gerade Bereiche der Creative Industries, die auch wirtschaftlich vielversprechend erscheinen, zählen dazu.

Hier sind auch Start-up-Förderungen auf Länderebene unterhalb der De-minimis-Schwelle einzuordnen. Häufig wird hier das sogenannte **„Wasserfallprinzip"**[8] angewandt, bei dem die Förderung eine private Investition *pari passu*[9] um dieselbe Summe aufstockt. Ich persönlich sehe diese Herangehensweise kritisch, weil sie die Entscheidungen auf die Frühinvestoren verlagert und ihnen überproportional viel Macht verleiht. Letztlich stiehlt sich der Staat so aus der Verantwortung. Andererseits sind Programme wie zum Beispiel die KFW-Gründungskredite oder das Start-up-Bonusprogramm der IBB dadurch aus administrativer Sicht leichter zu handeln. Unterschätzt wird von Gründern der Kultur- und Kreativwirtschaft häufig, dass sie sich auch für Kredit- und Förderprogramme qualifizieren, die der Wirtschaft insgesamt offenstehen, wie zum Beispiel die GWR-Beihilfe in den neuen Bundesländern oder die Kredite der Kreditanstalt für Wiederaufbau (KFW) oder entsprechender Länderbanken wie zum Beispiel der IBB für spezifische Investitionen.

Die wirtschaftliche Förderung ist in Deutschland auch dann von Bedeutung, wenn dem Staat die rechtliche Handhabe fehlt. Hier sind zwei Konstellationen zu beachten. Einerseits unterliegt der Staat insoweit einem strengen Kontrollregime der Europäischen Union:

> „Danach möchte die EU verhindern, dass die Mitgliedstaaten miteinander in einen Förderwettlauf eintreten. Dieser Subventionswettlauf ist in der Vergangenheit zum Beispiel in der Stahlindustrie aufgetreten. So möchte man in Europa einen solchen Wettlauf vermeiden und hat eine Regelung getroffen, nach der Fördersysteme innerhalb Europas nur unter bestimmten Ausnahmetatbeständen erlaubt sind oder nur bis zu einer bestimmten Grenze laufen." (Behrmann 2020, S. 3)

Darüber hinaus ist aber auch die strikte Kompetenzordnung des Grundgesetzes zu beachten, die man im kultur- und kreativwirtschaftlichen Kontext nicht direkt vor Augen hatte. Das zwingt mitunter zu komplizierten juristischen Konstruktionen. Ein wichtiges

---

[8] Nach dem Wasserfallprinzip beteiligt sich der Staat im selben Umfang wie ein privater Investor.

[9] *Pari passu* heißt, dass in „gleichen Schritten" vorausgegangen wird. Hier ist die Beteiligung genau nach denselben Bedingungen möglich, wie sich Private zum Beispiel als Investoren engagieren. Ihr Beteiligungsvertrag wird also zur Grundlage der Förderung gemacht (zum Beispiel KfW).

Beispiel für diese komplizierten juristischen Strukturen ist die Filmförderung des Bundes (Behrmann 2008, S. 75 ff.), die durchaus kulturelle Motive verfolgt, aber wegen der Kulturhoheit der Länder wirtschaftlich begründet werden muss, um dann europarechtlich wieder als Gegenstand der kulturellen Ausnahme zu firmieren. Oft verwischen die Grenzen, wie zum Beispiel bei der Filmförderung der Bundesländer. Wegen der verfassungsrechtlichen Kompetenz werden kulturelle Motive in den Vordergrund gestellt, obwohl eindeutig wirtschaftliche Motive dominieren (Behrmann 2008, S. 55). Allerdings können auch die Bundesländer rein wirtschaftlich motiviert handeln. In der zunehmend unter wirtschaftlichen Aspekten betrachteten Kultur- und Kreativwirtschaft, die sich im Übergang zur Dienstleistungsgesellschaft befindet, gewinnt dieser Gesichtspunkt zunehmend an Bedeutung.

Ein weiterer Aspekt ist der der **technologischen Innovation,** der bedauerlicherweise häufig sehr verengt verstanden wird (Behrmann 2017a, S. 20). Dabei werden unterschiedliche Innovationsbegriffe verwendet. So wird zum Beispiel vor allem im Kontext der europäischen Förderungen die Ansicht vertreten, dass sich Innovation auf der Zeitschiene zwischen Forschung und Markt ansiedelt, was sicherlich so nicht richtig ist (Behrmann 2017a, S. 23) (Abb. 4.17).

Innovation ist offen zu verstehen und umfasst neben Technologie immer auch weitere Aspekte wie zum Beispiel die Entwicklung von Geschäftsmodellen oder von Designelementen. Gerade im Bereich der Kultur- und Kreativwirtschaft haben diese Fragen besondere Bedeutung und werden häufig unterschätzt. Fraglos ist aber auch die technologische Innovation selbst ein wichtiger Treiber von Wohlstand und Zukunftsfähigkeit eines Landes. Allerdings verliert die technische Innovation im Zeitalter der

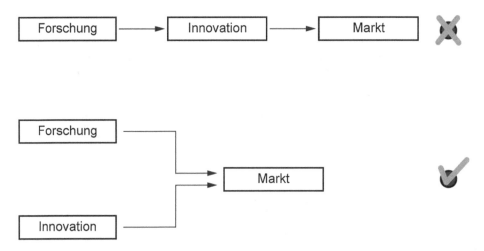

Abb. 4.17 Technologische Innovation

Digitalisierung zunehmend ihre Alleinstellung zugunsten eines komplexen Gemischs bei dem Fragen des Designs und des Geschäftsmodells hinzutreten.

> „Innovation bedeutet heute, Fragen des Designs, Fragen des Geschäftsmodells und Fragen der technischen Innovation übereinanderzulegen und gleichrangig zu bewerten. Mal überwiegt der technische Faktor, dann wieder der Geschmack oder das Geschäftsmodell." (Behrmann 2017a, S. 22)

4.3.3 Professionelle Antragstellung

Es ist eine Eigentümlichkeit der öffentlichen Förderung, dass die Kommunikation stark formalisiert ist. In der Regel werden Steuermittel ausgegeben, und daher müssen die Vorgänge, die zur Ausreichung der Förderung geführt haben, transparent und nachvollziehbar gestaltet sein. Insofern ist es in den meisten Fällen wichtig, dass die Antragstellung professionell durchgeführt wird.

Bei den Akteuren der Creative Industries sind diese Zwänge der öffentlichen Mittelvergabe wenig bekannt. Häufig entsteht der Eindruck, man hätte es mit blanker Schikane zu tun. Dem wird hier ausdrücklich widersprochen. In der Regel ist die Antragsgestaltung in Umfang und Verbindlichkeit angemessen. Trotzdem ist es wichtig, die Voraussetzungen der Antragstellung ernst zu nehmen. Wenn wir die Annahme vertiefen, dass es sich bei der öffentlichen Förderung um einen Markt handelt, der nach speziellen Regeln abläuft, dann bedeutet das in der Konsequenz, dass den besonderen Bedingungen, die einem auf dem Weg zu öffentlicher Förderung begegnen, aus unternehmerischer Sicht effizient entsprochen werden muss. Die Qualität des Antrags kann den Unterschied machen, so wie ein gutes *pitch deck* im Investment oder ein erfolgreiches Verkaufsgespräch.

Es gibt es zwei Arten von Förderung:

> ▶ **Wichtig**
> 1. **Selektive Förderung** funktioniert nach einem inhaltlichen Auswahlprozess. Ein Gremium trifft aus einer Reihe von Anträgen eine Auswahl. In der Regel ist das Gremium aus Fachleuten zusammengesetzt.
> 2. **Automatische Förderung** hingegen verzichtet auf die Auswahl. Alle Antragsteller, die die formalen Kriterien erfüllen, werden gefördert, ohne dass eine fachlich-inhaltliche Prüfung erfolgt. (Behrmann 2020, S. 2)

Üblicherweise gliedert sich ein Antrag in einen formalen und einen inhaltlichen Teil. Der **formale Teil** enthält Angaben, die entweder für die Kommunikation wichtig sind oder sich quantifizieren lassen. Wichtig ist hier, wahre Angaben zu machen. Bei den Angaben handelt es sich in der Regel um subventionserhebliche Tatsachen im Sinne des Strafgesetzbuches. Subventionsbetrug wird wie der gemeine Betrug bestraft und strafrechtlich verfolgt. Handelt es sich um eine automatische Förderung, ist dieser Antragsteil der Wesentliche.

Der **inhaltliche Teil** ist bei selektiven Förderungen die entscheidende Passage. Aufgrund der dort gemachten Ausführungen wird die inhaltliche Auswahl getroffen. In solchen Fällen sind die formalen Angaben nur zur Vorauswahl gedacht, um solche Fälle auszufiltern, die offensichtlich nicht infrage kommen.

Beispiel

In bestimmten Fördersystemen für Film und Computerspiele sind Projekte von der Förderung ausgeschlossen, die gewaltverherrlichend sind und daher eine Jugendschutzeinordnung von 18 (FSK/USK) erwarten. Wenn der Antragsteller bereits im formalen Teil angibt, dass eine solche Einordnung zu erwarten ist, wird der Antrag aussortiert und nicht weiter geprüft (Behrmann 2020, S. 4). ◄

Die wichtigste Voraussetzung ist die Kenntnis über die Motivationslage der jeweiligen Fördermaßnahme. Jede Fördermaßnahme lässt sich einerseits auf formaler Ebene (Kommune, Land, Bund, Europa), andererseits auf inhaltlicher Ebene (Kultur, Wirtschaft, Innovation) einordnen, um zu erkennen, ob es sich bei dem angesprochenen Förderprogramm um eine kulturelle, wirtschaftliche oder innovationspolitisch motivierte Maßnahme handelt. Die Motivationslage und die Begründung für das Förderprogramm finden sich in der Regel in öffentlich zugänglichen Dokumenten. Diese werden von den Antragstellern leider häufig nicht ausreichend beachtet – ein großer Fehler.

Wenn diese Identifizierung vorgenommen wurde, sollte man sein Förderbegehren entsprechend anpassen. Das kann sehr unterschiedliche Auswirkungen auf den Antrag haben. Häufig ist es am besten, zunächst einmal die eigene Idee auf etwa zwei Seiten zu skizzierten. Im Anschluss sollte man sich die Motivationsdokumente für das Fördervorhaben ansehen, um dann weitere Seiten Text zu erstellen und schließlich das eigene Projekt unter die in den Aufrufdokumenten der Fördermaßnahme gefragten Inhalte zu subsumieren. Danach kann dann der Rest des Antrags vervollständigt werden, wobei hier insbesondere wichtig ist, dass die kulturellen, wirtschaftlichen bzw. politischen Innovationsmotive deutlich werden.

In der Regel ist der Dreh- und Angelpunkt des Antrags der Begriff der Qualität – ein sehr ausfüllungsbedürftiger und unbestimmter Begriff, der je nach Kontext ganz andere Bedeutung haben kann. Wie in einem Kaleidoskop verändert er sich mit dem regulatorischen Kontext. Das ist im Zusammenhang mit Förderprogrammen besonders dann der Fall, wenn den jeweiligen Förderprogrammen unterschiedliche Motivationslagen zugrunde liegen. Qualität kann in einem kulturellen Förderprogramm andere Konnotationen hervorrufen als bei einer wirtschaftlichen oder technisch-innovationsorientierten Förderung.

Beispiel

Eine regionale Förderung für Animationsfilm beispielsweise wird sich im ländlichen Raum an die wenigen Animationsstudios vor Ort halten. Der regionalen

Förderung geht es ja gerade darum, „ihre" Studios zu pushen. Daher ist in diesem Fall der Qualitätsbegriff standortpolitisch konnotiert. Ob dieses spezifische Studio auch auf europäischer Ebene den selben Qualitätsbegriff standhalten müsste, ist insoweit sekundär. Letztlich ergibt sich dies aber aus der politischen Konstellation. Die Akteure vor Ort tun insoweit nur ihr Bestes. ◀

Im innovationspolitischen Kontext kann man mit Anträgen versuchen, innovative Projekte zu fördern. Die Darstellung von Innovation in einem formalen Antrag bei staatlichen Behörden oder Förderinstituten ist nicht immer leicht, denn der Horizont der Evaluationsstrukturen umfasst oft nicht die Möglichkeiten, die einer Innovationskultur voller Disruptionen angemessen wäre. Daher werden in der Regel nur horizontale Innovationen gefördert. Für vertikale Disruptionen fehlt oft die Phantasie, auch seitens derer, die das Förderprogramm ins Leben gerufen haben oder die Anträge evaluieren. Besonders problematisch ist die Tatsache, dass mit Innovationen in Deutschland in vielen Systemen nur technische Innovationen gemeint sind. Denn nichttechnische Innovationen werden in der vernetzten Welt immer wichtiger.

Aus kultureller Sicht wiederum kann gute Qualität hinsichtlich der handwerklichen, kritikerorientierten oder am Rezipienten orientierten Qualität beurteilt werden (Kap. 1). Ein professioneller Antragsteller sollte hier genau verstehen, was in dem Förderaufruf oder den Dokumentationen gewollt ist.

Handwerklich gute Qualität wird in der Regel vom Künstler selbst vorgetragen; dabei handelt es sich je nach Fach um eine Beurteilung der technisch-künstlerischen Leistung. Kritiker wiederum stellen Werke oft in einem größeren Kontext dar und vergleichen einen Künstler mit anderen Künstlern sowie Kreativen oder mit dem kunsttheoretischen Kontext. Manchmal kommt ein Qualitätsbegriff zum Vorschein, der sich in der Regel an tradierten kulturellen Standards orientiert und nicht unbedingt im Zusammenhang mit der handwerklichen Qualität stehen muss. Denkbar ist auch dass sich die Evaluation, bei der Bewertung der Qualität an der Beliebtheit im Rezipientenkontext orientiert. Die Einschaltquote im Fernsehen könnte beispielsweise als denkbare Kategorie angesehen werden.

4.4 Investment

Die vierte Säule der Finanzierungsstrategie ist das Investment. In der digitalgetriebenen Plattformökonomie hat sich die Investmentlösung als wichtigstes Finanzierungstool herausgebildet. Aber sie sollte erst dann in Betracht kommen, wenn die anderen drei Säulen geprüft und gegebenenfalls auch angewendet wurden. Eine zu frühe Konzentration auf den Investmentpfad ist ein häufiger Fehler, denn jeder Investor möchte Kunden, Partner und gegebenenfalls auch Fördermöglichkeiten sehen, bevor er sich engagiert.

4.4.1 Unternehmen statt Projekte

Anders als die anderen Finanzierungsmöglichkeiten knüpft das Investment am Unternehmen selbst an und ist kein Projektfinanzierungsmittel. Bei einem normalen Start-up ist diese Unterscheidung zunächst kaum sichtbar, weil das Unternehmen nur für ein einziges Projekt gegründet wird. Im Gegensatz zu projektbasierten Finanzierungen zielt die Investition aber auf das Unternehmen selbst ab. Anteile an dem Unternehmen werden übertragen, nicht nur Anteile am Projekt, wie es zum Beispiel bei einer Koproduktion oder einer projektorientierten öffentlichen Förderung der Fall ist. Wenn ein Unternehmen mehr als ein Projekt vorantreibt, bedeutet das Investment nicht nur die Übernahme des Unternehmensanteils, sondern auch die Übernahme sämtlicher Projekte, die in diesem Unternehmen zusammengefasst sind. Die Gründung und der Aufbau eines neuen Unternehmens sind also zwingende Voraussetzung für den Einstieg ins Investmentkarussell. Der Aufwand dafür wird häufig unterschätzt.

In Deutschland ist allerdings eine abnehmende Gründungstendenz zu vermelden, Abb. 4.18.

Die Gründe dafür sind vielfältig. Im Kern handelt es sich um eine gesamtgesellschaftliche Herausforderung, die nicht zuletzt mit dem ambivalenten Bild des Unternehmertums in der deutschen Gesellschaft zu tun hat:

> „Der Unternehmer ist oft ein Mensch, der in vielerlei Hinsicht nicht den Normen der Gesellschaft entspricht. Oft werden ungewöhnliche Menschen zwangsläufig Unternehmer, denn nur so können sie ‚ihr eigenes Ding machen'. Wer Neues wagen will, muss in unserer Wirtschaftsordnung Unternehmer werden – ob er will oder nicht. Er muss die Risiken seines

Abb. 4.18 Abnehmende Gründungstendenz. Mit freundlicher Genehmigung © KfW Research

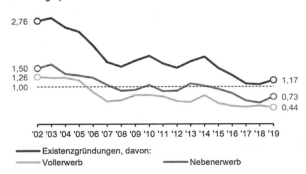

Grafik 1: Rückgang der Gründungsquote prallt vorerst an der Ein-Prozent-Marke ab

Gründungsquote in Prozent

Gründungsquote: Anteil der Existenzgründungen an der Erwerbsbevölkerung (18 bis 64 Jahre).

Quelle: KfW-Gründungsmonitor.

Wagnisses auf sich nehmen, es bleibt ihm keine andere Wahl. Die Ungewöhnlichkeit, das Eigenständige, das neue Denken, das ist das Salz in der Suppe." (Behrmann 2017a, S. 57)

In den meisten Fällen erfolgt die Beteiligung an einem Unternehmen mit der Motivation, zu einem späteren Zeitpunkt das Unternehmen bzw. die Anteile daran an Dritte zu verkaufen. Diesen finalen Ausstieg nennt man Exit.

▶ **Exit** bedeutet im englischen Ausgang. Im Investmentmilieu bedeutet dies, dass ein Gründer sein Unternehmen verkauft, also in der Regel die Anteile an seinem Unternehmen abgibt und dafür finanziell vergütet wird.

Diese Zielsetzung ist nicht immer im Sinne des Erfinders: Viele Kreative betreiben ihr Unternehmen, um ihre Profession auszuüben, und nicht, um es zu verkaufen. Viele junge Unternehmer aus dem Bereich der Kultur- und Kreativwirtschaft verstehen nicht, dass sie mit dem Einbeziehen eines Investors eigentlich schon mittelfristig mit dem Verkauf des Unternehmens rechnen müssen. Aus Sicht des kreativen Unternehmers ist die Unternehmensgründung eher Mittel zum Zweck. Der Lifestyle steht oft im Vordergrund und das Unternehmen ermöglicht ihn. Insofern stehen künstlerische Inspirationen des Kreativen oft im Widerspruch zu Markterfordernissen. Das Ziel des schnellen Wachstums ist häufig nicht so ausgeprägt, denn das Unternehmen soll „nur" der Torso für künstlerische Aktivitäten sein. Aus Investorensicht besteht das Problem, dass nur selten ausreichend Marktkenntnis im Bereich der Creative Industries vorliegt. Auch wird die typische Finanzierungsgap zwischen 0,25 und 1 Million häufig nicht angeboten. Die Skalierbarkeit (die Fähigkeit schnell und dynamisch zu wachsen) ist nur in einigen Sektoren innerhalb der Kultur- und Kreativwirtschaft möglich. So hat z. B. die bildende Kunst und Mode haben sehr viel höhere variable Kosten als z. B. mobile Games.

Jeder, der sich für diese Finanzierungsform entscheidet, muss sich darüber im Klaren sein, dass irgendwann der Moment gekommen sein wird, in dem er das Unternehmen verlassen wird. Die Logik der Investmentkaskade erzwingt nämlich in der Regel, dass der Gründer eines Unternehmens, wenn dieses erfolgreich gewachsen ist, an einem gewissen Punkt so viele Anteile an den Investor abgibt, dass er die Kontrolle verliert. Das bedeutet, dass ein Akteur der Creative Industries, der sich für diesen Weg entscheidet, in der Regel davon ausgehen sollte, dass er irgendwann etwas Neues anfangen muss. Das muss nicht unbedingt negativ sein. Es kann sein, dass er ohnehin irgendwann an dieser konkreten Idee beziehungsweise ihrer Umsetzung die Lust verliert. Einen Unternehmer, der auf diese Weise mehrere Unternehmen hintereinander gründet, nennt man Serial Entrepreneur (Henderson 2020).

Für eine solche Gründung ist auch das Steuerrecht zu beachten. Dabei sei darauf hingewiesen, dass im Falle eines erfolgreichen Exits hohe Einkommensteuern zu zahlen sind. Das lässt sich dadurch abmildern, dass zwei Firmen gegründet werden – ein Unternehmen und eine Holding, die die Anteile des Unternehmens hält. Im Falle eines Exits bekommt die Holding das Geld und muss nur Körperschaftsteuer bezahlen, die deutlich niedriger ausfällt. Ich persönlich vertrete deswegen die Auffassung, dass es am besten ist, wenn der Creative-Industry-Unternehmer ähnlich wie in der Immobilienbranche über eine Holding für jedes Projekt ein neues Unternehmen gründet. In jeder dieser Firmen können die Projekte mit wechselnden Partnern je nach Umsetzungsfortschritt behandelt werden. Allerdings ist diese Herangehensweise noch wenig verbreitet und kann deswegen nicht als Standardfall angesehen werden. Solche Single Purpose Vehicle (sogenannte Projektfirmen) stoßen nur in bestimmten Teilsektoren auf Unterstützung: In der Filmbranche beispielsweise waren solche Konstruktionen jahrzehntelang üblich.

4.4.2 Erste Schritte

Unterschiedliche Akteure spielen im Investment eine Rolle. Da ihre Rollen etwas anders sind als in der sonst üblichen Projektfinanzierung, trägt es zum Verständnis bei, ihre Rollen genau zu beschreiben (Abb. 4.19) :

Zunächst einmal ist da der Gründer selbst. Dieser hat in der Regel eine juristische Person geschaffen, die ihm oder seinen Mitgründern anteilsmäßig gehört. So kann es zum Beispiel sein, dass zwei gemeinsame Gründer jeweils 40 % bzw. 60 % an dem Unternehmen halten.

Die Investmentkaskade durchläuft nicht nur zeitlich, sondern auch entlang der Unternehmensentwicklung unterschiedliche Stufen. Das erste Investment kommt üblicherweise von einem Business Angel.

▶ **Business Angel** ist eine wohlhabende Einzelperson, in der Regel ein ehemaliger Gründer, der seine eigene Unternehmensgründung erfolgreich verkauft hat und seine finanziellen Mittel nun seinerseits anderen Gründern auf der Basis einer Idee, einer PowerPoint-Präsentation oder aber eines Businessplans zur Verfügung stellt. Häufig wird eine Wandelanleihe abgeschlossen.

Abb. 4.19 Rollenverteilung

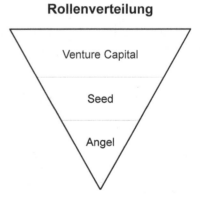

Rollenverteilung

Venture Capital

Seed

Angel

Business Angels investieren etwa zwischen 10.000 € und 100.000 € in ein Projekt. Letztendlich setzen sie damit auf eine Idee und ein Team, da der zugrunde gelegte Businessplan oft noch mehrfach überarbeitet wird. Sie investieren folglich in eine Ausgangsidee. Im Idealfall geben die Investoren nicht nur Geld, sondern unterstützen das Ganze auch mit ihrem Know-how und ihrem Netzwerk.

Der Begriff Business Angel ist jedoch auch irreführend: Der Angel zahlt für seinen hohen Anteil eine relativ geringe Gegenleistung. Aber auch das Risiko ist hoch für ihn, was dann die Höhe der Anteile rechtfertigt. Etwas „engelhaftes" haben Business Angels folglich nicht – letztlich sind sie Geschäftsleute. Ich nenne sie daher lieber Frühfinanzierer. Sie investieren zu einem frühen Zeitpunkt in eine Reihe von Projekten und erlauben damit die Entwicklung eines ersten *proof of concept* (bekannt als **MVP**). Letztlich haben solche Business Angels eine Filterfunktion, die der eines Agenten (s. o. 4.2.) durchaus vergleichbar ist.

▶ Ein **Minimum Viable Product (MVP)**, wörtlich ein „minimal brauchbares oder existenzfähiges Produkt", ist die erste minimal funktionsfähige Iteration eines Produkts, die dazu dient, möglichst schnell aus Nutzerfeedback zu lernen und so Fehlentwicklungen von vornherein zu verhindern.

In der sogenannten *Seed*-Phase, also der Phase des Aussäens, spielen Einzelinvestoren eine große Rolle. Sie können nicht nur finanziellen Input geben, sondern bei der Entwicklung des Konzepts auch mit Rat und Tat zur Seite stehen und ihre Kontakte zur Verfügung stellen (Baker 1995, S. 88). Einige dieser Einzelinvestoren haben mittlerweile solche Dimensionen angenommen, dass sie als Super Angel auch größere Investitionen tätigen können. In diesem Zusammenhang wird stets ein **Businessplan** gefordert.

▶ Ein **Businessplan** ist ein schriftliches Dokument, das detailliert beschreibt, wie ein Unternehmen – in der Regel ein Start-up – seine Ziele definiert und wie es vorgehen soll, um seine Ziele zu erreichen. Ein Businessplan legt einen schriftlichen Fahrplan für das Unternehmen unter Marketing-, Finanz- und Betriebsgesichtspunkten fest.

Letztlich ähnelt die Ausarbeitung eines Businessplans der Erstellung eines Förderantrags (siehe Abschn. 4.3.2). Aber auch hier sind gewisse formale Regeln zu beachten. Wesentliche Bausteine eines Businessplans sind:

die Darstellung des Produktes oder des Projektes selbst,
eine Marktanalyse,
die Konkurrenzanalyse (häufig als SWOT-Analyse),
eine Darstellung des Teams,
ein Umsetzungsszenario,
ein finanzieller Teil, in dem eine kurzfristige und eine mittelfristige Finanzplanung projektiert werden, sowie ein Finanzierungsplan, der offenlegt, mit welchen Finanzmitteln das Projekt umgesetzt werden soll.

Es ist in der Fachbranche anerkannt, dass die Erstellung eines Businessplans wesentlich dazu beiträgt, dass ein Projekt überhaupt einmal substanziell hinsichtlich seiner wirtschaftlichen Machbarkeit überprüft wird. Insoweit ist die Erstellung eines Businessplans einerseits für den Investor wichtig, andererseits auch für den Gründer selbst, weil er dadurch gezwungen ist, sich genaue Gedanken über die möglichen Folgen seines wirtschaftlichen Handelns zu machen.

Umgekehrt sollten wir den Businessplan als verbindliches Dokument realistisch einschätzen. Allen Beteiligten (Investoren, Gründern, möglichen Fördergebern, die auf der Basis der Investitionen zusätzliche Mittel geben) ist klar, dass bei einem Unternehmen, das gerade gegründet wird, die Wahrscheinlichkeit, dass der Businessplan so umgesetzt wird, wie er anfänglich konzipiert und vorgelegt wurde, vergleichsweise gering ist. Die in der Fachbranche mitunter anzutreffende Position, ein Businessplan sei ohnehin unnötig, würde ich allerdings auch nicht teilen. Andererseits würde ich an die formale Umsetzung eines Businessplans auch nicht zu hohe Maßstäbe anlegen. Häufig trifft man in der Beratungs- und Geldgeber-Community eine zu formale und nachgerade bornierte Haltung an. Ein guter Unternehmer muss und soll kein Schriftsteller sein. Eine religiöse Überhöhung des formalen Businessplans, wie sie zum Teil praktiziert wird, halte ich für übertrieben. Es handelt sich um eine Beschreibung dessen „was ist" bzw. „was sein wird", nicht mehr, aber auch nicht weniger. Allerdings muss tatsächlich ein vielversprechendes Unternehmen sichtbar werden – der Businessplan ersetzt dieses aber nicht, sondern beschreibt es nur. Vor allem die Konkurrenzanalyse ist aber unverzichtbar.

Wie beim Förderantrag geht es hier eher darum, im Paket zu erklären, was der mögliche Ansatz der Unternehmensgründung ist und wie vor allem – da es sich hier um privates Geld handelt – auch ein **Return on Investment (ROI)** möglich scheint.

▶ **Return on Investment (ROI)** ist „die für Investoren maßgebliche Kennziffer zur finanzanalytischen Berechnung der Kapitalrendite, die sich aus dem Verhältnis des Gewinns zum eingesetzten Gesamtkapital errechnet" (Hahn 2018, S. 37).

Dabei wird auch die Unternehmenswertsteigerung als Teil des ROI angesehen. Insofern kommt es häufig gar nicht darauf an, dass das Unternehmen schnell Gewinne einfährt, wenn es nachweisen kann, dass durch schnell wachsende Kundenzahlen oder andere Kennzahlen – sogenannte **Key Performance Indicators (KPI)** – zu einem späteren Zeitpunkt ein umso höherer ROI zu erwarten ist. Hier unterscheiden sich die Unternehmenskulturen der deutschen bzw. europäischen Investoren stark von ihren US-amerikanischen Kollegen. Gerade die Geldgeber-Community im Silicon Valley ist bei der Frage kurzfristiger Gewinne sehr großzügig.

4.4.3 Wachstum des Unternehmens

Wenn das Unternehmen etwas gewachsen ist und das MVP vorliegt (und Erfolge verspricht), kann sich der Gründer der nächsten Investmentrunde, der ersten richtigen Investmentrunde *(„series A")* widmen. Diese Investitionsrunden werde nach Serien bezeichnet – *series A* wäre also die erste richtige Finanzierungsrunde nach der *seed round.*

Während das Kapital des Business Angels normalerweise als Wandelanleihe ausgegeben wird und letztlich Darlehenscharakter hat, wird in der *Series-A*-Investmentrunde typischerweise erstmals eine notarielle Beurkundung durchgeführt, um die Anteile aufzuteilen. Für die meisten deutschen Gründer ist die *Series-A*-Finanzierung das eigentliche Bottleneck – also das Nadelöhr, durch das jeder Gründer hindurchmuss. In Europa gibt es schlicht nicht so viele Investoren in diesem Bereich, denn es geht jetzt um einen größeren Betrag im Millionenbereich, der eine hinreichende Finanzierung des Unternehmens in seiner Gründungsphase bis zu einem Punkt erlaubt, an dem dieses nicht nur Umsätze, sondern auch Einnahmen generiert. In Deutschland gelingt es vielen Gründern nie, eine vernünftige *Series-A*-Finanzierung abzuschließen.

Wenn das Unternehmen eine gewisse Größe erreicht hat, stehen ihm neben den Einzelinvestoren auch sogenannte **Venture-Capitals** (VC) zu Seite. Diese Unternehmen haben sich darauf spezialisiert, sich an anderen Unternehmen zu beteiligen und mit dieser Beteiligung bzw. mit deren Wertzuwachs mitzuwachsen, um dann die wertvolleren Anteile weiterzuverkaufen (Baker 1995, S. 87 f.). VC-Unternehmen haben unterschiedliche Größen, und es ist wichtig, die Struktur und die Spezialisierung eines solchen Unternehmens zu verstehen, um den Entscheidungsprozess nachzuvollziehen (Abb. 4.20).

Abb. 4.20 Venture-Kapital

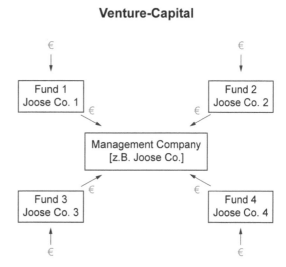

Venture-Capitals sind häufig als Partnerschaft aufgebaut, das heißt jeder Partner haftet persönlich (Feld und Mendelson 2016, S. 130). Zugleich sind sie aber als Unternehmen strukturiert und treten auch so auf. Jedes wird von einem *managing director* oder einem *managing partner* geleitet. Diesen unterstehen eine Reihe von Direktoren, die ein gewisses Ausmaß an Verantwortung tragen, jedoch häufig auf die Entscheidung des MD angewiesen sind. Sie haben in der Regel keine eigene Möglichkeit zu handeln. Ihre Entscheidungen hängen eindeutig von übergeordneten Beschlussfassungen ab. Gleichgestellt sind allerdings Analysten, die Analysen durchführen und über ihre Erkenntnisse Memos verfassen. Größere Venture-Capitals unterhalten im Übrigen auch Büros, in denen Gründer nach dem Verkauf ihres Unternehmens ein neues Unternehmen vorbereiten und in diesem Zusammenhang vielleicht wieder zur Verfügung stellen können – sogenannte *entrepreneurs in residence.*

Nach Abschluss dieser ersten Finanzierungsrunde kann das Unternehmen typischerweise ein bis zwei lang Jahre wachsen und anfangen, Einnahmen zu generieren. Nun entstehen Bilanzen, und das Unternehmen kann zeigen, dass das Geschäftsmodell tatsächlich funktioniert. Häufig tut es dies nicht – oder zumindest nicht so, wie man es sich vorgestellt hat. Dann muss es modifiziert und umgestellt werden; diese Umstellung des Geschäftsmodells nennt man Pivot.

▶ „Mit einem Pivot ist die notwendige Anpassung der Strategieausrichtung eines Startups gemeint, wobei die Unternehmensvision nicht in Frage gestellt wird. Pivoting bezeichnet den signifikanten strategischen Kurswechsel eines jungen Unternehmens, damit dieses erfolgreicher wird. Auslöser für einen Pivot können Kundenfeedbacks, Tests, Konkurrenzsituationen oder generell neue Marktumstände sein." (Gründerszene 2019).

Dieser Pivot ist nicht selten und sollte dem Gründer an sich keine Angst machen, denn in dem volatilen und dynamischen Marktumfeld ändern sich die Parameter ohnehin ständig. Die Weiterentwicklung des Geschäftsmodells hin zu einem Unternehmen, das Einnahmen und Gewinne generiert, erzwingt eine zunehmende Strukturierung des Unternehmens.

Da das Unternehmen im besten Fall auch personell stark wächst, werden Hierarchieebenen eingezogen. Die Umsetzung steht jetzt im Vordergrund und erfordert auch andere Managementqualitäten als das Gründen. Häufig treten neue Figuren hinzu, die sich darauf spezialisiert haben, die Gründungen anderer in der konkreten Umsetzung zu organisieren. Viele Gründer lassen sich dabei leider von den Investoren zu früh die Personalverantwortung aus der Hand nehmen, denn oft zwingen Investoren die Gründer, die Personalfindung über Recruiting-Agenturen abzuwickeln, die sie selbst kontrollieren.

Das halte ich für kritikwürdig. Ich würde Gründern immer empfehlen, darauf zu bestehen, dass sie den Einfluss auf die Einstellung zusätzlicher Mitarbeiter bei sich behalten.

Andere Fragen jedoch können durch neu hinzukommende Personen realisiert werden. Das gilt beispielsweise für die Entwicklung einer eigenen Software, den Aufbau eigener Vertriebskanäle und die Kommunikation, die für die Markenführung entscheidend ist.

Im Laufe des Lebens eines Unternehmens können weitere Finanzierungsrunden hinzukommen, um das Unternehmen weiterzuentwickeln, sogenannte *series B, series C* usw. Kennzeichen ist hier, dass die Zahl der Anteile an dem Unternehmen, die man für einen bestimmten Betrag erhält, je nach Größe des Unternehmens sehr viel niedriger sind – beziehungsweise dass die Preise für die Anteile deutlich steigen. Damit machen die Frühfinanzierer dann auch Gewinn – indem die Preise für ihre Anteile in späteren Runden steigen. Die Daumenregel: Je früher der Finanzierer in das Unternehmen einsteigt, desto niedriger ist der Preis für die Anteile; je später er einsteigt und je sicherer es ist, dass das Unternehmen eine Aussicht auf ein Return on Investment hat, desto höher ist der Preis. In dieser Phase verwässern die Anteile der Gründer immer mehr.

Irgendwann ist der Tag gekommen, an dem das Unternehmen, insbesondere wenn es erfolgreich ist, komplett übernommen wird. In dieser Situation verbleiben die Gründer häufig noch eine gewisse Zeit im Unternehmen, um den Übergang zu gewährleisten. Offiziell ändert sich erst einmal gar nichts. Das übernommene Unternehmen wird in einen Konzern eingegliedert und dann neu strukturiert. Für den Gründer ist dieser Exit die Möglichkeit, von seinem riskanten Weg finanziell zu profitieren und schrittweise Abschied zu nehmen. Mit dem Geld kann er bei Gelegenheit ein neues Unternehmen gründen.

Wiederholungs- und Vertiefungsfragen

1. Wie heißen die vier Säulen der Finanzierung in den Creative Industries, und wie sind diese aufgebaut?
2. Warum sollte Investment der letzte Baustein sein?
3. Welche Bedeutung hat der Mittelsmann für die Wertbildung?
4. Lässt sich die Qualität eines Projekts der Kultur- und Kreativwirtschaft objektiv bestimmen?
5. Welches Risiko übernehmen Fernsehsender bei einer Fernsehkoproduktion?
6. Warum ist es bei einer Landesförderung wichtig, im lokalen Cluster gut vernetzt und bekannt zu sein?
7. Ist Innovation eine rein technische Angelegenheit?
8. Was bedeutet *series A,* und welche Unterschiede bestehen zu einer Finanzierung durch einen Business Angel?

Literatur

Arnold HL (2007) Aufstieg und Ende der Gruppe 47. Aus Politik und Zeitgeschichte 25:4–11

Baker R (1995) Media law. A user's guide for film and programme makers, blueprint, London

Beck H (2011) Medienökonomie. Springer, Berlin

Behrmann M (2008) Filmförderung im Zentral- und Bundesstaat. Eine vergleichende Analyse der Filmförderungssysteme von Deutschland und Frankreich unter besonderer Berücksichtigung der Staatsverfasstheit. Avinus, Berlin

Behrmann M (2013) The future of the Eruopean mobile game ecosystem. https://malte-behrmann.de/wp-content/uploads/2018/11/Malte-Behrmann-MGA-Brochure-The-future-of-the-European-mobile-game-ecosystem.pdf. Zugegriffen: 25. März 2021

Behrmann M (2017a) In der Innovationsfalle. Überlegungen zu einer zukünftigen Innovationsförderung. Ibidem, Stuttgart

Behrmann M (2017b) Digital Revolutions affecting Distribution within the Game Sector. http://www.etimm.ase.ro/RePEc/aes/jetimm/2017/ETIMM_V01_2017_91.pdf. Zugegriffen: 25. März 2021

Behrmann M (2020) Finanzierung von Computerspielproduktionen in Deutschland und Europa mit öffentlicher Förderung. https://creativeindustries.berlin/wp-content/uploads/2020/12/creative-industries-research-BGI-Studie-Malte-Behrmann.pdf. Zugegriffen: 25. März 2021

Böttiger H (2012) Die Gruppe 47. Als die deutsche Literatur Geschichte schrieb. Deutsche Verlags-Anstalt, München

Caves R (2002) Creative industries. Contracts between art and commerce. Harvard University Press, Cambridge

Europäische Union (2010) Richtlinie der audiovisuellen Medienrechte – Amtsblatt der europäischen Union, 15.4.2010, Artikel 13, Rn. 64

Europäische Union (2014 ff.) Programm Kreatives Europa. https://ec.europa.eu/programmes/creative-europe/node_de. Zugegriffen: 26. Mai 2021

Europäische Union (2020) The Digital Services Act: ensuring a safe and accountable online environment. https://ec.europa.eu/info/strategy/priorities-2019-2024/europe-fit-digital-age/digital-services-act-ensuring-safe-and-accountable-online-environment_en. Zugegriffen: 4. Apr. 2020

Forsmann H (2008) Business development success in SMEs: a case study approach. http://www.africres.org/SMME%20Research/SMME%20Research%20General/Case%20Studies/Business%20development%20success%20in%20SMEs.pdf 2008. Zugegriffen: 25. März 2021

Feld B, Mendelson J (2016) Venture deals. Be smarter than your lawyer and venture capitalist. Wiley, Hoboken

Frankfurter Allgemeine Zeitung (2020) Epic Games und Apple streiten nun vor Gericht. https://www.faz.net/aktuell/wirtschaft/app-store-streit-zwischen-epic-games-und-apple-weitet-sich-aus-16909986.html. Zugegriffen: 4. Apr. 2021

Fried N, Pantel N (2019) Frankreich führt Digitalsteuer ein in: Süddeutsche Zeitung. https://www.sueddeutsche.de/wirtschaft/gafa-steuer-frankreich-fuehrt-digitalsteuer-ein-1.4353759. Zugegriffen: 4. Apr. 2021

Gründerszene (2019) Pivot. https://www.businessinsider.de/gruenderszene/lexikon/begriffe/pivot/. Zugegriffen: 25. März 2021

Gründerlexikon. Barter-Deals. https://www.deutschland-startet.de/barter-deal/. Zugegriffen: 4. Apr. 2021

Halton C (2021) Over the Top (OTT). https://www.investopedia.com/terms/o/over-top.asp. Zugegriffen: 25. März 2021

Have H (2005) Filmförderungsgesetz. Kommentar. Beck, München

Henderson G (2020) What is a Serial Entrepreneur? https://www.digitalmarketing.org/blog/what-is-a-serial-entrepreneur. Zugegriffen: 5. Apr. 2021

Houellebecq M (2011) Karte und Gebiet. DuMont, Köln

Hübner F (1998) Versicherungen und Completion Bond. In: Clevé B (Hrsg) Investoren im Visier. Bleicher, Gerlingen, S. 167–183

Kerry London (2020) Mitigating risk when investing in film production. https://www.kerrylondon.co.uk/media-bonds-mitigating-risk-when-investing-in-film-production/. Zugegriffen: 13. Mai 2021

Kiefer ML (2005) Medienökonomik. Einführung in eine ökonomische Theorie der Medien, 2. Aufl. Oldenbourg, München

Kobel S (2020) Kunstmarkt. Zwischen bürgerlicher Tradition und digitalem Wandel. Politik und Kultur 12:24

Mauer O (2020) In: Zimmermann O. Im Bermudadreieck des Kunstmarktes. Politik und Kultur 12:23

Palandt O (2017) Kommentar zum Bürgerlichen Gesetzbuch, 76. Aufl. Beck, München

Rauda C (2013) Recht der Computerspiele. Beck, München

Roitzheim C (2019) In: Behrmann et al. Vorbild Asien? Neue Geschäftsmodelle für Medien und Kommunikation aus Asien für Europa. Welt Trends, Babelsberg

SAP (2021) Blockchain. https://kunstrechtblog.de/galerievertrag-das-muessen-kuenstler-darueber-wissen/. Zugegriffen: 25. März 2021

vom Berg C (2018) Galerievertrag – Das müssen Künstler darüber wissen. https://kunstrechtblog.de/galerievertrag-das-muessen-kuenstler-darueber-wissen/. Zugegriffen: 25. März 2021

von Rimscha M (2009) Managing risk in motion picture project development. J Media Bus Stud 6(4):75–101. https://doi.org/10.1080/16522354.2009.11073496. Zugegriffen: 25. März 2021

Vertragsstrukturen in der Kultur- und Kreativwirtschaft

5

Zusammenfassung

Im folgenden Kapitel werden die gewonnen wirtschaftlichen Erkenntnisse mit Fragen juristischer Natur verbunden, vor allem im Hinblick auf **Vertragsstrukturen.** Ziel dieses Kapitels ist es also, Nichtjuristen juristische Strukturen und Konzepte, die sich aus den vorangegangenen Kapiteln ergeben, näherzubringen. Dabei kann ich auf die Erfahrungen aus meiner langjährigen anwaltlichen Beratungstätigkeit für Unternehmen der Kultur- und Kreativbranche zurückgreifen. Ausgangspunkt ist der Ansatz, dass sich viele der oben behandelten Themenkomplexe in Vertragsstrukturen manifestieren. Verträge dienen insoweit als Kristallisationspunkte der wirtschaftlichen Aushandlungsprozesse. Sie sind aber auch handwerkliche Produkte, die besser oder schlechter gemacht werden können. Dabei kommt es auf sehr unterschiedliche Dinge an. Die Qualität eines Vertrages hat – wie viele Laien annehmen – weder etwas mit seiner Länge noch mit dem Vorhandensein einer salvatorischen Klausel zu tun. Ein guter Vertrag ist mehr als ein guter Deal, wenn er die Interessen beider Parteien auf gleicher Augenhöhe berücksichtigt. Gerade in Situationen ungleicher Machtverteilung sollte dies beiden Parteien bewusst sein. Wichtig ist, dass es sich hier nicht um eine abschließende juristische Abhandlung handelt, sondern um eine praxisnahe Vermittlung von Schlüsselkonzepten und Begriffen. Mir ist es wichtig, dass Sie verstehen, was hinter den juristischen Konstruktionen steckt, die Ihnen in diesem Zusammenhang begegnen werden. Nach der Lektüre dieses Kapitels haben Sie das grundsätzliche Rüstzeug für das Verständnis von Verträgen in den Creative Industries. Sie werden sie lesen und bewerten können. Wenn Sie in die Verhandlung einsteigen, sollten Sie aber trotzdem noch einen Anwalt hinzuziehen.

© Springer-Verlag GmbH Deutschland, ein Teil von Springer Nature 2021
M. Behrmann, *Creative Industry Management,*
https://doi.org/10.1007/978-3-662-63921-4_5

5.1 Allgemeine und übergreifende Fragestellungen

Einige Fragen sind in allen Verträgen gleich und werden hier daher vorab erörtert. Zur Sprache der Verträge: In Deutschland sind deutsche, aber auch englische Verträge üblich. Gerade bei größeren Projekten sind Verträge häufig in englischer Sprache verfasst, auch wenn alle Parteien aus Deutschland kommen. Nur so können auch die internationalen Investoren den Überblick behalten. Für die Wirksamkeit spielt das zunächst keine Rolle, allerdings müssen die Verträge im Streitfall vor Gericht möglicherweise übersetzt werden, weil die Gerichtssprache in Deutschland deutsch ist.

5.1.1 Parteien

Zu Beginn eines Vertrages werden die Parteien bestimmt. Im sogenannten Rubrum werden sie benannt. Ein Beispiel:

Beispiel

(1)([name of publisher] a company registered in [insert country of registration] under registered number [insert registration number] whose principal place of business is at [insert full address of principal trading location] (the „Publisher"); and

(2)[name of developer] a company registered in [insert country of registration] under registered number [insert registration number] whose principal place of business is at [insert full address of principal trading location] (the „Developer"). (Scheurer 2007) ◄

Dabei ist die Frage, ob die Parteien feststehen, nicht so trivial, wie man vielleicht vermuten würde. Unklarheiten wirken sich nachhaltig aus. Es ist wichtig, dass bei der Vertragsprüfung immer genau darauf geachtet wird, dass die richtigen Parteien einschließlich ihrer entsprechenden Vertreter benannt werden.

▶ **Beispiel** Ein Beispiel aus meiner Anwaltspraxis: Vor einigen Jahren habe ich einen Prozess über zwei Instanzen geführt, in dem es im Grunde nur um die Frage ging, ob es sich bei der einen Vertragspartei um eine Einzelperson oder um eine Gesellschaft (GbR) von zwei Personen handelt. Die Verträge waren insoweit widersprüchlich; einige Vertragsversionen bezogen sich auf die Einzelperson, andere auf die Gesellschaft. Im Prozess war streitgegenständliche Frage, wer die Vertragspartei überhaupt war.

5.1.2 Definitionen

Im angelsächsisch geprägten Rechtsraum und weit darüber hinaus hat sich eingebürgert, am Anfang eines größeren Vertragswerks die wesentlichen Begriffe des Vertrages autonom zu definieren. Das bedeutet, dass zunächst einige Seiten Definitionen für alle wichtigen Begriffe des folgenden eigentlichen Vertrages aufgelistet werden.

Hier sollte man sich nicht verunsichern lassen, sondern sich besser den Ursprung dieser Entwicklung vor Augen halten: Anders als im deutschen Recht, bei dem das Zivilrecht Bundesrecht ist, welches im BGB niedergelegt ist und damit als einheitlich in allen deutschen Bundesländern gilt, ist das Zivilrecht in den Vereinigten Staaten Landesrecht. Das bedeutet, dass es in Kalifornien, Connecticut und im Staat Louisiana ein unterschiedliches Zivilrecht gibt.[1] Das ist sehr umständlich, aber aus verfassungsrechtlichen Gründen nicht zu ändern. Daher haben sich die US-amerikanischen Anwälte schon sehr frühzeitig Strategien überlegt, um auf diese Entwicklungen zu reagieren. Wenn man zum Beispiel für große, landesweit aktive Unternehmen wie McDonald's oder Coca-Cola Verträge abschließen möchte, die mit allen Parteien innerhalb der Vereinigten Staaten einheitlich sind, kann man sich nicht ganz auf die individuelle Zivilrechtsprechung der einzelnen Staaten verlassen.

Aus diesem Grund wird von der Möglichkeit, wesentliche Begriffe der Verträge selbstständig zu definieren (Palandt 2017, § 104 Rz 1, S. 79), umfassend Gebrauch gemacht, um einer eventuellen lokalen Rechtsprechung vorzugreifen. Internationale Verträge haben diese Strategie aufgegriffen, um unabhängiger agieren zu können.

Innerhalb Deutschlands und Europas ist es ursprünglich nicht üblich, in Verträgen ausführliche Definitionskapitel bereitzuhalten. Denn sowohl das deutsche BGB als auch das französische Zivilgesetzbuch Code civil[2] – halten eine Vielzahl von Definitionen bereit, die ohnehin verbindlich gelten. Weil so viele Regelungen im BGB stehen, können deutsche Verträge recht kurz sein. In bestimmten Fällen, zum Beispiel bei der Definition von Nettoeinkünften, können diese Definitionsfragen jedoch auch bei uns eine sehr große Bedeutung haben, wobei über die Definitionen im Einzelnen verhandelt wird. Außerdem haben sich die Dinge in den letzten Jahrzehnten im Rahmen der Globalisierung schrittweise angeglichen. Wichtig ist, dass man sich von ausführlichen Definitionskapiteln internationaler Akteure nicht einschüchtern oder vom Wesentlichen ablenken lässt.

---

[1] In Louisiana baut das Zivilrecht sogar auf dem französischen Code civil (Code Napoleon) auf.

[2] Die meisten kontinentaleuropäischen Rechtssysteme orientieren sich an einem dieser beiden Gesetzeswerke.

Beispielhafter Vertrag aus der Spielebranche

A.   Activision is in the business of developing, manufacturing, publishing, licensing, distributing and selling entertainment software and video game products.

B.   Developer is in the business of developing and producing entertainment software products.

C.   Activision desires top engage the services of Developer to develop and produce for Activision a total of three (3) distinct Products (as set forth and defined in Section 1) to be published and distributed by Activision, and Developer is willing to develop and produce the Products for Activision.

D.   Activision and Developer entered into a letter agreement dated as of July 22, 2992

Abb. 5.1 Beispielhafter Vertrag aus der Spielebranche. Eigene Darstellung nach Buscaglia et al. 2004

5.1.3   Erwägungsgründe und Einleitung

Zu Beginn eines Vertrages wird der wesentliche Vertragsinhalt in einer **Präambel,** sogenannten *recitals,* also in einer kurzen Zusammenfassung wiedergegeben. Dieser Abschnitt des Vertrages hat eine Orientierungsfunktion. Sein Ziel ist es nicht, eigenständige Regelungen aufzustellen; alle hier dargestellten Vorgänge werden im Vertrag an anderer Stelle genauer geregelt. Er soll dem Leser einen Überblick über die Absichten der Parteien verschaffen, darüber, was im Vertragswerk geregelt ist. Umstritten ist, ob es sich bei diesem Teil des Vertrags lediglich um eine Art redaktionelle Zusammenfassung ohne rechtlichen Gehalt oder um einen Teil der verbindlichen Vereinbarung handelt (Palandt 2017, § 145, Rz 18, S. 165).

Aus meiner Sicht sollte von einem Teil des verbindlichen Vertrags ausgegangen werden, denn die Parteien haben diese Formulierungen bewusst gewählt und den Vertrag so gewollt. In Abb. 5.1 ist ein typisches Beispiel aus einem Vertrag in der Spielebranche zu sehen:

5.1.4   *Deal memo – long form agreement* – Letter of Intent

Häufig entwickelt sich ein Vertrag innerhalb der Kultur- und Kreativwirtschaft in mehreren Schritten. Zunächst wird – in der Regel unmittelbar nach einem persönlichen Gespräch unter den Parteien – ein sogenanntes *deal memo* abgeschlossen (Rauda 2013,

S. 567). Dies geschieht also zeitlich bevor ein Hauptvertrag abgeschlossen wird. Per
Absichtserklärung bekundet dabei ein Investor das Interesse an Verhandlungen oder am
Abschluss eines Vertrags. In diesem Kurzvertrag werden alle wesentlichen Vertrags-
inhalte wie Vertragsgegenstand, Parteien, Art der Übertragung[3] und Preis[4] festgelegt
(BGH 2010, AZR 176/07). Allerdings wird aus Gründen der Übersichtlichkeit zunächst
darauf verzichtet, alle juristischen Einzelfragen, insbesondere aus dem Bereich des
geistigen Eigentums oder Fragen der Beendigung des Vertrages, auszudiskutieren. Diese
Fragen überlassen die Akteure gerne ihren Anwälten, die dann ein *long form agreement*,
also eine ausführliche Vereinbarung ausarbeiten.

Das *deal memo*, welches bereits ein verbindlicher Vertrag ist (Rauda 2013, S. 566),
ist von einem unverbindlichen **Letter of Intent (LOI)** (siehe unten) abzugrenzen, bei
dem sich die Parteien noch nicht verbindlich auf einen Vertragsinhalt festlegen. Für den
Anwender von Verträgen mag es zunächst überraschend sein, dass im Fall eines LOI
die gesamte Vereinbarung zunächst rechtlich unverbindlich ist – das ist aber intendiert.
Dabei ist nicht die Bezeichnung relevant für die Bindung, sondern der Inhalt. Hier
wird ein Vertragsabschluss lediglich in Aussicht gestellt (Rauda 2013, S. 566). Große
Bedeutung hat der LOI bei öffentlichen Finanzierungsgebern, zum Beispiel bei der Film-
finanzierung: Ein LOI eines Senders genügt in der Regel, um Förderung zu beantragen –
ein Vertrag muss noch nicht vorgelegt werden. Ähnliches gilt im Umgang mit Investoren.

5.2 Verhältnis Schöpfer – Mittler

Am Beginn jeder Wertschöpfungskette in der Kultur- und Kreativwirtschaft steht der
Schöpfer oder die Gruppe von Schöpfern, die das Werk zusammen herstellen (siehe
Kap. 4). Typischerweise schließt der Schöpfer einen ersten Vertrag mit einem Mittelsmann, der letztlich wie ein Agent agiert (Rauda 2013, S. 565). Seine Aufgabe ist, das
kreative Werk einem Markt zuzuführen und ggf. den Markt zu entwickeln.

Wir nennen diese Figur im Folgenden „Mittler". Sie kann in verschiedenen Formen
vorkommen. Der Mittler entwickelt den „Business-Case" – schafft und entwickelt
folglich den Markt für den Schöpfer. Dabei gibt es unterschiedliche Konstellationen:
Denkbar ist hier die Einzelperson, die zum Beispiel als Buchautor mit einem Verlag in
Verbindung tritt, aber auch eine kleine Gruppe von Menschen wie ein kleines Computer-
spiel-Entwicklerteam, das mit einem Mittler, beispielsweise einem kleineren Publisher
oder einem größeren Entwicklerstudio, einen Vertrag schließt. Hierunter fällt auch ein
Filmautor, der selbst Urheber des Drehbuchs und Filmes ist, wie es zum Beispiel im

---

[3] Entweder als Share Deal, wobei Anteile (Aktien) übertragen werden oder als Asset Deal.

[4] Der Preis stellt dabei oft die wichtigste Frage dar, da der Umsatz der Firma bis zum Abschluss
des Kaufs zu- oder abnehmen kann.

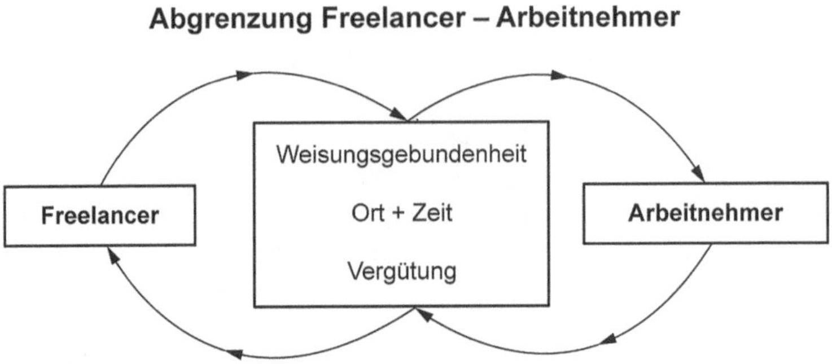

Abgrenzung Freelancer – Arbeitnehmer

Abb. 5.2 Abgrenzung Freelancer – Arbeitnehmer

Dokumentarfilm üblich ist. Dieser schließt typischerweise mit einem Dokumentarfilmproduzenten einen Vertrag.

Für selbstständige bildende oder darstellende Künstler bzw. für alle, die selbst unmittelbar an der Schöpfung beteiligt sind, gibt es weiterhin Agenten. Gerade im Kunstmarkt, aber auch in der Literatur und im Bereich der ausübenden Künstler blüht das Agentenwesen. Insofern ist es weitgehend üblich, dass es eine Mittlerperson gibt, die wie ein Galerist oder eine Agentur den Markt entwickelt und die ökonomischen Gesamtzusammenhänge im Auge behält.

Die Vertragsstrukturen innerhalb der verschiedenen Gewerke der Kultur- und Kreativwirtschaft zwischen den Schöpfern und Mittlern haben sich in den Jahren der Digitalisierung immer stärker angeglichen. Hier gibt es einige unterschiedliche, nahezu universale Strukturen.

5.2.1 Arbeitsverhältnis

5.2.1.1 Freelancer oder Arbeitnehmer

In der Regel arbeitet der Schöpfer selbstständig auf eigene Rechnung und betätigt sich als **Freelancer.** In Deutschland übt er zum Beispiel als Künstler einen freien Beruf aus, der in der Regel nicht unter den Gewerbebegriff fällt und damit ähnlich wie Ärzte oder Anwälte von den zivilrechtlichen Verschärfungen des HGB und der Gewerbesteuer befreit ist.

Dies ist aber nicht immer so, wenn sie in einem vermeintlichen Angestelltenverhältnis tätig sind. In der Kreativwirtschaft blüht die **Scheinselbstständigkeit:** Die betroffen Akteure wissen häufig nicht, ob sie als Freiberufler oder als Arbeitnehmer zu behandeln sind. Bei der arbeitsrechtlichen Scheinselbstständigkeit wird somit erst nachträglich festgestellt, dass es sich bei der Vertragsbeziehung um ein unselbstständiges Beschäftigungsverhältnis handelt.

Die Abgrenzung ist kompliziert und nach dem Arbeitsrecht zu beurteilen.[5] Eine wichtige Vorfrage des Arbeitsrechts ist nämlich, ob überhaupt ein Arbeitsverhältnis vorliegt (Palandt 2017, § 611 Rz 4, S. 937). Nur wenn dieses tatsächlich vorliegt, kann auch ein Arbeitsgerichtsprozess angestrebt werden. Nur dann greifen der Kündigungsschutz und die anderen Vorteile, die ein Arbeitnehmer in Deutschland genießt. Gerade in der Kreativwirtschaft ist es relativ häufig der Fall, dass ein Arbeitnehmer scheinbar als Freiberufler arbeitet, in Wirklichkeit aber als Arbeitnehmer behandelt werden müsste. Das kann zu dem interessanten Phänomen führen, dass ein Arbeitnehmer über Jahre hinweg glaubt, er sei selbstständig, jedoch eigentlich Angestellter ist (Abb. 5.2).

Abweichend von der üblichen Vorgehensweise, bei der auf subjektive Elemente (zum Beispiel Titel des Vertrags oder der falsche Glaube, Selbständiger zu sein) abgestellt wird, legt das Bundesarbeitsgericht für diese Abgrenzungsfrage objektive Kriterien an (BAG 2017, AZR 851/16, S. 17). Dem Bundesarbeitsgericht ist es also nicht wichtig, ob in der Überschrift des Vertrags „Werkvertrag" steht, ob Mehrwertsteuer abgeführt wird oder andere vordergründige Anzeichen gegeben sind. Auch kommt es nicht darauf an, ob sich der Betroffene subjektiv als Freelancer oder als Arbeitnehmer fühlt. Viel wichtiger ist, was tatsächlich objektiv inhaltlich im Vertrag geregelt ist. Nach der Rechtsprechung des Bundesarbeitsgerichts kommt es darauf an, dass der der Arbeitsvertrag tatsächlich als Arbeitsvertrag ausgestaltet ist. Welche objektiven Kriterien werden dazu herangezogen? Das wichtigste Kriterium ist die sogenannte Weisungsgebundenheit (BAG 2017, AZR 851/16, S. 17). Das heißt, das Arbeitsgericht prüft, ob der Arbeitnehmer einen Vorgesetzten hat, an dessen Instruktionen er sich halten muss. Wenn er ein eigenes Werk schafft, also nicht weisungsgebunden, sondern im eigenen wirtschaftlichen Interesse und auch mit einer eigenen Gestaltungsmöglichkeit agiert, dann – und nur dann – ist er selbstständig.

Diese Unterscheidung ist in unserer modernen digitalen Wirtschaft häufig schwer zu treffen. Neben der Weisungsgebundenheit kann es auch andere Indizien geben, zum Beispiel die Frage, ob der Betreffende frei über Ort und Zeit seiner Tätigkeit entscheiden kann. Es kann auch das Gehalt herangezogen werden, insbesondere dann, wenn ein Arbeitnehmer für dieselbe Tätigkeit ähnlich bezahlt wird wie Selbstständige. Bei ihnen müsste allerdings ein wesentlich höheres Gehalt anfallen, da sie ihre Sozialabgaben selber leisten müssen.

5.2.1.2 Exklusivität und Wettbewerbsverbot

Innerhalb der Verträge mit Kreativen oder ihren Mittlern kann es auch zu einer anderen Beschränkung kommen. Für Mittler ergeben sich aus dem Grundsatz der „vertically distributed skills" (Caves 2002, 158–159) besondere Herausforderungen: Die Bezahlung von Kreativen in Verträgen orientiert sich in der Regel an ihrer Bedeutung für das

---

[5]Es gibt auch einen abweichenden sozialrechtlichen Scheinselbstständigkeits-Begriff, der hier außer Betracht bleibt.

Projekt. Dieses Phänomen lässt sich sehr gut anhand darstellender Künstler beschreiben: In Hollywood sind Honorare von 20 Mio. US-Dollar pro Film keine Seltenheit mehr. Insofern hängt die Vergütung linear mit der Rendite des Gesamtprojekts zusammen.

Für solche Fälle sind **prozentuale Beteiligungen** die Regel. Sie werden zusätzlich zu einer fixen Gage vereinbart. Stars bilden auch für andere Geldgeber eine gewisse Sicherheit, die sie auch gegenüber Geld- und Kreditgebern verwenden können. Dem gegenüber stehen einfache Darsteller, die in der Regel auf Wochenbasis bezahlt werden und nur ein Minimum an Gage bekommen. Regisseure werden üblicherweise pauschal pro Film vergütet, was damit zusammenhängt, dass man ihnen keine Möglichkeit geben möchte, ihr Gehalt durch eine Verlängerung des Drehs aufzustocken.

Daraus ergibt sich unabhängig von der Frage des Arbeitsverhältnisses für den Mittler das Interesse, den Künstler langfristig an sich zu binden. Es geht ihm darum, Künstler und Kreative unter Vertrag zu nehmen, wenn sie noch nicht so erfolgreich und dementsprechend teuer sind, um sie dann systematisch aufzubauen.

▶ **Beispiel** Der Kunst- und Musikmarkt kann hier als Beispiel dienen: Musikmanager entwickeln die Band als Marke systematisch. Unter Einbeziehung der Personality der Künstler steigern sie deren Bekanntheitswert, um so wiederum mehr Menschen für die Musik der Künstler zu interessieren. Aus der Sicht des Mittlers funktioniert die Arbeit mit den Werken der Kreativen in der Regel über eine Portfoliostrategie. Das bedeutet, dass die erfolgreichen Projekte die Verluste bei weniger erfolgreichen Fällen ausgleichen. Insofern ist das Ziel der Mittler, dass die von ihnen vertretenen Künstler oder Kreativen durch ihre erfolgreiche Arbeit an Wert gewinnen. Dabei beginnen sie die Zusammenarbeit oft mit noch unbekannten Kreativen, bei denen sie Entwicklungspotenzial vermuten. Bei einem Sänger, Musiker oder Schauspieler etwa steigen der Markenwert und die Gage mit seiner Bekanntheit. Für den Mittler besteht dabei die ständige Gefahr, dass diese Kompetenz- und Markenträger zur Konkurrenz wechseln, nachdem sie bekannt geworden sind. Die Agenten helfen sich mit sogenannten Wettbewerbsklauseln in den Arbeits- bzw. Freelancer-Verträgen.

Allerdings sind diese Klauseln in Deutschland nur in engen Grenzen zulässig. Auch Personen, die sozusagen zu Marken geworden sind, sind und bleiben Menschen, deren Würde unantastbar ist. Insbesondere steht auch die verfassungsrechtlich garantierte Freiheit der Berufswahl (Art. 12 GG) solchen Klauseln entgegen – eine starke verfassungsrechtliche Wertung, die hier auch in den Bereich des Privatrechts ausstrahlt:[6] Jeder Deutsche darf seinen Beruf frei wählen und auch die Art und Weise, wie er ihn ausüben möchte. Daher sind der exklusiven Bindung von Personen, die dieses Freiheitsrecht in Deutschland einschränkt, enge Grenzen gesetzt.

---

[6] Sogenannte „Ausstrahlungswirkung/mittelbare Drittwirkung der Grundrechte" (BVerfGE 7, S. 198).

▶ **Beispiel** In meiner Anwaltspraxis habe ich einmal einen Schauspielagenten vertreten, den ein Großteil der von ihm vertretenen Schauspieler verließ und zur Konkurrenz wechselte. Das Landgericht Berlin stellte in dem Urteil klar, dass es grundsätzlich nicht möglich ist, Schauspieler exklusiv an eine Agentur zu binden, ohne dass diese kündigen können.

Der umgekehrte Fall kommt auch vor: Mitarbeiter sind in einem Bereich tätig, der hohem Wettbewerbsdruck ausgesetzt ist. Diese Mitarbeiter sind Kompetenzträger, die häufig auf Positionen arbeiten, die nur wenige andere Personen besetzen könnten. Für das Unternehmen wäre es ein Desaster, wenn diese Kompetenzträger zur Konkurrenz wechseln würden. Die Wirtschaft hilft sich mit sogenannten **Wettbewerbsklauseln,** die in den Arbeitsverträgen verankert werden (von Hoyningen-Huene 1997, S. 15). So soll sichergestellt werden, dass der wechselwillige Arbeitnehmer zumindest etwas wartet, um den aktuellen Wettbewerbsvorsprung nicht sofort abgeben zu können. Diese Wettbewerbsklauseln sind nach deutschen Recht nur sehr eingeschränkt zulässig (von Hoyningen-Huene 1997, S. 2 ff.). Nach der Rechtsprechung muss sich der Arbeitgeber außerdem verpflichten, dem Arbeitnehmer nach der Beendigung des Vertragsverhältnisses mindestens die Hälfte seines Gehaltes – also gerade das Karenzgeld – weiterzubezahlen. Eine Klausel, die einem Arbeitnehmer oder auch einem Freelancer verbietet, zur Konkurrenz zu wechseln, ist nur dann wirksam, wenn eine Karenzzeit vereinbart wird. Hier handelt es sich also um eine Wartezeit, in der derjenige, der sich darauf beruft, nicht arbeitet. Diese darf in der Regel ein Jahr, in Ausnahmefällen maximal zwei Jahre nicht überschreiten. Bei einer schlecht formulierten Klausel kann es manchmal passieren, dass der Mitarbeiter das Karenzgeld haben möchte, der Unternehmer aber gar kein Interesse an einer Karenz hat. Viele Wettbewerbsklauseln sind nach deutschem Recht unwirksam, ohne dass sich die Betroffenen im Klaren darüber wären. Rechtsfolge einer unwirksamen Klausel ist nicht etwa, dass der gesamte Arbeitsvertrag für unwirksam erklärt wird, sondern nur die jeweilige Klausel. Folglich kann der Mitarbeiter ohne Bedenken das Unternehmen wechseln.

Ein ähnliches Problem taucht bei der sogenannten *Play-or-pay*-**Klausel** auf, die in der Wirkung fast wie eine umgekehrte Wettbewerbsklausel ausgelegt ist. Die zeitliche Verfügbarkeit von wichtigen Akteuren spielt neben den wirtschaftlichen Fragen auch für die individuellen künstlerischen Interessen der Kreativen eine Rolle. Für den Fall, dass ein Projekt aus bestimmten Gründen abgesagt wird, kann vereinbart werden, dass das fixe Honorar trotzdem gezahlt wird, weil sich der Künstler Zeit dafür freigehalten hat (Baker 1995, S. 91). Diese *Pay-or-pay*-Klausel besagt, dass die Gage für den Künstler bezahlt werden muss, auch wenn das Projekt abgesagt wurde. Dabei beruft sich sein Agent auf das *Dienstvertragsrecht,* nämlich § 614 BGB, und erweitert den Gedanken dieser Vorschrift entsprechend. Allerdings sind diese Fragestellungen nur selten arbeitsrechtliche Fragestellungen im engeren Sinne, weil es hierbei in der Regel nicht um ein Arbeitsrechtsverhältnis, sondern um ein freiberufliches geht.

5.2.2   Lizenzrechtliche Fragen

5.2.2.1 Besonderheiten des deutschen Rechts: Vom Tiger zum Bettvorleger

Das deutsche Urheberrecht ist ursprünglich sehr urheberfreundlich ausgestaltet mit dem Ziel, den Schöpfer eines Werkes zu schützen. In der medienwirtschaftlichen Vertragswirklichkeit brechen sich jedoch mitunter die Regeln des deutschen Urheberrechts an dem international relevanten, üblichen Vorgehen. Man könnte sagen, dass das deutsche Urheberrecht als Tiger startet und als Bettvorleger endet. Das deutsche Medien- und Lizenzrecht muss ständig zwischen einem nachgerade idealisierenden Urheberrechtskodex und einer davon relativ unabhängigen ökonometrisch geprägten Vertragswirklichkeit vermitteln – und das funktioniert nicht immer friktionsfrei.

Wichtige Rechte aus dem Urhebergesetz sind in diesem Zusammenhang:

- Das **Recht auf Vervielfältigung (§ 16 UrhG),** das nicht für das bloße Ansehen einer Website wohl aber für das Herunterladen einer Datei gilt (OLG Stuttgart K&R 2012, 294 (295)). Das Laden einer Webseite (Cache) ist nach § 44a UrhG als vorübergehende Vervielfältigungshandlung ebenfalls zulässig.
- Das **Recht auf Verbreitung (§ 17 UrhG),** das nur für physische Werkstücke – also allenfalls Datenträger, nicht aber für Dateien – gilt und dem Erschöpfungsgrundsatz unterliegt (Schricker und Loewenheim 2017, § 17 Rz 6, S. 499)
- Das **Recht der öffentlichen Zugänglichmachung (§ 19a UrhG):** Hierbei handelt es sich um das Recht, das Werk im Internet zugänglich zu machen, zum Beispiel es hochzuladen.
- Das **Bearbeitungsrecht (§ 23 UrhG)** ist auch als Verwertungsrecht ausgestaltet (Schricker und Loewenheim 2017, § 23, S. 645 ff.)

In Bezug auf die Weitergabe der Rechte gelten lizenzrechtliche Regelungen. Den Urhebern ist häufig nicht klar, dass in vielen Einzelfragen die rechtlichen Regelungen auf ihrer Seite stehen. Mitunter entsteht der Eindruck, dass diese Rechtsunsicherheit eine eigene Methode hat. Dies wirkt sich insbesondere im Lizenzrecht aus.

5.2.2.2 Keine endgültige Rechteübertragung

Nach dem deutschen Urheberrecht ist die Übertragung des Urheberrechts (im US-amerikanischen Recht spricht man von „assignment"), also die endgültige verkaufsähnliche Überlassung der Rechte, gar nicht möglich (§ 29 UrhG), sondern nur deren verpachtungsähnliche Einräumung (§ 31 UrhG). Außerdem gilt dies nur für Nutzungs- bzw. Verwertungsrechte, nicht aber für Urheberpersönlichkeitsrechte. Die Lizenz kann räumlich, zeitlich und inhaltlich beschränkt werden. Die Frage, ob es sich um eine exklusive Lizenz handelt oder nicht, unterliegt der Gestaltung des Einzelfalls.

Sicher ist: **Ein Kreativer kann sein Urheberrecht gar nicht endgültig aufgeben.** In der Vertragswirklichkeit wird dennoch immer wieder von der „Übertragung" von

Abb. 5.3 Work made for hire

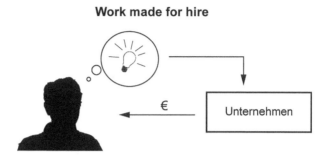

Lizenzen gesprochen. Hier müssen die Verträge stets so ausgelegt und umgedeutet werden, dass lediglich Lizenzen eingeräumt werden. Das Urheberrecht verbleibt zwingend dauerhaft bis zu seinem Tod beim Schöpfer selbst und geht danach auf seine Erben über (§ 28 UrhG).

Andere vertragliche Regelungen versuchen dies zu umgehen und sehen einen sogenannten *full buy out* vor; sie sind in der Regel rechtlich nicht möglich und unwirksam (Schricker und Loewenheim 2017, § 29, Rz 8, S. 713). Alle anderen Auslegungen würden der Rechtssystematik des deutschen Urheberrechts widersprechen. Trotzdem finden sie in unserer deutschen Vertragswirklichkeit häufig statt.

5.2.2.3 *Work made for hire* – Lizenzrecht in Arbeitsverhältnissen

Diese Entwicklung setzt sich dort fort, wo Schöpfer als Arbeitnehmer handeln. § 43 UrhG sieht vom Wortlaut her eigentlich klar vor, dass die Urheberrechte des Schöpfers auch in Arbeitsverhältnissen uneingeschränkt weitergelten; einen Sonderfall bildet eine Software, bei der das Unternehmen gesetzlich unmittelbar begünstigt wird. Man könnte annehmen, dass es als rechtliche Konsequenz einer speziellen urheberrechtlichen Klausel in den Arbeitsverträgen bedarf. Die Rechtsprechung hat sich aber anders entschieden: Nach dem BGH wird im Rahmen einer ungeschriebenen ergänzenden Vertragsauslegung – im Grunde in Verkehrung des Wortlautes des Gesetzes – auch in den Fällen eine Lizenzeinräumung an den Arbeitgeber unterstellt, in denen keine entsprechende Klausel in den Arbeitsverträgen vorgesehen ist (BGH GRUR 1974, 480 (483)). Eine Klausel, die von vornherein alle Urheberrechte pauschal und umfassend bereits bei Entstehung dem Unternehmen zuweist – sogenannte *work made for hire* (Abb. 5.3) –, wie sie in den Vereinigten Staaten üblich ist, ist in Deutschland (außer bei Software) aber nicht möglich.

Im Ergebnis erkennt die Rechtsprechung hier wirtschaftliche Zwänge an: Der Arbeitgeber bezahlt seinen Angestellten genau dafür, ein bestimmtes Werk herzustellen. Insofern erscheint es richtig und billig, dass der Arbeitgeber die Früchte dieser Arbeit ernten kann. Allerdings verbleiben die Rechte weiterhin beim Schöpfer, und es werden lediglich Lizenzen eingeräumt. In Arbeitsverhältnissen werden also mit dem Arbeitsvertrag typischerweise implizit Nutzungsrechte lizenziert (UrhG § 43). Allerdings würde die Regelung des § 43 UrhG ins Leere laufen, wenn sie nicht zumindest in irgendeiner

Weise zur Interpretation herangezogen werden müsste. Insoweit ist bei dieser pauschalen ergänzenden Vertragsauslegung ein restriktives Vorgehen geboten.

Überdies begrenzt die Zweckübertragungsregel des § 31 Abs. 5 UrhG die Anwendung des Arbeitsvertrags: Die Zweckübertragungsregel verbietet ausdrücklich, dass Lizenzen, die über den Vertragszweck hinausgehen, pauschal in den Vertrag einbezogen werden. Sie müssen ausdrücklich einzeln bezeichnet werden, um wirksam übertragen zu werden, andernfalls verbleiben sie beim Schöpfer. Daher ist die Einräumung im Rahmen eines Arbeitsvertrages von Nutzungsrechten nur so weit regelmäßig möglich, wie der Arbeitsvertrag oder Lizenzvertrag von seinem Zweck her reicht (§ 34 Abs. 5 UrhG). Häufig geht die Vertragspraxis über diese zwingenden Regelungen des deutschen Urheberrechts nonchalant hinweg.

Dabei gilt auch in Arbeitsverhältnissen: Wenn der Arbeitgeber die Früchte des Werkes auch in einem anderen Zusammenhang als dem Zweck des Arbeitsvertrags nutzen bzw. verwerten möchte, dann muss er den Arbeitnehmer (Urheber) kostenpflichtig um Nachlizenzierung bitten, außer wenn dies im Arbeitsvertrag schon konkret vorab vereinbart wurde (UrhG § 43). Weiterhin ist es zunächst nur schriftlich zulässig, über künftige Werke (§ 40 UrhG) zu verfügen, und auch die Frage, wie sich Urheberrechte in Bezug auf noch unbekannte Nutzungsarten verhalten, ist nur schriftlich und ausdrücklich möglich.

5.2.2.4 Chain of title – Frei von Rechten Dritter

Regelmäßig müssen Lizenzgeber garantieren, dass die von ihnen eingeräumten Lizenzen frei von Rechten Dritter sind. Diese weitreichende Garantie macht ökonomisch Sinn, denn in einem komplexen Produkt der Kultur- und Kreativwirtschaft mit häufig hunderten von einzelnen zusammengeführten Werken und Teilwerken muss die Lizenzkette sauber abgebildet werden. Wenn dies nicht der Fall ist, werden die ökonomischen Risiken im Hinblick auf die Investitionen unkalkulierbar.

Bei der Sicherung von Rechten muss daher immer die Lizenzkette beachtet werden. Gutgläubigen Erwerb, also den Erwerb von Gegenständen, die dem Verkäufer nicht gehören, obwohl er dieses zu Recht annehmen kann (§ 932 BGB), gibt es – anders als bei beweglichen Sachen – im Bereich des deutschen Lizenzrechts nämlich nicht. Das kann schwerwiegende Folgen haben: Man stelle sich vor, in einem Theaterprojekt, das auf der Basis eines Romans entstanden ist, wurden die zugrunde liegenden Lizenzrechte an dem ursprünglichen Roman nicht ausreichend gesichert (oder die Verträge sind aus irgendwelchen Gründen nicht wirksam bzw. bereits ausgelaufen). Das hätte dann zur Folge, dass auch das Theaterstück, das auf diesen Roman beruht, nicht aufgeführt werden darf.

▶ **Beispiel** Ich habe vor Jahren eine Frau *pro bono* beraten, die ein Buch über ihr Leben als Kindersoldatin in Afrika geschrieben hatte. Sie hatte den Inhalt des Buches vier Mal exklusiv an unterschiedliche Dokumentarfilmautoren lizenziert, ohne zu verstehen, dass sie jeweils einen exklusiven Lizenzvertrag unterschrieben hatte. Die Vorschüsse hatte sie natürlich (sie waren ohnehin bescheiden) verbraucht. Schon beim zweiten Mal gehörten ihr die Rechte nicht mehr, da sie diese bereits beim ersten Dokumentarfilmprojekt exklusiv vergeben hatte. Glücklicherweise hatten die verbliebenen drei Dokumentarfilmautoren ein Einsehen, und das Problem ließ sich auf dem Verhandlungsweg ohne weitere Folgekosten lösen. Keiner von ihnen hatte die Lizenz gutgläubig erworben.

Bei Drehbuchverträgen hat sich ein Milestone-System etabliert, denn die Definition eines guten Drehbuches lässt sich schwer abstrakt in eine Vertragsform gießen. Insofern besteht bei Verträgen zwischen Autoren und Filmproduzenten oft die Möglichkeit, das Drehbuch nach einem Milestone-Plan weiterzuentwickeln und einem anderen Autor zu überlassen. Häufig kommen dann auch Spezialisten ins Spiel, die die Drehbücher wie Redakteure überarbeiten. Ähnlich funktioniert es im deutschen Fernsehen. In diesen Verträgen ist dann auch die Wahrung der Urheberpersönlichkeitsrechte und die Anerkennung der Urheberschaft geregelt.

5.2.2.5 Weitere Beteiligung des Urhebers und Bestseller

Seit etwa 15 Jahren gibt es neue Regelungen im deutschen Urheberrecht, die versuchen, die Vertragsgestaltung mit einzubeziehen: das **Urhebervertragsrecht.** Dabei geht es vor allem um die Gegenleistungen für die **Einräumung von Lizenzen.** Diese Regelungen sind allerdings in der Kreativbranche bei Laien weitgehend unbekannt, zudem gibt es sicherlich auch viele Akteure der Kreativbranche, die an einer zu großen Bekanntheit dieser Vorschriften kein Interesse haben.

Nach § 32 UrhG muss bei der Einräumung einer Lizenz ein angemessenes Entgelt an den Schöpfer bezahlt werden. Was angemessen ist, kann vor Gericht im Zweifel mithilfe eines Sachverständigen überprüft werden (BGH GRUR 2020, S. 611 (624, 118)). Unangemessene Vergütungen von Urhebern sollen damit zurückgedrängt werden. So kann ein Schöpfer, der sein Werk im Rahmen einer Lizenz oder eines Arbeitsvertrags weitergegeben hat, nachträglich wegen der Unangemessenheit der Vergütung noch einmal nachvergütet werden.

Aufgrund der generell gegebenen hohen Skalierbarkeit kreativer Produkte im Sinne einer Nichttrivialität im Konsum (siehe Kap. 2), kann es sein, dass im Falle eines Bestsellererfolges, sehr hohe Gewinnmargen anfallen. Diese Fälle sind nach der Pareto-Verteilung zwar nicht häufig, kommen aber immer wieder vor. In diesen Fällen ist es denkbar, dass die Schöpfer selbst kaum von ihrem Riesenerfolg profitieren, weil sie vorher in der Lizenzkette von anderen Akteuren billig abgespeist worden sind. Diese besondere Situation regelt der Bestsellerparagraf § 32a UrhG. Hier wird sichergestellt, dass ein sehr erfolgreiches Projekt eine Nachvergütung an den Urheber nach sich ziehen muss, wenn ein auffälliges Missverhältnis vorliegt. Und das unabhängig davon, an welcher Stelle in der Lizenzkette die großen Gewinne angefallen sind. Diese Vorschriften werden relativ selten zur Anwendung gebracht, was aber nicht daran liegt, dass sie nicht anwendbar sind, sondern dass in der Vertragswirklichkeit seitens der Kreativen große Angst besteht, diese Vorschriften aktiv einzusetzen.

Mutig war deshalb das Vorgehen von Jost Vacano, dem Kameramann des Films „Das Boot". Er hat sowohl Constantin Film als auch die ARD erfolgreich auf Nachvergütung verklagt und gerichtlich hohe Beträge durchgesetzt (OLG München 2017, Az. 29 U 2619/16 – Das Boot III). Interessant ist auch die Reaktion der Medienwirtschaft: Die ARD hat stattdessen eine neue Miniserie „Das Boot" gedreht und dann im Fernsehen gezeigt. Jenseits des geltenden Rechts werden hier wirtschaftliche Zwänge aufgebaut, um zu verhindern, dass sich Nachahmer finden.

5.2.3   Elemente typischer Vertragsstrukturen

Bestimmte Vertragsstrukturen tauchen in den Verträgen immer wieder auf. Dabei sind vor allem wirtschaftliche Motive ausschlaggebend, die sicherstellen sollen, dass die vertragliche Bindung auch dann zu einer Win–win-Situation wird, wenn ein Vertragspartner – wie von allen erhofft – großen Erfolg hat.

5.2.3.1 Das Vorkaufsrecht

Schöpfer haben häufig die Möglichkeit, Projekte mitzuentwickeln. Es liegt im Interesse der Mittler, sich langfristig an erfolgreiche Autoren unter guten Konditionen zu binden und dies insbesondere schon in der Zeit, wo sie noch nicht so erfolgreich sind. Daraus ergeben sich **Vorkaufsrechte,** die häufig im Verhältnis zwischen Autoren und Produzenten, aber auch zwischen Produzenten und Distributoren vereinbart werden. Die Ausübung des vereinbarten Vorkaufsrechts ist eine einseitige empfangsbedürftige Willenserklärung gegenüber dem Verkäufer, seine Zustimmung ist dann nicht mehr erforderlich. Vorkaufsrechte können allgemein bestehen und auch befristet sein. Denkbar sind auch Regelungen, die sich auf bestimmte Inhalte beziehen, zum Beispiel auf eine bestimmte Verwertungsform.

Formuliert wird das häufig entweder mit einem *right of first refusal* oder einem sogenannten *First-Look-Deal* (Baker 1995, S. 69). Einerseits besteht die Möglichkeit, dass der Inhaber des Vorkaufsrechts zumindest das Recht hat, die nächsten Projekte als Erster zu begutachten. Andererseits wird dann eine Kaufoption vereinbart. Dabei kann dies auf Projekte beschränkt sein, die reine Nachfolgeprojekte (Sequels) des Vertragsgegenstandes sind. Denkbar ist auch eine breitere Vereinbarung, die sich zum Beispiel auf ein bestimmtes Genre oder eine Gruppe von Inhalten bezieht. Typischerweise legt der Vertrag eine Frist fest, wie zum Beispiel zwei Arbeitswochen. Bis dahin muss der Begünstigte entscheiden, ob er das Projekt machen möchte oder ob es jemand anderem angeboten werden kann. Ein *right of first refusal* muss dazu insgesamt befristet ausgestaltet sein – zum Beispiel auf zwei Jahre, da eine unbefristete Bindung dem Persönlichkeitsrecht des Verfassers entgegensteht (BGH 1956, I ZR 105/55). So sichert sich ein Geldgeber Investitionsmöglichkeiten in der Zukunft.

5.2.3.2 Options- und Lizenzvereinbarung

▶ Ein wichtiges Konzept ist die **Option,** ein bindendes Angebot, in welchem die Voraussetzungen der Angebotsannahme bestimmt werden. Bei der Option handelt es sich im Grunde um eine Reservierung der Lizenzierung für die Zukunft. Ausgangspunkt ist hier die Notwendigkeit, ein bestimmtes Werk bzw. Produkt oder ein bereits bestehendes geistiges Eigentum zu lizenzieren. Man stelle sich vor, dass sich ein Filmproduzent überlegt, bestimmtes Material zu verfilmen. Er tritt mit dem Verlag des Autors in Verbindung und möchte dessen Verfilmungsrechte lizenzieren. Der Verlag hat grundsätzlich nichts dagegen einzuwenden, ruft aber eine Lizenzgebühr auf, die der Produzent nicht ohne Weiteres leisten kann. Trotzdem kann es zu einem Deal kommen. In diesem Fall ist es möglich, dass der Verlag dem Produzenten eine befristete Option auf die mögliche Lizenzierung des Inhalts einräumt. In dieser Zeit kann der Produzent versuchen, die Finanzierung zu schließen. Solche Optionen werden typischerweise auf zwei – oder verlängerbar – vier Jahre geschlossen. Ein übliches Optionshonorar beläuft sich auf etwa 10 %.

Für die Verträge zwischen Autoren und Produzenten gibt es auch Optionsmodelle, bei denen oft 10 % des Lizenzpreises regelmäßig verlangt werden. Wenn es dem Produzenten innerhalb der Optionsfrist nicht gelingt, die Finanzierung des Projektes zu schließen, verfällt die Option, und der Lizenzgeber kann die Optionsgebühr behalten. Übt der Lizenznehmer die echte Option aus, tritt automatisch ein bereits ausgehandelter Lizenzvertrag in Kraft (BGH, NJW 1957, S. 711 (713)).

Wichtig ist hier, dass dieser Lizenzvertrag tatsächlich schon gemeinsam mit dem Optionsvertrag ausgehandelt wurde. Andernfalls besteht nämlich die Gefahr, dass der Lizenzgeber den Preis für die Lizenz hochtreibt, nachdem die Option gewählt wurde, sodass die Option in sich zusammenbricht – eine sogenannte „zahnlose Option" oder unechte Option. Insofern ist der Optionsnehmer nur dann sicher, wenn er den Lizenzvertrag schon zum Zeitpunkt der Option abschließt (echte Option). Das führt dazu, dass die Verträge typischerweise gleichzeitig Options- und Lizenzverträge sind und gemeinsam verhandelt und abgeschlossen werden müssen. Das ist aus der Sicht des Laien überraschend, aber notwendig.

5.2.3.3 Redaktionelle Kontrolle – Endschnitt

Als „Final Cut" bezeichnet man das Recht des Regisseurs oder des Produzenten, die finale Version eines Films oder eines anderen Produkts zu verantworten. Letztlich wird hier ein möglicher Konflikt zwischen den beiden vertraglich geklärt, um eine Eskalation zu vermeiden. Mit der Letztverantwortung für den Schnitt wird sichergestellt, wer Hauptschöpfer des Werkes ist und die künstlerische Verantwortung trägt (Loewenheim 2010, S. 25 f.).

In Frankreich ist dies gesetzlich geregelt, sodass für den Regisseur grundsätzlich das Recht auf den Final Cut besteht, also die Möglichkeit, die finale Version fertigzustellen.

Umgekehrt ist es in den Vereinigten Staaten: Hier ist es üblich, dass der Produzent die finale Version des Films verantwortet. So ist zum Beispiel mittlerweile der in Verruf geratene Produzent Weinstein berühmt dafür gewesen, dass er sämtliche Filme nach Abschluss der Schneidearbeiten durch die Regisseure noch einmal selbst überarbeitet hat. In Deutschland sind beide Varianten üblich: Es gibt Fälle, in denen der Regisseur Final-Cut-Versionen machen darf, und Fälle, in denen dem Produzenten dieses Recht vorbehalten ist. Im Fall einer Koproduktion mit einem Fernsehsender kann es auch sein, dass der Fernsehsender ein Mitspracherecht bekommt.

5.2.3.4 Urheberpersönlichkeitsrechte

Das Urheberrecht schützt die Persönlichkeitsrechte des Schöpfers in besonderer Weise. Daher sollen hier seine **Urheberpersönlichkeitsrechte** eigens betrachtet werden.

Urheberpersönlichkeitsrechtlichen Schutz *(droit moral* oder *moral rights)* genießen alle deutschen Urheber in Bezug auf die mit ihrer Persönlichkeit unmittelbar verknüpften Rechte am Werk, die Rechte auf Nennung des Urhebers, den Schutz vor Entstellungen und das Erstveröffentlichungsrecht, also die Möglichkeit des Autors zu bestimmen, wann und in welcher Form sein Werk erstmals erscheint. Daneben gibt es das Recht auf Urhebernennung, also das Recht, dass der Urheber auch als solcher genannt wird (Loewenheim 2010, S. 11). Im Softwarebereich ist diese Regelung durch die weitgehend systemwidrige Vorschrift des § 69b durchbrochen. Hier wurde aufgrund einer EU-Richtlinie die industrielle Verwertung in den Vordergrund gestellt. Der dritte Bereich ist der Schutz vor Entstellung (Loewenheim 2010, § 4, S. 11). Auch der Entstellungsschutz wurde von der Rechtsprechung und durch den § 93 für den Bereich der Filmwerke stark gestutzt.

▶ **Beispiel** Hier sei auf das Urteil zum Kinofilm „Die unendliche Geschichte" verwiesen. Im ursprünglich gedruckten Buch von Michael Ende werden die Rahmenhandlung und die Handlung in der Handlung in unterschiedlichen Farben dargestellt. Die Farben Grün und Rot werden eingesetzt, um deutlich zu machen, dass es sich um zwei unterschiedliche Handlungsebenen handelt. Diese Verfilmung, einer der wichtigsten Bausteine für den Erfolg des Constantin-Films von Wolfgang Petersen, hat jedoch in der Abschlussszene die Handlungsebenen verbunden und den weißen Drachen zu den Jungen hinter die Mülltonnen geschickt, um sie zu erschrecken. Diese Vermischung der Handlungsebenen wollte der Buchautor Ende nicht dulden und versuchte über mehrere Instanzen vergeblich, die Veröffentlichung des Films zu verhindern. Im Nachgang zu diesem Urteil wurde der Entstellungsschutz immer weiter ausgehöhlt.

Die Urheberpersönlichkeitsrechte stehen nur dem Urheber zu und können nicht von ihm getrennt werden, also weder übertragen noch eingeräumt werden, und auch eine Anbietungspflicht oder ein Verzicht darauf ist nach deutschem Recht nicht zulässig. Sie

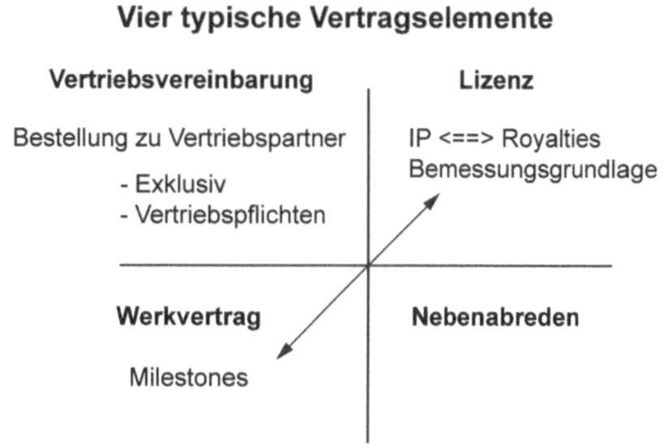

Abb. 5.4 Vier typische
Vertragselemente

Vier typische Vertragselemente

Vertriebsvereinbarung Lizenz

Bestellung zu Vertriebspartner IP <==> Royalties
Bemessungsgrundlage
- Exklusiv
- Vertriebspflichten

Werkvertrag **Nebenabreden**

Milestones

sind aber vererblich. In den angelsächsischen Ländern sieht dies anders aus, daher sind entsprechende **Übertragungs- und Anbietungsklauseln** sehr häufig zu finden, selbst in deutschen Verträgen. Entsprechende Klauseln sind regelmäßig nicht wirksam.

5.3 Verhältnis Mittler – Distributor

Die nächste Stufe innerhalb der Wertschöpfungskette ist das Verhältnis zwischen Mittler und Vertriebspartner (Distributor). Die Struktur der Verträge innerhalb der einzelnen Gewerke enthält natürlich einige Differenzierungen. Ausnahmen gibt es zum Beispiel in der Modebranche – hier gibt es eine Reihe spezifischer Klauseln, die mit der internationalen Distribution von Waren zusammenhängen. Ich möchte mich hier auf die Analyse von Klauseln konzentrieren, wie sie in allen industrialisierten Teilbranchen der Kultur- und Kreativwirtschaft vorkommen. Insbesondere im Film-, Musik und Gamesbereich sowie in der APP–Economy haben sich Verträge etabliert, die sich typischerweise in vier Teile gliedern lassen (Abb. 5.4):

- Die Benennung eines Marketingpartners,
- die Vergabe von Lizenzen im Austausch gegen Royalties,
- der Werkvertrag,
- die Nebenabreden.

5.3.1 Einsetzung als Marketingpartner

Wird ein Vertrag mit einem Distributor getroffen, ist der Ausgangspunkt eines jeden Vertrages die Benennung desselben als **exklusiver Marketingpartner.** Würde er nicht exklusiv anerkannt werden, könnten seine Marketingaktivitäten Gefahr laufen zu verpuffen, sodass Dritte davon profitieren könnten. Obwohl dies rechtlich nicht vorgeschrieben ist, lässt sich hier eine Art „Naturgesetz" beobachten: In der Medien- und

Abb. 5.5 Reasonable
endeavors – Best endeavors

Kreativbranche werden in dieser Art von Verträgen regelmäßig ähnliche Rahmenbedingungen vereinbart[7] – eine Exklusivität für ein spezifisches Territorium für einen
spezifischen Zeitraum. Im Gegenzug muss der Marketingpartner, da er exklusiv tätig
ist, eine Gebühr vorschießen und nachweisen, dass er tatsächlich eigene relevante
Anstrengungen unternimmt, um seine übernommenen Verpflichtungen auch wirksam erfüllen zu können. Der Mittler muss sich darauf verlassen können, dass tatsächlich alle notwendigen Schritte unternommen werden. Dem Distributor werden die dafür
notwendigen Freiheiten eingeräumt, da der Markt vermehrt volatil und schnelllebig ist.
Der Distributor muss in der Lage sein, eigenständig und flexibel zu reagieren. Mit der
Gebühr weist er nach, dass es ihm ernst ist. Der Mittler schöpft insoweit Vertrauen ab
und räumt sich Exklusivität ein.

Dafür gibt es verschiedene Möglichkeiten. Man kann in einem Vertrag beispielsweise
einen sogenannten *minimum marketing spend* festlegen, das ist eine Mindestsumme, die
der Vertragspartner auf jeden Fall ausgeben muss. Eine andere Möglichkeit ist sicherzustellen, dass eine Mindestanzahl an Marketingmitarbeitern in einem bestimmten
Territorium vorgehalten wird.

5.3.1.1 *Anstrengungen*

Die wichtigste Stellschraube in den Verträgen liegt darin, dass sich der Distributor verpflichtet, besondere Anstrengungen zu unternehmen, um den Erfolg seines Wirkens
auch sichtbar werden zu lassen. Nur wenn er seine spezifische Kompetenz hier auch ein-
bringt und alles in seiner Macht Stehende tut, um das Projekt voranzubringen, kann die
Zusammenarbeit auch die erhofften Früchte tragen. Dabei ist allen Beteiligten klar, dass
ein Distributor eine Portfoliostrategie betreibt, bei der verschiedene Projekte mit unterschiedlich weiten Projektfortschritten und verschiedenen spezifischen Marktchancen
bzw. -risiken gepoolt werden.

---

[7] Es gibt sogenannte Musterverträge, welche Empfehlungscharakter haben.

Vertraglich schlägt sich das in der Unterscheidung zwischen *reasonable endeavors* (in US-Verträgen „efforts") und *best endeavors* (oder „best efforts") nieder (Baker 1995, S. 43 f.) (Abb. 5.5).

▶ **Definition** Das bedeutet, dass das Ausmaß des Engagements des Distributors festgelegt wird. Wenn er sich dazu verpflichtet, tatsächlich alles in seiner Macht Stehende zu tun, dann gehen seine Anstrengungen über das übliche Maß hinaus: *best endeavors*. Konkret bedeutet das, dass er, wenn es als notwendig erachtet wird, auch am Wochenende und abends arbeiten muss sowie persönliche Bekanntschaften und Freunde mit ins Spiel gebracht werden. Er muss alles Mögliche tun, um das Ziel zu erreichen.

Reasonable endeavors dagegen bedeutet in diesem Zusammenhang ein Engagement im üblichen Maß, also dass er nur das Nötigste tut. Der Distributor arbeitet nur zu üblichen Bürozeiten, und seine Anstrengungen sind auf sein professionelles Netzwerk beschränkt.

Zuweilen werden diese Marketingverpflichtungen auch bei Agenten im Verhältnis von Schöpfer und Mittler eingefügt, um sicherzustellen, dass der Agent tatsächlich alles in seiner Macht Stehende tut, um das Kunstwerk, beispielsweise das Drehbuch oder den Prototypen, bei einem Produzenten unterzubringen, und dem Distributor gegenüber alles in seiner Macht Stehende tut, um die Finanzierung des Projekts abzuschließen (Baker 1995, S. 49).

Die Klausel ist deswegen wichtig, weil sie die Möglichkeit eröffnet, den Vertrag rückabzuwickeln, wenn dieses Engagement nicht an den Tag gelegt wird. Denn wenn der Marketingpartner nicht wie versprochen Leistung zeigt, kann es sein, dass aufgrund der Exklusivität die Notwendigkeit besteht, den Marketingpartner auszutauschen. Es kann jedoch auch sein, dass der Marketingpartner aus Gründen, die nicht direkt mit dem Produkt zu tun haben oder in dem Verhältnis dieses Vertrages liegen, plötzlich andere Prioritäten setzen muss. Es sollte auch in diesem Fall möglich sein, die Zusammenarbeit halbwegs glimpflich zu beenden.

5.3.1.2 Ermessensspielraum

Eine andere Stellschraube ist das Ausmaß des Ermessensspielraums, welcher dem Distributor eingeräumt wird, um seine Verpflichtungen zu erfüllen. Also Rechte, die dem Distributor einen Entscheidungsspielraum geben. So finden sich zum Beispiel in Verträgen zwischen Literaturagenten und Verlagen regelmäßig Klauseln, die dem Verlag das Recht einräumen, den finalen Titel des Werkes zu bestimmen. Im englischsprachigen Raum spricht man von *sole discretion* (alleiniges Ermessen) des Distributors. Demnach darf er tatsächlich allein entscheiden und die Marketingmittel und -strategien ohne Rücksprache mit dem Mittler oder gar Schöpfer festlegen und umsetzen. Diese Klausel hat sich in der gesamten Kultur- und Kreativwirtschaft verbreitet, obwohl nach dem UrhG in Deutschland das Titelbestimmungsrecht eigentlich dem Urheber zusteht. Damit wird eine Arbeitsteilung festgeschrieben, die im Einzelfall auch zu Missverständnissen und sogar Streit führen kann. In vielen Fällen ist es dennoch sinnvoll, hier dem Distributor große eigene Entscheidungsmöglichkeiten einzuräumen, denn im volatilen Marktumfeld sind zuweilen radikale Kurswechsel notwendig.

Wenn diese Lösung nicht gewollt ist, kann sich der Mittler Mitspracherechte vorbehalten. Entscheiden muss der Distributor nach seinem eigenen Verantwortungshorizont. Denkbar ist die Vereinbarung eines eingeschränkten Ermessensspielraumes – *within reason*. Diese schlägt sich dann als **reasonable discretion** im Vertrag nieder (und bildet die gesetzliche Regelung in Deutschland gut ab). In diesem Fall stellt eine völlig unangemessene, nicht nachvollziehbare Entscheidung des Distributors einen Kündigungsgrund dar.

5.3.1.3 Mitwirkungspflichten

Der Distributor ist in vielerlei Hinsicht auf die Mitarbeit und Unterstützung durch den Mittler und den Schöpfer angewiesen. So ist es zum Beispiel üblich, im Rahmen der Markteinführung Präsentationen auf Messen durchzuführen und dort oder auch separat Pressetouren und Pressegespräche zu absolvieren. Die Kosten dafür trägt der Distributor, einschließlich der eignen *out of pocket expenses* (Barauslagen). So müssen seine Reisen bezahlt und – eher selten – sogar die zeitlichen Ausfälle kompensiert werden. In den Verträgen finden sich hier zum Teil detaillierte Regelungen, die die Hotelkategorie (zum Beispiel vier Sterne) und die Reiseklasse (zum Beispiel Businessclass ab 400 km) umfassen können.

Daneben stehen Mitwirkungspflichten in Bezug auf Marketingmaterial. Hier ist der Distributor auf Materialien vom Schöpfer angewiesen, die von bloßen Lebensläufen und Fotos bis hin zu ausführlichen Grafik-Files reichen können. Oft müssen auch eigene Webseiten oder entsprechende Präsenzen in sozialen Netzwerken befüllt und gepflegt werden. Auch dafür muss das entsprechende Material zugeliefert werden.

5.3.2 Lizenzvereinbarung

Der Urheber eines Werkes kann die Rechte an seinem Werk nicht verlieren. Die urheberrechtliche Schutzfrist dauert gem. § 64 UrhG bis zu 70 Jahre nach seinem Tod an (Baker 1995, S. 22). Nach dem deutschen Urheberrecht kann er gem. § 29 UrhG seine Rechte auch nicht übertragen, sondern nur Nutzungsrechte einräumen.

5.3.2.1 Vertragsgegenstand

Bei der Lizenzvereinbarung ist es zunächst erforderlich, sorgfältig den Vertragsgegenstand zu bestimmen. Denn das eingeräumte Rechtebündel existiert letztlich nur auf dem Papier. Bei der Bestimmung sind verschiedene Ebenen und Begriffe auseinanderzuhalten. Zusammengefasst wird das Rechtebündel häufig *intellectual property* (IP)

Abb. 5.6 Lizenzen   **Lizenzen**

| Abgeleitete Werke |
| Lizenzierter Vertragsgegenstand |
| Underlying rights |

genannt. Sie können in Vertragsgegenstand, abgeleitete Werke und Hintergrund-materialien aufgeteilt werden, Abb. 5.6.

Lizenzierter **Vertragsgegenstand:** Zunächst wird der Vertragsgegenstand selbst definiert, sei es ein Buch, ein Film, ein Bild oder ein anderes Werk. Dieses wird üblicher-weise technisch beschrieben. Häufig wird der Werktitel genannt. Dabei legen die Anwälte häufig Wert darauf, dass der Titel nur vorläufig als Arbeitstitel feststeht. Denn den endgültigen Titel möchte in der Regel der Distributor selbst festlegen. Würde er den Titel nicht als Arbeitstitel definieren, müsste er später mit dem Autor erneut verhandeln, wenn er den Titel ändern möchte.

Hintergrundmaterialien: Bei komplexen Werken stellen einzelne Teilelemente ihrerseits bereits ein *intellectual property* (IP) dar *(underlying rights).*

Beispiel

Nehmen wir als Beispiel eine Oper. Der zugrunde liegende Text, das Libretto, kann mit unterschiedlichen Kompositionen umgesetzt werden. Daher ist es eigenständig verwertbar und wird mit der Komposition urheberrechtlich verbunden. Insoweit ist der Librettist nicht Miturheber der Oper. Also ist es wichtig, diese zugrunde liegenden Rechte einzubeziehen. Andere Beispiele für solche Elemente können Musik oder das Drehbuch sein, aber auch zukünftige Rechte, die während der Produktion anfallen, wie zum Beispiel Entwürfe oder Modelle oder Animationscharaktere. ◀

Abgeleitete Werke sind Werke, die nach der Herstellung des Vertragsgegenstandes ent-stehen können und dann als Hintergrundmaterial für andere Werke dienen. In diesem Fall können Projekte entstehen, die ihrerseits urheberrechtlichen Schutz genießen. Diese Assets können sich auch auf Technologieelemente (zum Beispiel Software) erstrecken, die für die Produktion hergestellt werden, aber nicht unmittelbarer Teil des lizenzierten Vertragsgegenstands sind. In Computerspielverträgen wird häufig vereinbart, dass diese Assets vom Computerspielentwickler nicht exklusiv eingeräumt werden. Sie werden zurückbehalten, um möglicherweise bei anderen Projekten weiter genutzt werden zu können (*retained technology and assets* – RTA). So können selbst entwickelte *engines* oder Tools auch für weitere Projekte uneingeschränkt verwendet werden.

Beispiel

Ein Buch wird verfilmt. Eine Figur in einem Computerspiel wird auf Bettwäsche gedruckt. Ein Musikstück wird zum Klingelton. Das deutsche Urheberrecht regelt diese Fälle mit besonderer Sorgfalt. § 31 Abs. 5 UrhG stellt eindeutig klar, dass diese abgeleiteten Werke nicht pauschal abgetreten werden können, sondern jede Nutzungsart einzeln vertraglich bezeichnet sein muss, um im Ausgangsvertrag wirksam zu sein. Das führt mitunter zu langen Listen möglicher Nutzungsarten. Für den Laien, der mit diesen Detailfragen nicht vertraut ist, erscheint dies ungewöhnlich. ◄

5.3.2.2 Unterschiede Urheberrecht – Markenrecht

Für die Kreativwirtschaft sind die Schutzsysteme des geistigen Eigentums von besonderer Bedeutung, insbesondere das Urheberrecht und das Markenrecht. Es gibt allerdings wichtige Unterschiede. Während das Urheberrecht sicherstellt, dass die Person, die durch ihre eigene schöpferische Energie für die Vollendung eines Werkes verantwortlich ist, auch angemessen an dem daraus resultierenden wirtschaftlichen Erfolg beteiligt wird, beschäftigt sich das Markenrecht mit der Frage, ob und inwieweit ein Markenwert im Sinne eines Wiedererkennungswertes in einem Zeichen oder einem Wort entstanden ist (MarkenG).

Das **Markenrecht** deckt insoweit den Bereich der Markenbildung ab. Seine Grundlagen sind Worte, Zeichen, Töne, auch dreidimensionale Gestaltungen sowie Kombinationen daraus. Das Markenrecht entsteht einerseits durch wirksame Anmeldung beim Patent- und Markenamt, aber auch durch Benutzung im geschäftlichen Verkehr (§§ 3,4 MarkenG). Soweit die Anmeldung betroffen ist, orientiert sich die Markenbildung an der sogenannten Nizza-Klassifikation. Nach dieser wurde die gesamte Wirtschaft nach Branchen in insgesamt 45 Klassen aufgeteilt. Typischerweise deckt eine deutsche Standardmarke drei solcher Teilbereiche der Wirtschaft nach Nizza-Klassifikation ab. Insofern ist es durchaus möglich, dass verschiedene Marken in verschiedenen Branchen funktionieren können.

Dagegen orientiert sich das Urheberrecht am Begriff des Werkes, der sich wiederum an Werken der Kunst ausrichtet (§ 1 UrhG). So können Sprachwerke einschließlich Computerprogrammen, Bauwerke und Lichtbildwerke geschützt sein, aber auch Werke der bildenden Kunst, der angewandten Kunst und der Tanzkunst sowie Filmwerke. Damit das Urheberrecht greift, reicht eine bloße schöpferische Idee nicht aus. Sie muss stattdessen auch vollendet beziehungsweise verkörpert werden (§ 2 UrhG). Das bedeutet, ein Maler muss zum Beispiel sein Bild auch tatsächlich zu Papier bringen, um urheberrechtlich geschützt zu sein. Wenn er den letzten Punkt oder Strich an seinem Gemälde verändert hat, ist das Bild offiziell fertig vollendet und automatisch geschützt. Mit der Vollendung des Werkes gilt das Urheberrecht, welches nicht durch Anmeldung erworben werden kann. Dies ist anders als im Markenrecht, denn hier besteht alternativ zur Benutzung im geschäftlichen Verkehr auch die Möglichkeit, eine Marke beim Deutschen oder Europäischen Patent- und Markenamt anzumelden. Das Werk muss also real entstehen, um geschützt zu werden; dann besteht jedoch der Schutz abstrakt fort.

Beispiel

Ein kopiertes Gemälde wurde im Original im Dresdner Feuersturm 1945 zerstört. Nach dem Krieg reklamierte der Kopist die Originalrechte für sich, weil dieses ja zerstört sei. Die Rechtsprechung gab ihm nicht recht: Selbst wenn das Original zerstört sei, gelte der Urheberschutz abstrakt weiter. ◄

Anders als das Urheberrecht, bei dem nur Nutzungsrechte eingeräumt werden können, ist das Markenrecht voll verkehrsfähig und kann leicht übertragen werden (MarkenG § 27). Ein Zeichen ist allerdings nicht eintragungsfähig, wenn allgemeine Begriffe benutzt werden, die die nach der normalen Bezeichnung eines Begriffs zu generisch ausfallen würden. Dieses Eintragshindernis in § 8 MarkenG schützt viele Marken nicht, zum Beispiel kann der Begriff „das Auto" bei Verwendung in einer Autowerbung nicht geschützt werden. Eine entsprechende Nutzung dieses Begriffs als Werbeslogan durch VW ist allerdings in anderen Ländern geschützt, in denen deutsch nicht Verkehrssprache ist. Derjenige, der das Werk kreiert hat, bleibt immer Inhaber der Lizenz. Die Eigentümerstellung ist untrennbar mit der Persönlichkeit des Urhebers verknüpft. Daher ist es nach Deutschen Urheberrecht nicht möglich, Urheberrechte im Rahmen eines Lizenzvertrages zu übertragen. Viele Regelungen werden jedoch in der Vertragspraxis trotzdem den internationalen Regelungen angepasst. Wird eine angemeldete Marke nicht verlängert, läuft der Markenschutz aus.

5.3.2.3 Berechnung der Lizenzgebühren: Nettogewinn – Bruttogewinn

Eine besondere Bedeutung für die Verträge in der Kreativwirtschaft hat die Unterscheidung zwischen Brutto- und Nettoeinkünften.[8] Nettoeinkünfte sind die **Bemessungsgrundlage** für die Berechnung von Royalties (prozentualen Beteiligungen). Zur Definition siehe Abschn. 4.1.

Im Kern ist die Berechnungsgrundlage häufig wichtiger als der tatsächliche Prozentsatz. Denn den Prozentsatz kann man nur anhand einer konkreten Zahl berechnen. Unerfahrene Marktteilnehmer unterschätzen häufig deren Bedeutung. Es ist im Interesse des Distributors, die Berechnungsgrundlage klein zu halten und möglichst viele Abzugsposten zur Geltung zu bringen, um den auszuschüttenden Royaltybetrag niedrig zu halten. Dabei sind bestimmte Abzugsposten gängig und auch gerechtfertigt. Fraglos kann man von den Zuflüssen Steuern abziehen, etwa Umsatzsteuern oder andere Steuern des internationalen Handelsverkehrs wie Abschlagsteuern. Auch entstandene Plattformkosten werden üblicherweise abgezogen, außerdem Rabatte auf den Endverkauf sowie *chargebacks* von Kreditkarten (Edwards 2005).

Allerdings versuchen Marketingpartner immer wieder, auch Teile der Marketinginvestitionen wie zum Beispiel Reisen zu Festivals oder auch Werbekosten anteilig oder vollständig abzuziehen. Ob allerdings Marketingaufwendungen einen rechtmäßigen

---

[8] Der Nettogewinn *(net profit)*, der nach Abzug aller Kosten vom *gross profit* übrigbleibt. Was zum Netto zählt, muss in jedem Vertrag neu definiert werden.

Abzugsposten darstellen, darf bezweifelt werden. Der Distributor sollte seine Investitionen nicht übermäßig überwälzen. In bestimmten Bereichen sind solche Abzüge hinnehmbar, etwa wenn im Kunstsektor jährliche Kataloge erstellt werden. Andrerseits wird es im Gamessektor leider zunehmend üblich, Kosten für die Nutzerakquisition (UA) auf den Entwickler umzulegen, also das Team des Schöpfers indirekt mit Marketingkosten zu belasten. Rechtlich ist dies möglich, aber es widerspricht der Arbeitsteilung, nach der der Distributor die Aufgabe hat, selbst die Marketingaktivitäten zu stemmen. Insoweit wird hier geraten, derartige Ansinnen geradewegs zurückzuweisen oder zumindest auf einen prozentualen Anteil des *gross revenue* zu deckeln. Denn das Kreativteam muss aufpassen, dass am Ende noch etwas übrigbleibt. Häufig wird die Definition so weit gefasst, dass eine prozentuale Anteilsauszahlung nur in sehr großen Ausnahmefällen möglich wird. Dann läuft die Royaltyzahlung leer.

5.3.2.4 Prüfungsklausel und Retourenreserve

Faktisch haben die Marketingpartner die Hoheit über die Buchführung. Dem Mittler ist es zunächst nicht ohne Weiteres möglich, die Bücher einzusehen und zu überprüfen, ob die Berechnung der Royalties richtig ist. Üblicherweise behilft man sich dabei in den Verträgen mit einer sogenannten Auditklausel. Mit dieser Prüfungsklausel besteht die Möglichkeit, Zugang zu den Büchern zu bekommen. Sie erlaubt demjenigen, der Royaltyzahlungen erwartet, einen detaillierten Einblick in die Royaltyberechnung (inklusive der Abzugsposten). Mittlerweile gibt es diesbezüglich in Deutschland einen gesetzlichen Auskunftsanspruch (§§ 32 d, e UrhG), der ohne vertragliche Vereinbarung auch für die gesamte Lizenzkette greift.

Häufig wird auch eine Retourenreserve vereinbart. Hierbei behält sich der Distributor vor, einen Anteil der Royaltyzahlungen für einen gewissen Zeitraum (zum Beispiel ein Quartal) zurückzuhalten, um Verrechnungen mit Retouren durchzuführen. Obwohl man annehmen könnte, dass derlei Reserven im Zeitalter der digitalen Distribution obsolet sind, werden die Klauseln in vielen digitalen Verträgen weiterverwendet. Hier muss darauf geachtet werden, dass sie angemessen sind und nicht zu übermäßigen Zurückhaltungen führen.

5.3.3　Werkvertrag

Für die Herstellung selbst wird oft ein Werkvertrag abgeschlossen. Durch den Werkvertrag wird der Unternehmer zur Herstellung des versprochenen Werkes, der Besteller zur Entrichtung der vereinbarten Vergütung verpflichtet (§ 631 BGB). Auch dafür haben sich bestimmte Standards etabliert. Hierbei wird durch den Distributor ein Vorschuss auf die Fertigstellung des Produktes gezahlt und dies werkvertraglichen Regeln unterworfen.

Dieser Vorschuss wird dann typischerweise mit den Royalties verrechnet. Dabei kommt es auf das Kleingedruckte an. Teilweise sind Berechnungsmethoden im Umlauf,

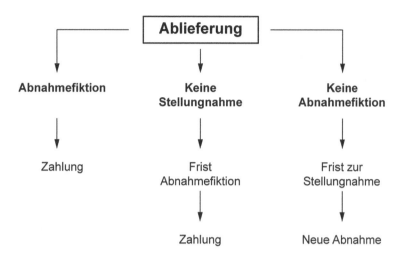

Abb. 5.7 Abnahmefiktion

bei denen nur Bruchteile der Einnahmen zur Abgeltung der Vorschüsse herangezogen werden. Aus meiner Erfahrung gebietet es die Fairness, dass man die Vorschüsse zwar an die Einnahmen durch das Produkt knüpft, aber die gesamten Einnahmen als Bemessungsgrundlage nimmt und mit der Ausschüttung anfängt, sobald die Produktionskosten eingespielt wurden.

5.3.3.1 Meilensteine

Die Arbeit wird vertraglich typischerweise in Meilensteine aufgeteilt, deren Definition allerdings erst im Anhang genau konkretisiert wird. Folglich muss man nicht den ganzen Vertrag ändern, wenn Meilensteine im Laufe des Projektes verändert werden. Es ist zu empfehlen, im Zweifel eher mehr als weniger Meilensteine zu vereinbaren. Je mehr einzelne Meilensteine es gibt, desto mehr *self executive* ist das Ganze. Das bedeutet: Keiner kann ohne den anderen weitermachen.

Das Besondere am Werkvertrag ist, dass die werkvertragliche Zahlungsverpflichtung unter die Bedingung der Abnahme durch den Besteller steht (vgl. §§ 641, 642 BGB). Das bedeutet, dass derjenige, der das Projekt in Auftrag gegeben hat, nur dann zahlen muss, wenn er sein Einverständnis erklärt hat, dass das Werk den vertraglichen Anforderungen entspricht. Dieses Abnahmeprivileg des Bestellers wird in der Kultur- und Kreativwirtschaft häufig missbraucht. Im volatilen Marktgeschehen kann es sein, dass der Besteller gerade nicht flüssig ist und in der konkreten Situation beginnt, auf Projektebene die Leistung des Werkunternehmers infrage zu stellen und die Abnahme zu verweigern oder herauszuzögern.

Denkbar ist auch, dass er gar nicht reagiert und eine Abnahme faktisch nicht stattfinden kann. In den Verträgen findet sich daher häufig eine sogenannte **Abnahmefiktion** (Abb. 5.7). Diese Regelung stellt sicher, dass der Produzent nach Ablieferung zumindest dann, wenn keine konkreten negativen Feedback-Loops vorgetragen werden, nach einer gewissen Frist davon ausgehen kann, dass die Angelegenheit abgenommen wurde und er seine Rechnung stellen kann. Typischerweise sind das zwei Wochen.

5.3.3.2 Fehler

Für den Hersteller ist es wichtig, dass möglichst viele Anteile seiner Produktion als fehlerlos akzeptiert werden. Das geschieht leichter, wenn vorher ein gemeinsames Verständnis darüber erzielt wurde, was erreicht werden sollte, und zwar durch die sorgfältige **Definition eines Fehlers oder Bugs** in Abgrenzung zu einer künstlerisch motivierten nachträglichen Veränderung in der Haltung des Bestellers selbst. Wenn sich die Vorgaben aufgrund von kreativen Prozessen innerhalb des Auftraggeberteams verändern, kann eine Nachvergütung fällig werden, denn der Werkleister hat dann nichts falsch gemacht, sondern genau den Anforderungen einsprechend abgeliefert. Am besten wird dieser Konflikt so entschärft, dass die Fehler bzw. die Fehlerkategorien sehr genau und ausführlich im Vertrag definiert werden.

Beispiel

Man stelle sich dazu die Produktion eines Animationsfilms vor, bei der eine bestimmte Farbe angewendet werden soll, zum Beispiel Blau. Nun beschließt aber der Kreativdirektor des Bestellers, dass das Blau an der Hauswand ihm nicht mehr gefällt und er sich dort Grün wünscht. Ist dann ein blaues Haus, das in diesem Animationsfilm vorkommt, fehlerhaft, weil es nicht grün ist, obwohl ursprünglich geplant war, es blau zu gestalten? Diese Problematik kommt im Bereich der Kreativwirtschaft häufig vor. Eines ist klar: Wenn der Werkleister eine Animation mit einem grünen Haus abliefert, dann war das nicht sein Fehler, und wenn nachträglich die Farbe geändert werden soll, dann muss der Mehraufwand vergütet werden. Ein blaues Haus ist nicht ein fehlerhaft grünes. ◄

5.3.4 Nebenabreden

Nebenabreden sind nicht speziell für die Kultur- und Kreativwirtschaft entwickelt worden. Deswegen sollen hier nur einige Besonderheiten kurz angesprochen werden. So enthalten Verträge in diesem Bereich regelmäßig Vereinbarungen zur Vertraulichkeit, zu höherer Gewalt (in Deutschland Wegfall der Geschäftsgrundlage) und Entschädigung (im Fall einer Vertragsverletzung). Außerdem wird regelmäßig garantiert, dass das Unternehmen ordnungsgemäß errichtet und vertreten ist und dass die Urheberrechte frei von Rechten Dritter sind (siehe oben).

Die Beendigung eines Vertrages ist immer eine unangenehme Angelegenheit. Für die Produktion kreativer Güter ist ist sie insbesondere deswegen immer schwierig, weil bereits Investitionen getätigt wurden, und zwar sowohl für die Konzeption als auch für die Umsetzung. Gerade bei der Umsetzung muss sich ein Produktionsunternehmen vielfachen Verpflichtungen unterwerfen, von denen es sich häufig nicht über Nacht trennen

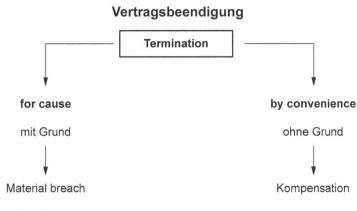

Abb. 5.8 Vertragsbeendigung

kann. Das gilt vor allem auch für Arbeitsverträge. Nach deutschem Arbeitsrecht ist es nicht so leicht, sich von einem Mitarbeiter zu trennen. Es müssen Kündigungsfristen eingehalten werden (§ 622 BGB), möglicherweise besteht sogar Kündigungsschutz, z. B. nach dem Kündigungsschutzgesetz (KSchG).

Trotzdem gibt es eine Vielzahl von Gründen, warum ein geschlossener Vertrag während einer Produktion nicht weitergeführt werden kann. Dabei spielen vor allem Gründe eine Rolle, die möglicherweise gar nicht bei den Vertragsparteien liegen.

Beispiel

Im Computerspielbereich ändern sich die Plattformen, während der Vertrieb läuft. So war es zum Beispiel bei der Einführung der Nintendo Wii, die überraschend mit ihrer Plattform innerhalb weniger Monate große Teile des Konsolenmarktes eroberte. Hier gab es wenig Inhalte, und trotzdem war die Plattform sehr erfolgreich. Zu dieser Zeit hatten viele Entwickler allerdings auf andere Konsolen gesetzt, die folglich weniger verkaufen konnten. Viele Projekte mussten abgesagt werden. Dabei handelte es sich um Projekte, deren Produktion bereits angelaufen war. In der Folge gingen relativ viele Unternehmen insolvent. Ähnliche Plattformwechsel haben wir im Zusammenhang mit der Onlinephase zwischen 2006 und 2012 im Computerspielbereich erlebt sowie beim Wechsel auf die mobile Plattform zwischen 2009 und 2014. Für diese Situation konnte niemand etwas. ◄

In amerikanischen Verträgen ist es deswegen üblich, eine *termination by convenience* (Abb. 5.8) in die Verträge aufzunehmen, also eine Vertragsbeendigung ohne Begründung. Ich rate meinen Mandanten in solchen Fällen meist, zumindest eine Kompensation vorzusehen, die mindestens drei Monate der *burnrate* des Studios (der Kosten, die der Betrieb des Studios verursacht) entspricht. Sie stellt also sicher, dass das Studio mit allen

Gehältern mindestens drei Monate weiterexistieren kann. Im Falle einer Trennung des Publishers von dem Projekt ohne Begründung ist es außerdem üblich, dass die Rechte an den Entwickler zurückfallen.

Die andere Möglichkeit ist die *termination for cause* – die Beendigung des Vertrages mit Begründung. Diese Fälle der Beendigung des Vertrages mit Begründung hängen jeweils mit einer Vertragsverletzung zusammen. Nach dem angelsächsischen System muss ein sogenannter *material breach,* das heißt eine substanzielle Verletzung des Vertrages, vorliegen. Details oder unwichtige Fragen können also noch nicht zu einer Vertragsbeendigung führen. Ob ein wichtiger Grund für eine Kündigung vorliegt, ist im Einzelfall zu prüfen. Der Fall tritt sicher ein, wenn eine Verpflichtung aus dem Vertrag eindeutig verletzt wurde. Häufig sehen die Verträge für diesen Fall eine Möglichkeit vor, die Vertragsverletzung noch zu heilen, bevor der Vertrag beendet wird. Dann muss es eine Art Mahnung mit Fristsetzung geben, die die Heilung der Vertragsverletzung vorsieht. Erst nach dieser Mahnung kann jemand gekündigt werden.

5.4   Unternehmensbezogene Verträge

Im dritten Teil dieses juristischen Kapitels wollen wir uns mit **Kapitalfinanzierungen** beschäftigen. Dabei geht es insbesondere um **Investorenverträge.** Weil eine erschöpfende Behandlung dieses Themas den Rahmen sprengen würde, werden hier nur Grundbegriffe geklärt, um eine erste Orientierung zu geben. Da es sich bei diesen Verträgen um Unternehmensverträge handelt, die die Zukunft des Unternehmens dauerhaft prägen, ist es in diesem Zusammenhang ohnehin wichtig, wenn es „ernst" wird, juristischen Sachverstand hinzuzuziehen. Ich rate dringend dazu, dann einen Anwalt einzuschalten und nicht mit einem Portal zu arbeiten, das scheinbar standardisierte Fälle anbietet. Meine Erfahrung ist, dass Fragen zu Projekten eigentlich immer individuelle Züge aufweisen, und dann ist ein Portal eher hinderlich.

5.4.1   Nonprofit- und Profit-Unternehmensstrukturen

Innerhalb der Kultur- und Kreativwirtschaft gibt es auch zahlreiche Anwendungsmöglichkeiten für Nonprofitunternehmen; sie werden hier nur kurz angesprochen.

Gerade stärker künstlerische Projekte werden oft als Verein organisiert (BGB §§ 21 ff.). Vereine sind eigenständige juristische Personen, die einen gewissen, wenn auch nicht absoluten Haftungsschutz bieten können. Sie benötigen eine Satzung, die auf einer Gründungsversammlung von mindestens sieben Gründungsmitgliedern unterschrieben werden muss. Dann kann der Verein von einem Notar beim Vereinsregister angemeldet werden. Wenn der Verein einen gemeinnützigen Zweck verfolgt, kann beim Finanzamt Gemeinnützigkeit beantragt werden. Sie führt auch dazu, dass Spenden von Privatpersonen steuerlich abgesetzt werden können. Das Errichten eines gemeinnützigen

Vereines ist kompliziert und sollte sowohl aus rechtlicher als auch aus steuerlicher Sicht professionell betreut werden, auch wenn der Zweck des Vereines keine unmittelbaren finanziellen Interessen verfolgt. Die Initiatoren des Projektes können aber unter strengen Voraussetzungen, insbesondere unter Beachtung des Prinzips des Drittvergleichs, ähnlich agieren wie die Geschäftsführer einer GmbH. Drittvergleich bedeutet, dass sie nur solche privaten Einnahmen generieren können, die sie auch Dritten gegenüber beanspruchen würden, weil sie eine echte Gegenleistung erbringen. Vereine können überdies selbst gewinnorientierte GmbHs gründen oder einen buchhalterisch abgetrennten kommerziellen Bereich einrichten, der dann der Gewinnbesteuerung unterliegt. Das Innenleben eines Vereins unterliegt streng der demokratischen Willensbildung „von unten nach oben". Letztlich entscheiden die Mitglieder. Es passiert immer wieder, dass erfolgreiche Gründer in diesen Strukturen von internen Gegnern irgendwann abgewählt werden. Dagegen kann man sich nur begrenzt schützen; häufig wird insoweit versucht, unterschiedliche Klassen von Mitgliedern einzuführen, bei denen nur ein Teil stimmberechtigt ist. Das ist zwar möglich, aber auch keine Garantie.

Eine Mischform zwischen Verein und GmbH ist die gemeinnützige GmbH, die sogenannte gGmbH. Hier entscheiden die Anteilseigner nach Anteilshöhe, daher gibt es hier keine so offensichtliche Gefahr eines Putsches. Auch hier dürfen keine dauerhaften Gewinne erzielt werden. Obwohl die Gründung von Vereinen in meiner Anwaltspraxis eine große Bedeutung erlangt hat, möchte ich es an dieser Stelle bei diesen wenigen Grundbegriffen belassen.

Die weiteren Ausführungen orientieren sich an gewinnorientierten Unternehmungen. Hierzu kennt unsere Rechtsordnung eine Vielzahl unterschiedlicher Gesellschaftsformen.

Häufig starten Projekte als Gesellschaft (BGB, §§ 705 ff.). Weil diese Gesellschaftsform als einzige im BGB geregelt ist, heißt sie Gesellschaft bürgerlichen Rechts. Das heißt, die Gesellschafter betreiben kein Gewerbe im rechtlichen Sinne. Deshalb ist das HGB nicht anwendbar. Künstler sind Freiberufler und keine Gewerbetreibenden, daher kommt diese Gesellschaftsform im Bereich der Kultur- und Kreativwirtschaft oft vor. Auch in Fällen, wo ein kommerzieller Ansatz nicht oder zumindest noch nicht sichtbar ist, kann eine GbR vorliegen. Die Haftungsrisiken sind jedoch nicht unerheblich. Für die Aktivitäten der GbR haftet jeder Gesellschafter allein und unbegrenzt aus dem Privatvermögen. Außerdem ist die GbR schwerfällig, denn es herrscht das Einstimmigkeitsprinzip. Mitunter besteht eine BGB-Gesellschaft bereits, ohne dass das ausdrücklich gesehen wird.

Selten, höchstens aus steuerlichen Gründen, werden Personengesellschaften wie OHG oder KG gebildet. Unternehmerisch gesprochen sind sie eine „Mischung" aus GbR und Kaufmannseigenschaft. Der Unterschied zwischen OHG und KG liegt darin, dass bei der OHG alle Gesellschafter für alle anderen persönlich haften (die gefährlichste Gesellschaftsform überhaupt), während bei der KG zumindest der Kommanditist nicht bzw. nur auf seine festgelegte Einlage haftet. Hier ist das Einstimmigkeitsprinzip aufgehoben, was diese Gesellschaften flexibler, aber auch noch riskanter macht.

Häufig werden diese mit einer GmbH in einer GmbH & Co. KG kombiniert, da in bestimmten Fällen so die Steuervorteile der Personengesellschaft von den Investoren

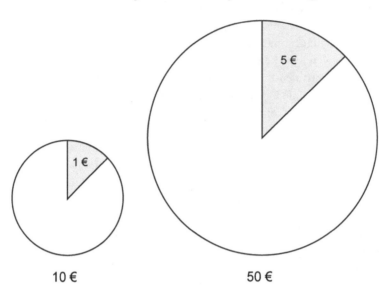

Abb. 5.9 Pre-money-/Post-money-Bewertung

genutzt werden können und zugleich die Haftung wie in einer GmbH beschränkt ist. In seltenen Ausnahmefällen kann es auch sinnvoll sein, eine AG zu gründen.

Es kommt auch vor, dass es besser ist, gar keine Gesellschaft zu gründen, sondern als Einzelkämpfer – sogenannter Soloselbstständiger – aktiv zu sein. Manchmal geschieht dies als eingetragener Kaufmann (e. K.). Vor allem solche Künstler, die Mitglied der Künstlersozialkasse (KSK) sind, achten darauf. Die überragende Gesellschaftsform ist jedoch die GmbH (und ihre Entsprechungen in anderen Ländern wie SARL in Frankreich oder Ltd. in Großbritannien). Darauf konzentrieren wir uns in den weiteren Ausführungen.

5.4.2   Term Sheet

Die Finanzierung von Unternehmen der Kultur- und Kreativwirtschaft über Investments ist in den letzten Jahrzehnten ausgehend von den angelsächsischen Ländern immer stärker auch in Kontinentaleuropa zum Tragen gekommen. Wichtig ist, im Auge zu behalten, dass hier – anders als bei projektbasierten Verträgen wie sie oben behandelt werden – die Investition auf das Unternehmen abzielt, das die Unternehmung trägt. Hier werden also im Gegenzug zur Investition regelmäßig Anteile an dem Unternehmen selbst veräußert. Bei der Finanzierung kommen üblicherweise Verträge in Betracht, die aus dem angelsächsischen Raum mit dem Land geschlossen wurden. Häufig sind die Verträge auch auf Englisch, da die Investoren aus dem internationalen Umfeld kommen. Hier geht es also stets um Anteile an dem Unternehmen, nicht an dem Projekt.

Den ersten Vertrag, den wir uns genauer ansehen wollen, ist der sogenannte **Term Sheet.** Ein Term Sheet beschreibt den Vertrag zwischen einem Venture-Capitalist (VC) und einem Gründer. Es „ist eine ‚Absichtserklärung‘, die im Vorfeld des Abschlusses des Beteiligungsvertrages übersandt wird und aus der sich die Bereitschaft des VC-Gebers ergibt, sich einem Start-Up zu beteiligen und dieses finanziell zu unterstützen" (Hahn 2018, S. 146). Grundsätzlich wird in einem Term Sheet das Angebot des Investors prägnant zusammengefasst. Dieser Vertrag ist also häufig nicht mehr als eine sehr kurze übersichtliche Darstellung von Zahlen und wichtigen Klauseln zwischen einem Investor und einem Start-up. Das Ziel des Investors ist in der Regel, die Anteile später mit Gewinn an einen anderen Finanzierer weiterzuveräußern.

Bei der Berechnung des Preises pro Anteil muss geklärt werden, ob man die Investitionen als Gegenstand der Preisbemessung einbezieht. Dabei kommt es immer darauf an, ob die Bewertung, auf deren Basis die Investition erfolgt, die Investition schon einbezieht (*Post-money*-Bewertung[9]) oder nicht einbezieht (*Pre-money*-Bewertung[10]) (Abb. 5.9). Denn durch die Investition in das Unternehmen steigt sein Wert erheblich – gerade in der Gründungsphase. Daher ist es relevant festzustellen, ob die Bewertung der Investition dies schon miteinbezieht.

Dabei verfolgt der Investor häufig primär zwei Interessen:

1. ein wirtschaftliches Interesse für den Verkauf der erworbenen Anteile (Return on Investment),
2. ein Interesse an der Kontrolle über die Firma, insbesondere in Form eines Vetorechts bei gewissen Entscheidungen (Feld et al. 2019, S. 38).

Üblicherweise ist ein Term Sheet nur in einigen wenigen Abschnitten ein bindender Vertrag, da es seitens des Investors häufig noch eine große Menge an offenen Fragen und Gesprächsbedarf mit eigenen Geldgebern gibt. Selten besteht für den Gründer die Möglichkeit, Vertraulichkeit durchzusetzen, da der Investor häufig mit anderen Marktteilnehmern über das Projekt bzw. die Projektidee sprechen möchte, um sich abzusichern.

Besonderes Augenmerk ist bei dem frühen Investor darauf zu richten, dass im Laufe weiterer Finanzierungsrunden durch zum Teil viel zahlungskräftigere Akteure die Anteile verwässert werden können. **Verwässerung** bedeutet, dass durch die Hereinnahme

---

[9] Die Bewertung stellt auf den Zeitpunkt nach der Finanzierung ab – in diesem Fall wird der Wert höher sein.

[10] Die Bewertung des Firmenwerts findet oft vor dem Zeitpunkt der Finanzierung statt, was für die Investoren attraktiver ist.

zusätzlichen Investitionskapitals der gestaltende Einfluss auf ein Unternehmen und damit auch der Anteil von Teilhabern an dem Unternehmen möglicherweise sinkt. Auch die Anteile des Gründers können verwässern. Viele Klauseln in Investmentverträgen dienen dem Verwässerungsschutz (Weitnauer 2018, S. 128 f.).

Auch gibt es unterschiedliche Arten von Anteilen: Anteile mit Stimmrecht und stimmrechtslose Anteile. Erstaunlicherweise werden die stimmrechtslosen Aktien Vorzugsaktien genannt, als wären stimmrechtslose Aktion etwas Besseres als Aktien mit Stimmrecht. Das führt leicht zu Verwirrungen, denn das Gegenteil ist der Fall. Also kann man auch die Stimmrechte von den Anteilen trennen und Vorzugsaktien (in der Regel ohne Stimmrecht) bzw. Stammaktien (mit Stimmrecht) ausgeben. Als Gründer sollte man darauf achten, nicht zu früh die Kontrolle zu verlieren.

Hier spielt auch die **Liquidationspräferenz** (Feld et al. 2019, S. 45) eine Rolle, nach der im Fall der Veräußerung des Unternehmens bestimmte Investoren bevorzugt werden können, insbesondere dann, wenn das Investitionskapital höher war und der Wert des Unternehmens zum Zeitpunkt der Liquidation (bzw. der Veräußerung) gesunken ist. Aus Investorensicht kann es vorkommen, dass besonders frühe Investoren das hohe Risiko ihrer Investition absichern, indem sie ihre Bewertung für spätere Runden deckeln oder sich einen Rabatt einräumen lassen.

Insbesondere für verdiente Mitarbeiter können Optionsscheine auf zukünftige Anteile eine Rolle spielen. Hier bestehen in Deutschland mit gesundem Menschenverstand schwer nachvollziehbare steuerrechtliche Risiken. Ihnen kann man gegebenenfalls durch die Ausgabe virtueller Mitarbeiterbeteiligungen begegnen. Politisch besteht hier dringender Handlungsbedarf.

5.4.3 Vesting

Unter **Vesting** „versteht" man eine (vertragliche) Regelung, nach der ein Gründer/Gesellschaft beim Ausscheiden aus dem Start-Up seine Geschäftsanteile an dem Unternehmen ganz oder teilweise auf die übrigen Gesellschafter – insbesondere den Investor – oder die Gesellschaft übertragen muss (Jörg Zätzsch, zitiert nach Hahn 2018, S. 173). Bei diesem Modell überschreiben die Gründer sämtliche Anteile an ihrem Unternehmen zunächst für eine bestimmte Zeit an den Investor. Sie können sich ihre Anteile dann schrittweise zurückverdienen. Typischerweise werden die Anteile zunächst einmal für ein Jahr einbehalten *(vesting cliff)*. Danach werden sie – zum Beispiel über vier Jahre gestreckt – sukzessiv zurückgeführt (zum Beispiel jeweils 25 % pro Jahr). Das Modell sichert das Engagement der Gründer gegenüber dem Investor zunächst einmal für vier Jahre ab. Auch bei mehreren Gründern können so die unterschiedlichen Gründer bei der Stange gehalten werden und sich auch gegenseitig absichern. Wenn einer der Gründer – warum auch immer – das Projekt verlässt, bekommt er keine oder entsprechend nur wenige Anteile.

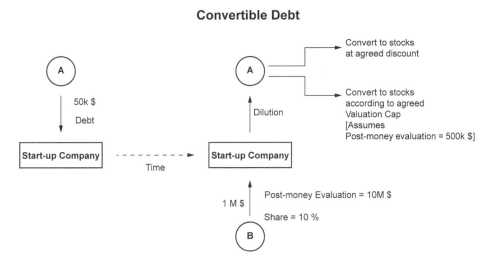

Convertible Debt

Abb. 5.10 Convertible debt

Vesting ist in Deutschland wesentlich unbeliebter als in den Vereinigten Staaten, weil sich Gründer durch diese drastischen Maßnahmen bedroht fühlen – nicht ganz zu Unrecht. Andererseits ist es richtig, dass die Maßnahme wirksame Mittel enthält, um sicherzustellen, dass die Gründer bei der Stange bleiben, denn wenn ein Investment geflossen ist, kommt es darauf an, dass der Unternehmer auch loyal bei einem Projekt bleibt und nicht die Lust daran verliert. Wenn der Unternehmer plötzlich etwas anderes macht, hat der Investor ein Problem. Diese Problematik wird über Vesting vertraglich effektiv gelöst (Feld et al. 2019, S. 56). Es stellt sicher, dass der Unternehmer tatsächlich für eine gewisse Anzahl von Jahren seine volle Arbeitskraft in den Aufbau des neuen Unternehmens steckt. Umgekehrt ist der Investor nach wie vor vom Gründer abhängig, und es besteht nicht die Gefahr, dass die Anteile dauerhaft nicht beim Gründer landen. Positive Effekte können erzielt werden, wenn mehrere Gründer vorhanden sind.

Ich rate dazu, genau zu überlegen, ob eine solche Vesting-Lösung für alle annehmbar ist. Denn es gibt durchaus Konstellationen, bei denen zu einer solchen Vorgehensweise zu raten wäre, aber auch Konstellationen, bei denen sie kontraproduktiv wäre, weil sie unnötiges Misstrauen schaffen würden. Richtig ist auf jeden Fall, dass die Maßnahme wirksame Mittel enthält, um sicherzustellen, dass die Gründer dabeibleiben.

5.4.4 Wandelanleihe *(convertible loan)*

Die **Wandelanleihe** ist ein Finanzierungsinstrument, das in der Frühphase des Start-ups dabei hilft, die Unternehmensbewertung zum aktuellen Zeitpunkt zu vermeiden und auf einen Zeitpunkt zu verschieben, an dem eine Unternehmensbewertung realistisch machbar erscheint, weil genügend Daten vorliegen (Abb. 5.10). Dabei „gibt der Darlehensgeber der Gesellschaft zunächst ein fest verzinstes Darlehen mit fester Laufzeit. Entscheidet sich der Darlehensgeber zur Wandlung des Darlehensbetrag, tritt er seinen Rückzahlungsanspruch des Darlehens an die Gesellschaft ab und erhält dafür Anteile an der Gesellschaft." (Hahn 2018, S. 49)

Oft ist mangels belastbarer Unternehmensdaten kein institutioneller Kredit möglich, obwohl das junge Start-up hohes Potenzial besitzt. Typischerweise ist der Wandelanleihengeber dann der erste Investor, der sogenannte Business Angel. Vorteilhaft für die Wandelanleihe ist die flexible Gestaltungsmöglichkeit, denn dafür bedarf es – bei richtiger Ausgestaltung – in Deutschland keiner notariellen Beurkundung, da es sich letztendlich um einen Darlehensvertrag handelt. Darüber hinaus kann man damit den Verkauf zu vieler Aktien umgehen, welcher im frühen Stadium einer Firma aufgrund des unklaren Firmenwerts riskant sein könnte.

Grundsätzlich handelt es sich um ein Darlehen, verbunden mit einem Wahlrecht (Option): Die Rückzahlung des Darlehens kann auch mit einer späteren Beteiligung am Unternehmen erfolgen (gewandelt werden). Das Darlehen wird dann – wenn das dann noch gewünscht ist – in Anteilen zurückbezahlt, und zwar in der Regel dann, wenn weitere Investments fließen. Zum Zeitpunkt der Darlehenszahlung steht der genaue Preis der Anteile, mit denen das Darlehen quasi besichert ist, noch nicht fest. Der Preis entsteht erst dadurch, dass ein Dritter (oder mehrere) entscheidet zu investieren und den Preis seinerseits festlegt. Damit eignen sich Wandelanleihen besonders bei frühen bzw. ersten Investments *(seed investments),* deren Realisierung als Anteile in der ersten Finanzierungsrunde *(series A)* realisiert werden. In Deutschland muss bei der Ausgestaltung auch auf das Steuerrecht geachtet werden, insbesondere muss ein Zinssatz vereinbart werden. Wenn Wandelanleihen sorgfältig formuliert sind, kann die notarielle Beurkundungspflicht in Deutschland erst einmal entfallen.

Erst in der Realisierung im Notartermin (GmbHG § 2) werden die Preise für die Anteile abschließend festgelegt, und es entsteht die Beteiligung. Dabei werden die Anteile dann mit einem gewissen Rabatt oder mit einer Obergrenze für die Bewertung vorrangig bedient. Wenn die Bewertung des Unternehmens stark angestiegen ist, sodass die Preise für die Anteile immer höher und höher werden, wird hier mit einer Obergrenze eine Deckelung (zum Beispiel 80 % vom Wert der Anteile gegenüber Dritten) eingezogen. Die Obergrenze oder alternativ der Rabatt (zum Beispiel 20 %) auf den Anteilspreis gegenüber den anderen Investoren stellen den eigentlichen Profit des Wandelanleihengebers dar, der ja früher und damit riskanter investiert hat.

5.4.5 Letter of Intent

Wenn sich das Unternehmen nach einiger Zeit – typischerweise einigen Jahren – erfolgreich am Markt etabliert hat, ist es oft an der Zeit, es zu verkaufen. Schließlich steigt

Abb. 5.11 Share Deal – Asset
Deal

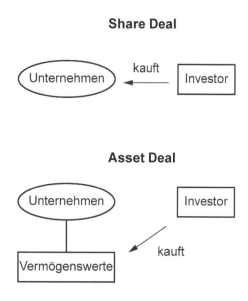

der Gründer aus und überlässt seine Gründung dem weiteren Marktgeschehen. Aus Sicht
der Gründer ist es ein Ausstieg, auch Exit genannt. Im Gegenzug für seine Gründungs-
bemühungen kann der Gründer in der Regel hohe monetäre Vergütungen verlangen. Das
Ziel der Verhandlungen unterscheidet sich stark von dem Ziel der Finanzierungsver-
handlungen (Feld et al. 2019, S. 175): Während es bei der oben beschriebenen Invest-
mentfinanzierung darum geht, den Kuchen für alle zu vergrößern, geht es jetzt darum,
den Kuchen einer bestimmten Größe aufzuteilen. Anders als beim Term Sheet wird hier
üblicherweise Vertraulichkeit und – für einen kurzen Zeitraum – Exklusivität vereinbart,
um zu verhindern, dass sich das Unternehmen nur für die Übernahme interessiert, um
besondere Ideen „abzugreifen". Dieser Vertrag wird in der Regel zunächst unverbindlich
geschlossen, da eine Vielzahl von Gremien zustimmen müssen. Daher eignet sich dafür
die Vertragsform des Letter of intent (LOI).

▶ Das Dokument, welches diesen Prozess regelt, ist ein unverbindlicher **Letter of
Intent,** also ein Vertrag mit einer expliziten Unverbindlichkeitsklausel (Lutter 1998, S. 3,
18). Dieser wird erst in einem zweiten Schritt, wenn alle Gremien zugestimmt haben, für
verbindlich erklärt.

Dabei ist es sowohl möglich, die Anteile selbst zu veräußern (**Share Deal**) (Abb. 5.11),
als auch die im Unternehmen versammelten Rechtspositionen (bzw. Assets) ohne den
Unternehmensmantel zu überschreiben (**Asset Deal**). Die zweite Lösung ist für den
Käufer des Unternehmens häufig vorteilhafter, weil verdeckte oder schlafende Risiken
– wie zum Beispiel Steuernachzahlungen – nicht auftreten können. Andererseits muss

das Gründerteam dann den leeren Torso (Feld et al. 2019, S. 179) des Unternehmens aufwändig liquidieren oder mit einem neuen Zweck und Inhalt füllen.

Die Vergütung der Veräußerung erfolgt selten ausschließlich in Geld. Oft fließt ein Teil auch unmittelbar ins Unternehmen. Häufig wird auch – zumindest teilweise – mit Anteilen des kaufenden Unternehmens bezahlt. Bei einem späteren vollständigen Unternehmenskauf wird das Gründerteam regelmäßig noch für einen gewissen Zeitraum an Bord bleiben müssen (zum Beispiel zwei Jahre), um die Eingliederung zu organisieren und eine gute Transition zu gewährleisten. Oft ist diese Phase für die Gründer besonders haarig, da sie viele Entscheidungen der „neuen Herren" umsetzen müssen, die sie selber anders getroffen hätten.

Damit sie sich insoweit weiter richtig verhalten, sehen viele Verträge vor, dass die Abschlusszahlungen zunächst zurückgestellt und an bestimmte quantifizierbare Kriterien geknüpft werden, sogenannte **Key-Performance-Indicators (KPIs)**. Dabei werden häufig bestimmte Teile des Kaufpreises auf ein Treuhandkonto eingezahlt (Escrow-Account) und nur ausgezahlt, wenn die vorher bestimmten KPIs erfüllt sind. In schwerwiegenden Fällen wie zum Beispiel überraschenden Steuerverbindlichkeiten oder Betrug wird außerdem der Schaden aus Treuhandsumme abgesichert. Variable Earn-Out-Modelle, die zum Teil auch mit Anteilen der übernehmenden Firma bezahlt werden können, haben vor allem in den Vereinigten Staaten zum Teil eine erstaunliche Dynamik erlangt, bei der der Earn Out wegen rasanter Wert- bzw. Umsatzsteigerungen in der Zeit zwischen Verkauf und Abschluss der Escrow-Periode zu sehr hohen zusätzlichen Zahlungen an den Gründer führte. So weit sind wir in Deutschland noch nicht, aber auch hier steigern Earn-Out-Modelle das ökonomische Interesse der Gründer, alles dafür zu tun, dass ihre Gründung im neuen Unternehmensverbund optimal weitergedeiht: Nur dann können sie die variable Earn-Out-Prämie erhalten.

Wiederholungs- und Vertiefungsfragen

1. Wie grenzt man einen Freelancer von einem Arbeitnehmer ab? Wann liegt Scheinselbstständigkeit vor?
2. Welche Anforderungen sind an ein Wettbewerbsverbot zu stellen?
3. Welche Unterschiede gibt es beim Schutz von Marken- und Urheberrechten?
4. Warum kann man in Deutschland keine sogenannten *Full-buy-out*-Verträge schließen?
5. Welche Berechnungsgrundlage gibt es üblicherweise für die Berechnung von Royalties?
6. Was bedeutet eine Abnahmefiktion im Werkvertragsrecht?
7. Warum wird eine Wandelanleihe häufig im *seed investment* eingesetzt?
8. Warum ist es wichtig, dass der Unternehmenskaufvertrag beim Exit eine Vertraulichkeitsklausel enthält?

Literatur

Baker R (1995) Media law. A user's guide for film and programme makers. Blueprint, London

Bundesgerichtshof (BGH) 1956, I ZR 105/55

Bundesgerichtshof (BGH) NJW 1957, S. 711 (713)

Bundesgerichtshof (BGH) GRUR 1974, 480 (483)

Bundesgerichtshof (BGH) Urteil vom 21.1.2010 – Az. I ZR 176/07

Bundesarbeitsgericht (BAG) 2017, AZR 851/16

Bundesgerichtshof (BGH) GRUR 2020, S. 611 (24, 118)

Buscaglia T, Bennett C, Spratley D (2004) Call of duty: finest hour – the contract. https://www.gamasutra.com/view/feature/1740/call_of_duty_finest_hour__the_.php?print=1. Zugegriffen: 1. Apr. 2020

Caves R (2002) Creative industries. Contracts between art and commerce. Harvard University Press, Cambridge

Edwards R (2005) Exclusion of cardholder chargeback rights. Bond Law Review 17(2):46–65

Feld B, Mendelson J, Kreis F (2019) Venture Deals. Seien Sie klüger als Ihr Anwalt und Risikokapitalgeber. Wiley-VCH GmbH, Weinheim

Hahn C (2018) Finanzierung von Start-up-Unternehmen. Springer-Gabler, Wiesbaden

Loewenheim U (2010) Handbuch des Urheberrechts, 2. Aufl. Beck, München

Lutter M (1998) Der Letter of Intent. Zur rechtlichen Bedeutung von Absichtserklärungen. 3. Aufl. Heymanns, Köln

Oberlandesgericht (OLG) München (2017), Az. 29 U 2619/16 – Das Boot III)

Oberlandesgericht (OLG) Stuttgart (2012) K&R, 294 (295)

Palandt O (2017) Kommentar zum Bürgerlichen Gesetzbuch, 76. Aufl. Beck, München

Rauda C (2013) Recht der Computerspiele. Beck, München

Scheurer V (2007) TIGA Model Contract. TIGA, London

Schricker G, Loewenheim U (2017) Kommentar zum Urheberrecht, 5. Aufl. Beck, München

von Hoyningen-Huene G (1997) Betriebliches Arbeitsrecht. Von der Einstellung bis zur Entlassung, 4., neubearb. Aufl. Hüthig, Heidelberg

Weitnauer W (2018) Handbuch Venture Capital. Von der Innovation zum Börsengang, 6. Aufl. Beck, München